国家出版基金项目
NATIONAL PUBLICATION FOUNDATION

世界历史文库
World History Library

# 新西兰史

菲利帕·梅因·史密斯 著 傅有强 译

## A Concise History
## of New Zealand

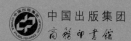
中国出版集团
商务印书馆

**图书在版编目(CIP)数据**

新西兰史 / 史密斯著；傅有强译.—北京：商务印书馆，2009(2023.2 重印)

(世界历史文库)

ISBN 978 - 7 - 100 - 06884 - 0

Ⅰ.①新… Ⅱ.①史… ②傅… Ⅲ.①新西兰—历史 Ⅳ.①K612

中国版本图书馆 CIP 数据核字(2009)第 220340 号

责任编辑　张艳丽

责任印制　杨海涛

装帧设计　罗　洪

出版发行　商务印书馆

地　　址　北京王府井大街 36 号

邮政编码　100710

电　　话　010－65258899

印　　刷　北京艺辉伊航图文有限公司

开　　本　710×1000　1/16

印　　张　22.5

字　　数　306 千字

印　　次　2023 年 2 月第 1 版第 3 次印刷

定　　价　135.00 元

本书如有印装质量问题，请与出版社联系调换。

# 《世界历史文库》出版前言

在全球化时代，关注世界各国各地区文明发展的源流、现实和未来，不仅仅是新世纪人文学科的一个重点课题，也是许多当代中国知识分子强烈兴趣所在。甚至，关注别国热点，不亚于关注自身状况，也已经成为心态开放、视野开阔的许许多多当代中国人的一种精神生活方式。然而，至今我国尚未出版过一套相对完备的世界国别史及地区史丛书，这不能不说是一个很大的缺憾。改革开放以来，我国出版业虽然陆续推出过一些国别史、地区史，但既无规划，也很分散，而且主要集中在英、法、美、俄、日、德等大国，覆盖面过于狭小，更遑论完备与权威了。为此，中国出版集团公司通过深入调研，邀约史学界专家进行多方论证，精心策划组织出版这套《世界历史文库》。

《世界历史文库》主要选收国别史、地区史的通史性著作，以国别史为主体，适当辅以地区史。计划共出版80种，2年内出齐。文库编辑委员会特邀我国世界史学界著名学者专家担任学术顾问，精心遴选著作。编选者和学术顾问一致认为，每个国家、地区的历史只选一种著作，因而要求此一种应是在学界已获得广泛定评的上乘之作，且最好是最新成果，作者应为著名史学专家，原出版者也应是知名的出版机构。原著使用的语种主要是英语、德语、法语、俄语、日语等，中文译者应基本上是史学专业人士或具有较高史学修养的翻译家。总之，学术性、权威性、完备性、可资借鉴性以及可读性，是《世界历史文库》编选出版工作所追求的目标。

显而易见，入选《世界历史文库》的著作，只是给读者们提供了关于一个国家一个地区历史一种具有较高学术价值并可资借鉴的优秀文本。在史学领域里，治史者所拥有的材料、眼光、立场以及才学识见的不同，必然导致历史研究结论与叙述状态的迥异，相信读者们会在阅读研究时注意加以辨别。上下数千年，人类一直在探寻自己的历史，寻找"信史"，追求"良史"，以期获得历史的真相和启悟。正如清代著名思想家龚自珍所说:"出乎史,如乎道,欲知大道,必先为史。"治史、读史的目的是为了发现并把握历史发展的规律,这是人类认识自身与寻求发展的需要。因而,寻找"信史"——要求史家叙述历史时具有很高的可信度,是其正当的要求。而追求"良史"——希望史家叙述历史时,在可信的基础上能正确揭示历史的内在真相与内在规律,达到"知兴替"而经世致用的目的,则是其最高的要求。宋代曾巩在《南齐书目录序》中曾提出"良史"的标准:"古之所谓良史者,其明必足以周万事之理,其道必足以适天下之用,其智必足以通难知之意,其文必足以发难显之情,然后其任可得而称也。"《世界历史文库》编选出版工作就是要坚持提供"信史"的原则,努力追求"良史"的境界,竭诚为我国史学研究者提供具有较高学术价值并可资借鉴的优秀文本,并满足各界读者了解世界各国各地区历史的需要,增进国际文化交流,为我国文化的繁荣发展作出贡献。这是编辑委员会和各位学术顾问的共同心愿和追求。

编辑出版工作不周之处在所难免,恳请批评指正!

**《世界历史文库》编辑委员会**

谨以此书纪念我的母亲芭芭拉·安·斯塔夫，她的经历和藏书为此书作出了贡献。

目 录 *Contents*

# 地图和图片

## 表格

# 致 谢

这本简明历史让我负债良多。我负欠最多的是我的一大家人：尤其是理查德·特雷梅万；坦尼娅·特雷梅万，她阅读并编辑了手稿的第一稿；埃德娜、克里斯廷和彼得·特雷梅万，菲利普·特雷梅万、崔西·霍尔以及贾尼斯·布鲁克；先姚芭芭拉，本书的受奉献人；还有我的两位兄弟杰夫和阿拉斯泰尔。我同样要感谢我的二堂兄巴里，感谢他在多年前提供的文章。读者可能会注意到，在一定程度上讲，这是一本家族史。

我十分感谢剑桥大学出版社编辑金姆·阿米蒂奇，他委托了这一出版计划，并对书稿提出了建议，还要感谢克伦·希尔德布兰德以及墨尔本的剑桥团队。我要感谢那些不知名的审查人，感谢他们同意了出书的计划，他们的许可让我踏上了一次愉快的旅程。新西兰史的同行将发现我对他们著作依赖的程度，资料来源和阅读指南表明了我的感激。坎特伯雷大学历史学院的同事提供了帮助，其中，我尤其感激卡蒂·皮克斯和迈尔斯·费尔伯恩，他们阅读了初稿中的章节，并和我进行了讨论。生物科学学院的阿什利·斯班罗把讲义提纲借给我，以便我能写好第一章；伊丽莎白·戈登则向我讲述了新西兰英语的起源问题。本书的大部分内容是 2004 年我休学术假期间写成的，该假期让我能够静下心来并有时间写作。同样要感谢"新西兰皇家协会"

的马斯登基金,它为一个研究澳大利亚和新西兰之间联系的计划提供的资助支持了本书的一些研究。

研究和教学之间的联系是弥足珍贵的,我感谢我的学生、新西兰史的辅导教师和研究生,首先是:克里丝·布里克尔、海莉·布朗、菲利普·弗格森、马特·莫里斯、琳达·莫尔、丽贝卡·普里斯特利、特雷西·塔洛克以及梅根·伍兹。我一如既往地珍惜与我的论文导师莱恩·理查森、肯·英格利斯和巴里·史密斯以及澳大利亚的其他同行之间的友谊,他们的著作对我自己的作品产生了影响。除大学之外,在"怀唐伊特种法庭"研究协调委员会的短期服务增加了我对特种法庭浩大任务的理解。

寻找图例让我非常开心,亚历山大特恩布尔图书馆玛丽安·明松和戴维·斯莫尔的专业知识使得寻找工作毫不费力。邓肯·肖-布朗把图片转化为数字化文件,提姆·诺兰和马尼·布罗斯南则制作了地图和图表。我尤其感激那些允许我复印资料的版权所有人。本杰明·皮特曼与唐纳·霍尔提供了家庭照片,已故的杰克·泰特把他父亲的"士兵"杂志借给了我。

菲利帕·梅因·史密斯

2004 年 8 月

# 序　言

对于新西兰来说，一些读者除了知道它位于南太平洋，坐落于邻近澳大利亚的某个地方外，他们别无所知。向这样一些读者介绍新西兰的历史，无疑是一件充满乐趣的事情。当人们发现新西兰和澳大利亚之间的距离竟这样远时，他们常常会感到吃惊。他们要么是从电影中，要么是从艺术作品、音乐或小说中了解到这个国家的，要不然就是因为前往该国参加体育赛事、经商或者旅行而得以了解这个国家。一些读者对安佳牌（Anchor）黄油、全黑队（All Blacks）这样一些新西兰全国知名的品牌十分熟悉。

对于如何撰写本国历史，或者说本国的历史应该如何撰写，当地读者有着自己的想法。他们所要求的基本叙述同样也是游客们所关心的。为了自己的学生，我写了这本简明历史，目的是为了让自己更好地理解新西兰的整个历史，从而向学生们阐述新西兰历史的重要意义；在写作的过程中，我同样也考虑到了一些海外朋友以及我在旅行中曾经遇到的人们的看法。书中所强调的问题体现了我自己对有关问题的见解以及我的兴趣之所在；不过，它们同样也是现有的各种新西兰史中存在着极大分歧的地方。某些主题，诸如文学，已经在其他地方得到了专家的探讨。本书的目的并非要提供另外一种历史，而只不过是对已有的各种历史描述加以进一步的拓展而已。

本书也不是一部孤立的历史，其主旨在于将新西兰置于整个全球和太平洋的背景之中。这便要求进行比较，特别是与澳大利亚的同类事物进行比较。全球化是本书的核心主题。探讨新西兰短暂历史中国内政治与全球性及地方性压力间持续的紧张、考察小国特性和孤立所产生影响的重要性，则是本书的一个目标。

卫生和社会问题对这个国家过去（或现在）所享有的国际声誉来说十分重要，它们继续影响着人们对国家认同的信念。分娩是这个小国如何追随国际潮流的事例之一。人口概况问题常常为人们所忽略；而在本书中，人口、防务以及经济问题——这个依赖于出口的国家常常为经济问题所困扰——被放在一起加以讨论。毛里人—欧洲人间的互动在所有的历史书籍中都处于十分重要的地位，但就其内部动力问题而言，它在新西兰国内就显得十分突出，需要通过外部对外交事务的看法来加以平衡。

我的途径便是，对能够为曾发生过的一切提供解释的那些主题加以强调。我努力揭示新西兰历史上的关键时刻和关键事件是如何为该国的国家神话增光添彩的。这样一些事件包括《怀唐伊条约》的签署、澳新军团在加利波利登陆、"彩虹勇士号"的沉没。但本书更多的是讲述历史而非战争，性（妇女和儿童、生育）和金钱（经济史）驱动着社会的发展；更多地讲述神话的创造而非战争。外来移民很少知道澳新军团的传奇故事，他们前来此处，常常是因为听说了这样的神话，即新西兰是养育子女的好地方，是一个世外桃源和社会实验室。由于这些东西往往是市场营销活动的内容，外国人首先遇到的便是关于新西兰的这样一些神话。因此，我们需要对这些现象进行解释，至少是对它们加以考察。

# 第一章　横渡汪洋大海的独木船

新西兰是如何诞生，又是始于何时呢？从地质学的角度来说，新西兰群岛起源于 8000 万年前，在这一时期，它从冈瓦纳古陆（Gond-wana）分离了出来。除了南极洲，新西兰是人类最后定居的一块陆地。毛利人是新西兰最早的定居者，是当地原住民的祖先，现在，学者们认为他们是在 13 世纪来到新西兰的；不过，早在 12000 年至 60000 年前左右，就有人类居住在环太平洋地区的其余地方。事实上，欧洲人非常晚才来到新西兰，只是从 1840 年开始，他们才在这里有计划地定居。在极为短暂的时间内，从波利尼西亚和欧洲而来的两波人潮改变了这块土地，并使这块土地上的景观发生了变化。这些关于时间和地点的简单事实说明了为什么环境与国家的文化和认同息息相关。

## 人类出现之前

从地理学的角度讲，新西兰是一个由众多岛屿组成的群岛，其中，这些岛屿从北到南包括克马德克群岛（Kermadec group）的拉乌尔岛（Raoul）及坎贝尔岛（Campbell）。不过，它的 3 个主要岛屿差不多占据了其整个陆地面积 27 万平方公里的百分之九十九。它的面积和英伦诸岛不相上下，在这个国家曾经盛行一时的一个历史版本中，这一点曾占有重要地位。科学家告诉我们，古新西兰曾经是南方大古陆冈瓦

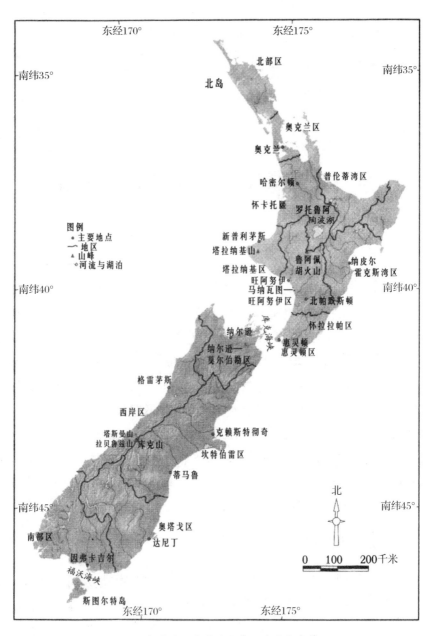

1.1 新西兰：主要的山峰、地区和城镇

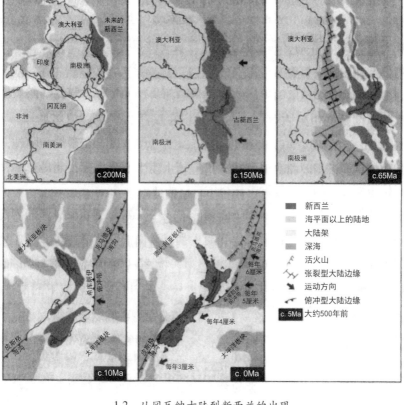

1.2　从冈瓦纳古陆到新西兰的出现

纳的一部分，在 1 亿年之前，冈瓦纳古陆的岩石形成了它东部绵延的山区。后来，人们所知道的朗伊塔塔（Rangitata）板块分离出来，并向东漂移到太平洋中。古新西兰便独立出来了。在过去的 8000 万年中，植物和动物群落都没有再经过陆地进行迁徙；5500 万年前，海床的延伸和运动也停止了，这时，塔斯曼海也完全形成，并将新西兰陆地和澳大利亚的东南部隔离开来。

　　到 6500 万年前，在海水的不断侵蚀下，后来成为新西兰的地区已经变成了低矮的平原。位于低处的陆地处于不断地变化之中，它的表面沼泽丛生，从地质学的角度说又颇不稳定，它们慢慢地向大海里面沉没。到大约 3500 万年前的渐新世（新生代第三纪），这块冈瓦纳古陆碎片上的大部分地区都已沉没到海水之中。恐龙生活在一系列仍然显露在水面上的小岛之上，这些小岛都是朗伊塔塔之上的山峰淹没于海水中后的残存物，各种鳄类动物、蛙及蜥蜴也生活在这些小岛之上。从大约2500万年前开始，由于太平洋板块的大陆地壳开始与群岛下面的澳大利亚板块相碰撞，在数百万年之后，这些山峰又再次向上隆起，而新西兰的许多地区则围绕着板块构造而移动和变化。冈瓦纳的岩石是新西兰地壳中最古老的部分，它现在仅存在于从西纳尔逊（west Nelson）至峡湾区（Fiordland）的南岛西海岸地区。在东部，陆地是刚刚形成的。当南岛在造山和冰川运动中发生变化之际，北岛也从地壳挤压而导致的火山爆发中获得了自己的地貌。

新西兰的陆地继续处于不断地隆起之中。新西兰人生活在动态的环境之中，他们居住在太平洋和澳大利亚这两大板块的边缘，处于地球上隆起速度最快的山脉包围之下：南岛的高山断层带（Alpine Fault）便是澳大利亚板块和太平洋板块彼此对撞而过后留下的痕迹；在过去的2500万年中，该岛的这两个部分沿着山脉断裂带彼此移动了大约500公里。由于相互碰撞的板块挤压着新西兰的地壳，高山便在海岸处形成。地质学家相信，在过去的500万年中，南部高山地区的造山运动速度加快，而山脉受到的侵蚀也加快了。新西兰的最高峰是库克山（Mt Cook），它日渐以其毛利人的叫法奥拉基（Aoraki）（即穿云锥之意）而为人所知，路标上则将它叫做奥拉基库克山，这昭示着新西兰作为二元文化和操双语的国度这种官方立场。尚在1991年，库克山突出的顶峰便倒塌到塔斯曼冰川之下去了。

而在20世纪60年代米制代替帝国度量标准之前，老师们还确定无疑地向学童们传授说，库克山高12349英尺。当国家的主要标志、一个天然景物居然能在一次山崩中降低了10.5米时，甚至成语"坚如磐石"也受到了当地人的质疑。场所和自我都受到震动：山峰发生了变化，而各种神圣的展望、想象和幻象也随之发生了改变。

因为发生了这一让人震撼的事件，新西兰不再是古老的冈瓦纳方舟。当然，它过去曾是冈瓦纳古陆的一块碎片。在南岛西部和南部的森林中生长着许多罗汉松属植物，恐龙可能曾在这些罗汉松属植物的原种下面栖息。然而，陆地本身便代表着一种活跃的力量，根本就不坚固和持久，在各山峰迅速隆起之前的渐新世，它已经沉没于海水之中了。当然，人们对此仍然存在着疑问。对花粉化石的研究表明，当下层地面向海中漂移而独立出来后，差不多所有新西兰的植物才来到了这里。当地植物是冈瓦纳分解后重新殖民的结果，它们间接地表明了植物从澳大利亚散布开来的模式。这些植物通过适应当地的生态和气候条件而得以扩散，后来，其中的一些植物消失了，让位给了其他的植物。植物学家发现，塔斯马尼亚岛和新西兰有 200 种相同的植物物种，而就南山毛榉树而言，它们起源于冈瓦纳时代，它们的扩散就可以通过长距离散布的理论来进行解释。南山毛榉树究竟出现于什么时代，这个问题仍然存在着争议。许多动物也是最近才迁徙而来的，并仍处于迁徙之中；例如，各类海鸟便定期往来于塔斯曼海两岸。

　　然而，古生物学家提出了自己的疑问，新西兰的动物群落是如何在孤立的状况下很好地生长了 8000 万年的呢，为什么它们又如此容易受到人类的影响呢？新西兰是一块鸟类群聚的土地，这里的许多鸟儿异常地庞大，它们天真而又不会飞翔。其中最为著名的是鹬鸵和恐鸟。在 20 世纪，鹬鸵曾被非正式地作为国家的象征；而自 19 世纪 40 年代以来，当欧洲人初次发现各种早期恐鸟存在的证据时，恐鸟化石便让欧洲人着了迷。就"是谁或是什么东西消灭了恐鸟"这样的问题，19世纪的博物学家认为是人类消灭了恐鸟。到 20 世纪 50 年代，人们普遍接受了这样的观点：在最初的人类到达之前，气候的变化导致了恐鸟及其他一些不会飞翔的鸟类的灭亡。然而，在今天，动物学家认为，在北半球接受训练的科学家将注意力集中在大陆，他们滥用了关于岛屿动物群落消失的最初洞见。按照他们的观点，在人类扰乱了新西兰后冰川时代鸟类物种的生活环境之后，大约有半数这些鸟类就开始绝种了。那即是说，食肉动物——最初的人类及搭乘他们的独木船（waka）而来的鼠类——是导致这些鸟类灭绝的原因。

## 南十字星座下的航海者

　　唐加塔环努瓦人（tangata whenua，大地的子民，一个用以指整个太平洋中各种海上亲缘关系的概念）是一些波利尼西亚的冒险家，他们进行的伟大航行表明人类对太平洋地区的殖民进入了最后一个阶段。当欧洲人扬帆于熟悉的海岸，与相邻而居的民族做生意或对他们进行侵略之际，波利尼西亚的航海家则奋力向南北两个方向挺进，在数百万平方公里的太平洋海域中寻找新的陆地。在移居新西兰及新西兰内部迁徙的各种传说中，一代代的人们中间传诵着有关（波利尼西亚人）从故国家园哈瓦基（Hawaiki）起程的一次次充满危险的航行的故事，以及他们抵达这些南方岛屿并在此散布和定居的故事。为了确立他们在整块土地上的权威（mana whenua），移居者"带来了波利尼西亚人的知识体系（intellectual order）和精神图谱（mental maps）"，他们用自己的神灵和创世故事来发展这块新土地上的宗教体系。

北岛是他们最先登陆的地方，他们将北岛称作"毛伊之鱼"（Te Ika a Maui, the fish of Maui）。在源自于波利尼西亚的神话中，毛伊站立在南岛，他钓住了一条大鱼，太阳让这条大鱼变得坚硬起来。这条鱼的眼睛变成了陶波湖（Lake Taupo），它的鱼尾便是北部区（Northland）。由于西海岸湍急的河流中发现了珍贵的玉石，南岛便成为了"水或河流中的绿宝石"（Te Wai Pounamu）。艺术家将这些玉石雕琢成尖利的凿子、武器和装饰品。移居此处的人们将南岛称作"特—奥拉基之舟"（Te Waka o Aoraki），奥拉基是他们先祖的名字，也是新西兰最高峰的名称。斯图尔特岛（Stewart Islands）则称为"雷奇欧拉"（Rakiura，意思是金碧辉煌的天堂岛），在最近对亲缘关系的再次声明中，雷奇欧拉成为这个国家第三大岛屿上国家公园的名称。

唐加塔环努瓦人本身也是由不同的民族、文化和历史所组成的，后来，当他们和欧洲人相遇后，则被统称为了毛利人。他们是一个生活在船上的民族，对于这种角色和经历，欧洲移民也能和其相认同。他们海上航行的技艺，他们从波利尼西亚东部前往新西兰和查塔姆群岛（the Chatham Islands）定居的事迹，促使学者围绕"最初的波利尼西亚航海家是在什么时间、以何种方式抵达这些地方，他们又是来自于何处"等问题而产生了持久的争论。最近西方科学中与部落谱系相对立的研究表明，这些航行是多种因素促成的，而且是经过精心准备的，它们并非是一些偶然的航行。

根据人类学家的推测，来自波利尼西亚的第一批航海家只是到了距今相对非常近的时间才开始在新西兰定居。就他们定居的具体时间而言，存在着三种相互竞争的假设：人类在新西兰居住的时间大约已经有 2000 年了；人类在公元 800 年至 1000 年间首次抵达新西兰；波利尼西亚人抵达新西兰的时间很晚，约在公元 1200 年至 1400 年间。目前的看法是，毛利人的祖先波利尼西亚人士是公元 1250 年至 1300 年间在新西兰登陆的。考古学家认为，没有证据表明人类在 1250 年前已经在此定居。后来，在 14 或 15 世纪，新西兰的波利尼西亚人迁徙到了查塔姆群岛。

第一批移居者是从一个叫做哈瓦基（Hawaiki）的地方起程的。在整个波利尼西亚，哈瓦基是故事中经常出现的一个家园。这里的哈瓦基可能是一个岛群或岛区，它可能指的是马克萨斯群岛（the Marquesas Islands）或社会群岛（the Society Islands），也可能指的是南库克群岛（the southern Cook Islands）。第一批移居者是南岛民族（Austronesian）的后裔，而南岛民族则是 4000 年前由东南亚扬帆进入太平洋的。与其他东波利尼西亚人一样，第一批新西兰人更多的是太平洋中部地区拉皮塔人（Lapita）的直系后裔，他们从事农业耕种和海上贸易。一个"世系演变的痕迹"可以追溯到从东南亚至新几内亚岛/临近大洋洲的区域（Near Oceania）再至太平洋中部和东部群岛的广大地区。东波利尼西亚是哈瓦基的所在地，大约在 2200 年前便有人居住。大约在公元 300 年东进复活岛，100 年后北进夏威夷，又经历 1000 年后南进至新西兰四周冰冷而变幻莫测的水域的一系列冒险活动，最终完成了对大洋洲的这一非凡探险活动。

三大发展使得波利尼西亚人最后的冒险旅行成为可能。首先是航海技术方面的进步，具体体现为独木舟，它通过安装舷外斜木（outrigger）来实现平衡，还挂上了三角帆，从而使横跨太平洋的长距离航行成为可能。其次便是农业中利用农作物和驯养动物的专门知识的出现。第三是进行探险和迁徙的驱动力的出现。当然,关于出现这种驱动力的原因究竟是什么在仍然存在着争论。无论它的驱动力是来自于宗教抑或创业的愿望,还是因为荒歉的刺激,毛利人的祖先在这样一个汪洋大海中间航行显然并非仅仅是因为技术进步的缘故。

　　为了抵达西南太平洋的奥特亚罗瓦(Aotearoa)(长白云之乡),波利尼西亚航海家必须要坚韧,并具有理解环境所提供信号的经验。他们旅行和航海的技艺极其精湛。他们跟随着在陆上活动的鸟类的迁徙路线,对洋流和"拉帕"(lapa)——水下磷光现象,它以闪光或光带的形式出现在距离陆地50—130公里的地方——进行观察,并关注群岛上空似乎静止的云彩(于是,这些群岛便有了"奥特亚罗瓦"——长白云之乡——这样的名称)。南十字星座(the Southern Cross)是他们在赤道以南的向导,他们在海风有利于航行的夏季向南进发。当他们在一个狭长星群的指引下泛舟海上之际,他们主要从金星那里获得方向的指引,如果南十字星座始终位于船的左舷,那金星便总是指向奥特亚罗瓦。

1.3　水的世界

最初的定居者或许并没有使用奥特亚罗瓦这一名称来指称新西兰，因为当时他们没有一个用来称呼整个国家的词语，相反，他们分别对各个岛屿进行了命名。在 20 世纪，这个用以称呼北岛的名称才被接受为毛利人称呼新西兰的名称。命名是一个政治行动；重要的是奥特亚罗瓦已经成为新西兰在毛利语中的叫法。现在，人们对该词语出现在各种口头流传的故事中已经见惯不经了，这些口头流传的故事表达了早期定居者对某个地方的情感和亲近，并为现在的生活提供了样板。

早期的航海家通过口述文化来传播他们的航海知识，他们将这些知识储藏于关于独木舟的各种传说之中。其中一个传说是这样的：特阿拉瓦（Te Arawa）号独木船（特阿拉瓦族因此而得名）的航海家"懂得光主（the lord of light）塔纳怒阿兰吉（Tane-nui-a-rangi）诸子——即星星——的语言；他与月亮西洛丽（Hinauri）交谈；每当太阳西下之际，他便向着太阳稍稍偏左的方向航行"。现在，学者们认为，波利尼西亚人定居新西兰是经过精心考察的，他们在有计划地移居新西兰之前，至少有过一次返回波利尼西亚的航行。传说故事讲述了先祖库珀（Kupe）返乡的航行，他回到哈瓦基，（并向族人）汇报他发现了一块只有鸟儿在那里栖息的陆地。1769 年，随同詹姆斯·库克船长（Captain James Cook）航行的塔希提旅行家图佩阿（Tupaia）听到这些故事后，对这种双向航行的可能性颇为怀疑，因为唐加塔环努瓦的先祖竟然没有将他们珍爱的猪带回来。没有猪并不表明没有返乡之旅或多次航行，因为不仅在第一次的航行中，就是在第二次和第三次的航行中，猪也没有能够抵达新西兰。只有老鼠、狗才与第一批移居的人们一起在从哈瓦基起程的海洋旅行中存活了下来。大约 500 年之后，库克带来了猪。

20 世纪 80 年代，一些汇集学者和水手于一体的独立研究小组决心批驳 20 世纪中期流行的有关偶然航行的论点，他们重新建造了一些波利尼西亚式的装有舷外斜木的独木船。在更佳的天气条件下离开拉罗汤加岛（Rarotonga）的那个小组在仅仅两周的时间里便到达了新西兰北部。这样的航行是可能的，这说明早期的航海者有可能在夏天成

9

功地进行这样一次航行。现代的航海者断言,只有"旱鸭子"(land-lubber)才能推测说,运用所掌握天文和季风知识而进行航行的早期人们会被吹离航向,因而不能航行到新西兰。毛利人的传说与这种季节性证据相符合,即:一年中扬帆前往奥特亚罗瓦的最佳时间是夏季,这时,新西兰的圣诞树红花桃金娘树(pohutukawa)正繁花盛开。

## 传说故事

唐加塔环努瓦人的世界由血统(genealogy,毛利人将其称为瓦卡爸爸 [whakapapa])所主导,他们用血统来解释他们的景观并与之进行互动。瓦卡爸爸以不同于欧洲的模式来组织空间和时间,并将生者和死者紧密地联系在一起,正如特·梅尔·陶(Te Maire Tau)这位纳塔胡族(Ngai Tahu)历史学家所解释的那样:

> 如果说瓦卡爸爸是脊柱的话,那口述传说、吟唱、毛利学校(wananga)、道成肉身和其他艺术便像肉体一样依附在血统的骨架结构上。于是,大地(爸爸图阿努库,Papatuanuku)和天空(拉基,Raki)被理解成最初人类的双亲,而海洋、植物、动物及自然世界的其它组成部分也由一个亲缘关系的网络而联系在一起。

10　　口述传说以文化阐释的方式解释了(人类)与大地和自然间的密切关系。目前,特·梅尔·陶(Te Maire Tau)的部落存在的最大问题在于,沉浸于"旧"世界观的人们也知道传说并非是对真实历史事件不可辩驳的描绘,它们并非一成不变;同时,返回到部族的新归化者(new entrant)则希望传说能够确认他们所发现的土著认同。眼下的一个问题是:一个伊维(iwi,部族)应该致力于"旧"的知识体系呢,还是致力于"新"的知识体系?就"怎样捕捉鳝鱼和鸟类,在什么时间进行捕捉"等认知环境的问题,土著知识可以极为有效地在当地的环境之中得到运用。

各种瓦卡传说(Waka traditions)并非仅仅是一些关于(部族)起

源的故事，它们同样勾勒了认同、所有权和亲缘网络等限定性标志。关于部族起源、定居和探险的各种故事是以波利尼西亚神话为原型的，它们提供了可资人们仿效的行为榜样的模式。这些传说并没有将超自然物和人加以区分，也没有将最早的祖神和后来的英雄加以区别，因为所有的这些都以"图谱纳"（tupuna，祖先）之名而留在人们的记忆之中。

波利尼西亚人的故事在他们所到之处流传着，在他们居住的每个岛屿上，他们都按照自己的血统建立一个自己的宇宙哲学体系和社会秩序。作为整块土地上的意象图，瓦卡爸爸发挥着文化界标的作用，因而整块土地也成为了人们的祖先。独木舟登陆之处有助于建立人们在一个地区的权威。对土地的要求是以对其进行命名为开端的，人们在整块土地上植下了"源自波利尼西亚神话的典型形象"，在这个过程中，他们也成为了"唐加塔环努瓦"。传说与陆标间的互动强化了他们的信念。如果神话提到了有这么个陆标，而现实中确实又存在着这样一个与从哈瓦基乘舟迁徙的故事联系在一起的路标的话，那这无疑证实了神话或传说的真实性。

讲述者将这些至少有2000年的古老故事加以改编，以使其能适应新的环境，并记录他们在迁徙途中所见到的当地陆标，因此，这些故事也不断地发生演变。在每个地方，故事的细节各不相同，但它们之间却存在着惊人的一致性。在整个波利尼西亚的各种描述中，它们都有一个相同的名字哈瓦基和一些相同的重要人物，例如，吊起陆地的航海家毛伊。当传说故事发生变化和延展以覆盖不同的地域时，这些名字便获得了新的含义。纳塔胡族人（Ngai Tahu）的领袖提佩内·奥瑞根（Tipene O'Regan）爵士详细描述说："每当我们继续航行时，我们便卷起（roll up）这些传说，卷起我们的瓦卡爸爸及我们的地名，然后将它们随身携带至一个新的地方，然后再将它们重新展开，并让它们与新的地域相符合。"

这种世界观同样也反映了祖先随着人们一起迁徙的这样一种信念。在瓦卡传说中，祖先有男也有女，这表明开拓者们所进行的航行是经过深思熟虑的，他们的目的是为了开启新的生活。在 20 世纪后期，历史叙述得到了扩展，它们将女性和男性同时纳入了它的范围之中。性别历史学者（historian of gender）日渐意识到，传说故事的男性叙述者偏好于选择具有男子气概的英雄和船长。传说故事将女性塑造为与自然世界联系在一起的伴侣，她们带来了火，并种植"库马拉"（kumara，即甘薯）。与此同时，瓦卡妇女传播了疾病，引发了战争。不过，美女和巾帼英雄往往为人们所怀念，正如特阿拉瓦（Te Arawa）故事中拯救了一艘独木舟的女英雄魏娜姬（Wairakei）一样。

阿皮拉纳·纳塔（Apirana Ngata）爵士是 20 世纪毛利人杰出的领袖，他将自己所在的纳提珀柔族（Ngati Porou）人的传说故事收集起来。这些故事讲述了他们的祖先是如何将北岛从海洋中钓起，并将它命名为"毛伊之鱼"的。在北岛西部，人们将库珀（Kupe）作为开疆拓土的祖先而加以纪念，而在北岛东部，享有同样地位的则是托伊（Toi）。在特阿拉瓦传说中，托伊来自于罗托鲁阿（Rotorua）附近，在水手塔玛—特—卡普阿（Tama Te Kapua）及他的人民航海来到新西兰之前，托伊是一位生活在哈瓦基的先祖。在其他一些传说中，托伊则生活在新西兰，和他联系在一起的便是从哈瓦基取得"库马拉"。在拉罗汤加岛（Rarotonga），他也同样出名。

所有关于北岛东部海岸部落的伟大建族祖先裴吉阿（Paikkea）的故事都有一个相同之处，那即是：他跨坐于鲸鱼之背而抵达新西兰，并在璜加拉（Whangara）登陆。在这个故事为大多数人所接受的版本中，一艘搭载着 70 位酋长之子的船舶从哈瓦基起航，结果却为最高酋长的幼子努阿塔普（Ruatapu）所骗。为了报复父亲的凌辱，他在船体上钻个洞，试图藉此来杀死他的哥哥裴吉阿（Paikea）。船翻后，只有努阿塔普和裴吉阿没有被淹死。通过乞灵他作为大海之子的权利，裴吉阿逃过了劫难。在经过了许多代人之后，他呼唤大海"'像大鱼一样'将他救上岸"的隐喻却变成了背负着他破浪前进的鲸鱼。裴吉阿最终回到了家中，后来他便迁徙到了新西兰。纳塔胡人和纳提珀柔族人有着亲缘关系，他们也讲述着关于裴吉阿的类似故事。最近，在小说《鲸骑士》和

12

随后普受国际欢迎的电影中，来自东部海岸的威提·依希马埃拉（Witi Ihimaera）重新讲述了鲸鱼骑士的故事。

## 欧洲人对起源的探寻

欧洲人总是将自己的基本结构强加到传说故事之中，而这种做法往往问题重重。他们不仅对自然特征进行重新命名，而且还将太平洋各民族重新划分为波利尼西亚人（意思是"来自多个岛屿"）和美拉尼西亚人，并将他们按照皮肤的颜色分成高低不同的等级。依照这一种族样板，新西兰的唐加塔环努瓦人因属于（棕色的）波利尼西亚人而排位较（黑色的）美拉尼西亚人高，他们远远高于被置于阶梯底层的土著澳大利亚人。民族志学者同样发现，包括毛利人——毛利人的创业品质促使欧洲学者将其比作犹太人——在内的波利尼西亚人种在掌权安排方面一点也不含糊。欧洲人逐渐创造出了自己关于毛利人起源的神话，这些神话将不同的故事糅合在一起，使之成为适于儿童文学使用的动听传奇故事。

受"人类源于诺亚之子"这样一些圣经故事的影响，理查德·泰勒（Richard Taylor）这样的传教士宣扬说，"新西兰族群"是"以色列人失落的部族之一"，这一观念为摩门教徒（Mormons）及毛利人的先知运动所采纳。在19世纪，当研究太平洋区域的学者力图寻找有关人类起源的线索之际，"雅利安"波利尼西亚人和当地"雅利安"毛利人的模式日益流行。在19世纪后期，随着达尔文主义的兴起，"高加索毛利人"的概念取代了"闪族毛利人"这一受圣经影响而产生的观念。集勘探家和政府官员于一身的爱德华·崔格尔（Edward Tregear）在《雅利安毛利人》一书中声称，毛利人和欧洲人有共同的雅利安血统。在优生运动蓬勃发展之际，这种观念持续存在。1938年，火奴鲁鲁主教博物馆（Bishop Museum in Honolulu）馆长特·朗吉·希罗阿（Te Rangi Hiroa）（彼得·巴克爵士，Sir Peter Buck）出版了他那本颇受欢迎的《日出之地的维京人》（*Vikings of the Sunrise*）。巴克本身就是一名毛利人，也是一名医学硕士和职业人类学家，他通过自身的努力而跻身于国际学者之流。因此，在将波利尼西亚航海家描绘为太平洋的维京人的过程中，他赋予这一描述以极大的威望。

古代人类具有共同起源的观念赋予了毛利人和欧洲人极大的威望，它有效地肯定了新西兰作为"毛利人之地"（Maoriland）的这一与众不同的特性。正是测量总监 S. 珀西·史密斯而非他人设计出了这样一个编年史，它将毛利人的传统首先追溯到印度或高加索，然后再追溯到太平洋，将波利尼西亚人置于"人类的高加索族群"之中。在 S. 珀西·史密斯（S. Percy Smith）探寻（新西兰人）起源的过程中，他将传说故事收集在一起并将它们进行简化。在许多年的时间里，学童们都对他那个版本的毛利人历史进行学习：公元 950 年前后，波利尼西亚人的"海上流浪者"库珀发现了新西兰；大约在 1350 年，一只巨大的船队遵照库珀的训示而到达了这个位于遥远南方的新国家，这一非凡之举之所以能够成功，原因就在于毛利人的祖先是"英勇无畏、喜爱海洋的民族"。

现在，这种编年史已经被认为是不正确的。不过，有计划迁徙的观念却再次获得了威望，将早期定居者抵达的时间定于欧洲人到来之前的 500 年这样一种做法也同样再次获得威望。学者们现在承认毛利人的祖先是航行前来新西兰的；正如传说中描述的那样，冒险家回到故乡并汇报发现了南方这块巨大的陆地，之后，他们便组织一只或多只船队再次返回。人们很可能是乘坐着一系列的独木舟到达这里的，他们一起构成了最初发挥关键作用的人群。

## "未来的进食者"

"人类的文化习性"一直都为环境主义或"自然的神圣不可侵犯"留有空间，毛利人的情况也不例外。20 世纪 80 年代，在解决伊维（Iwi）要求赔偿其因英国殖民化而在过去受到的损失的过程中，怀唐伊特种法庭（Waitangi Tribunal）暗示，毛利人较白种人（Pakeha）更重视生态问题，而且他们因为这种观念而遭受了极大痛苦。唐加塔环努瓦人将自己视为环境的一部分，他们既不支配环境，也不征服环境；

他们是环境的守护者，他们将自己所托管的资源当作后代的财富（ta-onga）。他们必须像对待祖先的馈赠那样守卫和保护土地、湖泊、河流和海洋。1985 年，特种法庭描述道：

> 尽管有种意见认为，毛利人在抵达奥特亚罗瓦后数代才开始充分重视环境，但似乎同样清楚的是，毛利人随身带来了关于环境的魔法—宗教世界观，这种世界观让他们乐于保护地球上的自然资源。

特种法庭的裁决曾被引入毛利人是如何使用海洋和陆地的规章中；人们被告知，当地部族是如何教导尊重海洋，以致毛利人将海洋视为农场；而白种人则与此正好相反，他们将垃圾扔进大海里面。为了生存，这里的人们不得不保护自然资源。尽管怀唐伊特种法庭也承认，很多物种在欧洲人到来之前便因为过度使用或意外事故而灭绝了，但它却断定，与 1840 年以来环境变化所导致的物种灭绝程度相比较而言，物种因此而灭绝的程度是微不足道的。

生态学家抛出了一种不同的观点。他们不是将最初的波利尼西亚移居者描绘为环境保护主义者，而是将他们描绘为充分利用丰饶大自然的典型人类；在这些最初的波利尼西亚移居者加强食物生产之前，他们消灭了恐鸟这一不能飞翔的大鸟，大批捕杀海洋中的动物。例如，在提姆·弗兰纳里（Tim Flannery）的大洋洲生态史中，人类便是以"未来的进食者"而进入其活动区域的。就"人类是如何劫掠自己的生存环境及其中的植物和动物，而他们最终又如何与其实现了和谐"问题来讲，后来对新西兰的殖民为此提供了一个研究案例。澳大利亚的土著居民在当地至少生活了 6 万年，因此，相对于那些与土地和生态系统实现了和谐的人类来说，澳大利亚则提供了一个反面的教材。在此种诠释中，新西兰最初的定居者是些"优秀的劫掠者"，他们捕捉恐鸟和海豹，因为这种方式需要付出的努力最少，但却可以得到巨大的回报。其特征就是，人们对环境进行了攻击。

同样，进化生物学家将欧亚大陆对全球的支配归咎于有利于技术进步的环境。在全球的历史中，"枪炮、细菌和钢铁"取得了胜利。在新西兰，各种环境变量决定了人们能够继续过农耕生活或"狩猎—采集"的生活，并保持尚武的习性。而其他的环境则将塑造一种不同的前途；例如，因为受寒冷天气的制约，从库克海峡迁徙至查塔姆群岛的人们则只能局限于"狩猎—采集"的生活。

古生物学家断定，"新西兰的鸟类（avifauna）因包括人在内的哺乳类掠食动物的进入而遭到大量捕杀。"在人类抵达之后，在冰川期—间冰川期的循环中幸存下来的生态系统消失于"地质学意义上的瞬间"。在 2000 年的时间里，导致当地动物群落灭绝的主要中介是新西兰生态系统中外来的 12 种食肉物种，以及将这些物种带到此地的人类。产自于库克群岛和社会群岛的太平洋鼠类首先来到此地，1000 年后接踵而来的是波利尼西亚迁徙者和他们的狗，其余的动物则是在库克船长到达后前来的。虽然欧洲人带来了大多数动物捕食者，然而，在此之前，毛利人便已造成了大多数当地动物的灭绝。因此，就食肉动物是如何成为各岛屿上物种灭绝的中介（agent）问题而言，新西兰的例子便提供了一种模式。在欧洲殖民之前，来自太平洋的老鼠以不能飞行的小鸟——它们在人类存在的情况下也能不受干扰地进行演化——和鸟蛋为食，而在开初，习惯以鸟为食的唐加塔环努瓦人就已经吃光了包括恐鸟在内的大型鸟类。

此种研究有趣的一个方面在于，太平洋老鼠只可能是通过波利尼西亚来访者的途径才到达了此地的。以动物为中心的历史有可能将首次造访新西兰的人抵达该地的时间追溯到差不多 2000 年前，而这便强化了有关先于波利尼西亚迁徙者前来的早期水手的神话。这同样也将估计中波利尼西亚迁徙者抵达的时间正好提早到公元 1300 年之前；对老鼠 DNA 的研究同样也证实了人类是在不止一次的旅行中抵达这里的。

虽然考古学家同意生物学家关于后来移居（late settlement）的看法。但由于尚没有诸如"记录在案"的关于任何鸟类灭绝的确凿证据，他们却还没有接受这样的观点，即：在可以加以证实的波利尼西亚人殖民之前的 1000 年，老鼠便和早期的造访者一起登陆（新西兰）。意见的不统一部分地是因为方法问题而产生的。生物学家以动物的行为作模型，他们认为考古证据是不充分的，因为早期人类食物和住所的痕迹可能会因为海岸线的变动而被埋葬于泥沙之下，或者遭到侵蚀，甚至是被冲刷掉了。而另一方面，考古学家则以寻找粪堆为突破口，他们认为，捕食者—猎物的模式过于简单，因为它们不能解释支配着寻找食物供给的文化系统的复杂性。

学者们普遍同意，最初的移居者应该对恐鸟的灭绝负主要责任。在他们最初移居的 60 至 120 年中，恐鸟就因他们的过度捕杀和对栖息地的破坏而灭绝了。1300 年后，人类在有意或无意之间就焚毁了百分之四十的森林植被；在欧洲人来临之后，地理景观再次发生改变。与澳大利亚的情形不同，奥特亚罗瓦的森林无法抵御火灾的侵害，而天气变化也同样可能导致森林面积的减少。人类采用以放火而侵入森林的方式来捕捉恐鸟，尽管蕨类植物和草丛因此而生长茂密，这却造成了森林面积的减少，森林覆盖的土地也因此而受到侵蚀。这种情况在南岛东部特别严重，这里一度广袤无垠的森林已被丛生的杂草地取代了。在北方，农耕者烧荒的山火改变了整个地理景观，致使蕨类植物和灌木取代了森林植被。当然，这也为收获蕨茎和种植"库马拉"提供了更多的机会。

随着时间的流逝，气候变得越发恶劣。最初的人们将定居点局限在海岸的少数几个地区，这很可能就是因大风和恶劣天气之故。考古遗址的模式表明，人们最初被吸引至北岛南部和南岛东部这样一些背风地区。这些地区地势开阔，猎物巨大，而且觅食也更为容易。然而，一旦人类造成的环境变化迫使人们进行适应时，定居地便开始向迎风面进行移动，17 世纪更为凉爽的气温强化了这种变化。持续的迁徙逆转了这种趋势，后来的迁徙主要是进入背风地带，先是进入霍克斯湾（Hawkes Bay）和怀拉拉帕（Wairarapa），接着又来到惠灵顿甚至是穿过海峡进入南岛。大约在 16 世纪后期，一些纳提马莫人（Ngati Mamoe）就开始在南岛定居。此后不久，纳提卡谷古努人（Ngati

16

Kahungunu）也搬迁进入怀拉拉帕，这促使其他族的人们纷纷穿越库克海峡而前往南岛。大约在此时，这里的人们普遍感到了土地和资源所承受的压力。在经过几次迁徙之后，纳塔胡人在 19 世纪合并为南岛的一个部族，并借此抗击来自北方的威胁。当欧洲人到来之际，这些迁徙活动仍然在继续之中。

### 创建土著文化

"在遭遇欧洲前，毛利人是谁"与"在 19 世纪或 20 世纪毛利人是谁"并非同一个问题。只是在与欧洲人接触并面临被殖民地化的情况下，唐加塔环努瓦人才成为了毛利人。与此相反，欧洲人也是逐渐才被称为"白种人"的。19 世纪 60 年代，当普通的当地人发现欧洲人在数量上超过了自己时，为了把他们自己与新来者区别开来，人们才开始普遍使用"毛利"一词。历史作为一门学科所存在的问题在于，历史的发端不仅需要人类社会，而且需要有书面记载支持，结果，只有口述文化的民族就成为了没有历史的民族。任何转录口头传播的知识的努力都存在着风险，瓦卡传说所遇到的情形也不例外。因此，欧洲人来临之前毛利人的历史被冻结在时间的长河之中。即使欧洲人将土著居民尊崇为武士、创业家和农学家，但学校教育中传授的却是《历史中的毛利人》（*The Maori As He Was*）（民族志学者厄奥斯东·贝斯特［Elsdon Best］1934 年出版之书的标题）一书的观点，它们将行将消亡的毛利族人当作博物馆中的工艺品一样加以缅怀，而不是将其描绘为具有适应能力、乐观而顽强的幸存者。

一个有历史根据的最佳猜测便是：在经过很多代人的不断摸索之后，早期的人们才了解到在季节性很强的环境中要付出何种努力才能获得最佳的收益；在气候和环境制约着园艺发展地方，他们还发明了各种储藏方法。在奥特亚罗瓦，他们发现了波利尼西亚地区最大和最寒冷的一块陆地，它远比他们祖先居住的那些热带小岛屿要具有多样性，它的季节差异如此巨大，简直让人无法预测。这也让他们的适应能力发挥到了极限。事实表明，奥特亚罗瓦并不适宜于种植波利尼西亚人平常的食物椰子、面包果和香蕉。丰衣足食和缺吃少穿这两种情况的周期出现要求人们发挥创造性，以便将热带作物改造来适应温带气候。库马拉在南岛东海岸的班克斯半岛（Banks Peninsula）以南便不能生长，只有在北方的经济中，它才占有突出的地位；相反，芋头（taro）和薯蓣（yam）在北方却仅能勉强生产。

正如在夏威夷的情况一样，库马拉因技术上的改造而成为了人们的主食。这种甘薯最初产自秘鲁，在引种的热带作物歉收而恐鸟和海狮等大型猎物又不见影踪的情况下，它们可能便成为了成功定居的关键。后来成为毛利人的人们发明了储藏食物的独特方法，他们修建起隔热的地窖，他们将库马拉储藏起来作为冬天的食物和供春天种植的薯种。为了种植库马拉，他们依靠向土壤中增加砾石层的办法来增加其温度；为了能够让甘薯吸收热量，他们将其种植在覆盖着烟灰的石块之下。他们将鱼、石纯、野菜和卡拉卡（karaka）浆果这样的野果子晾干并储存起来，他们在鱼和鸟肥美鲜嫩之际进行捕捉，并将它们储存在油脂中，这样便可以供他们渡过丰歉的周期性季节变化。

因为面积狭小和气候复杂多变，新西兰各地区间的差异很大。种植是一种集体活动，其中，妇女主要从事播种、除草、收割和搬运等活动，而男人们则主要从事翻挖土地的活儿。在南方这样一些气候条件不允许进行广泛耕种的地方，人们将波利尼西亚其它一些地方出产，只有在饥馑的时节人们才吃的食物（主要是蕨类植物的根）变成了主食。通过运用太平洋地区普遍使用的长时间熬煮和浸泡的办法，即便是苦涩甚至有毒的植物都"身价猛增"，成为了"美味佳肴"（festive fare）。南方的毛利人根据季节的变化而从事捕捉鸟类、鱼、海豹、老鼠的活动，同时也采集植物及其果实、茎和根。不同的群体间进行着食物交换的活动，他们用灰鹱（一种乌黑的海鸥类飞鸟）交换一种用提口卡树（Ti-kouka）的花苞做成的食物及各种不同的海产食品。在整个新西兰，鱼类和贝类构成了人们的主要食品，而渔业也成为了其经济的重要部分。在北岛，贝类和螯虾尤为重要。

转变成为毛利人的部分工作就是将波利尼西亚的技术用来开发当

18

地的资源。妇女对当地的亚麻进行加工。她们首先挑选出一些特别的贝壳，接着便用它们来刮削亚麻坚韧的叶子，之后又将这些刮下来的亚麻叶条编织成用来做衣服的粗麻布，或者是用它们来覆盖房间的地面；她们同时也用这些亚麻来编织篮子，为房子准备盖屋顶用的材料或者是搓绳、结渔网。纤维的渔网可以达到 1.5 米到 3 米长。男人们则从事修房造屋及建造独木船的活动。在这块土地上，高大的木材十分丰富，例如北部地区出产的桃拓罗汉松（totara）和杉木（kauri）。只需挖空中间的木料，它们便成为建造单体外壳独木船的理想材料。新西兰建造的独木船修长、狭窄而快捷，它们并不是为了进行具有划时代意义的海洋航行而设计的，相反，它们主要是为在河流、海岸中进行航行而设计的。

到大约 1500 年，毛利人文化和社会的主要特征已经确立起来。这些文化和社会特征的核心便是，他们有明确界定的集体认同观念，血统是他们主要的纽带，一个人作为部族（伊维或哈普）一员的成员身份来自于他是建族先祖的直系后裔这一事实。例如，纳塔胡人便是霍克斯湾的塔胡珀提基（Tahu Potiki）的后裔。随着人口的增长，不断发展的、生机勃勃的文化开始在各地区出现，从而推动了土地所有权和防御概念的出现。诸如河流、山峰、独特的岩石构造等地质特征，甚至于树木等被当作边境的标志。整个新西兰和雷奇欧拉（Rakiura）（斯图尔特岛的毛利名称）都开始为这里的居民所了解，并得到开发，这也让他们遇到了新的环境因素，如积雪。在南岛的西海岸，探险家发现了绿玉，从此，绿玉成为了一个在贸易中颇受重视的商品。

19　　从 16 世纪早期开始，除了人口稀少并主要从事狩猎—采集的南岛低矮地区之外，居民定居点都集中在精心建造、工事坚固的"帕"（pa，寨子）之中，这些寨子便是战争不时发生的体现。很可能因为"帕"的修建与不断发展中的资源保护观念相联系，它成了新西兰显著的特征；由于肉类和脂肪食物的缺乏，人们越来越难以它们为食物，处于不断发展中的武士文化则越来越精于食物储存。随着社会阶层化的不断发展，艺术特别是木雕及"马拉厄"（Marae，毛利人的会堂）等公共建筑出现了繁荣的景象。毛利人创建了一个富于竞争性的社会。在这个社会之中，部族间彼此竞争，土地、亲缘关系和一系列的价值观念将每个居民群体团结在一起。其中，这些价值观念将对亲人的责任置于首要的位置。

当毛利人发展成为一些拥有武士阶层和武士文化的猛烈竞争的集团之际，从其中分裂出来的一个群体——莫里奥里人（Moriori）则在1500年前的某个时间里寻找到了从南岛前往查塔姆岛的道路。这个东波利尼西亚人中最年轻的群体在秋天和夏天采集食物，而到了寒冷的月份，他们便将采集到的食物保存起来。恶劣的环境限制了他们的食物资源，并形成了一种简朴的物质文化。无论是白种人还是毛利人都无法理解这种文化（一如土著澳大利亚人的物质文化）为什么会如此有效。与毛利人相反，莫里奥里人逐渐演变为非暴力性的、定居的狩猎—采集者，他们主要依靠海狗为生，并辅之以贝类、鱼、鸟和蕨类植物的茎。1835年，一些流离失所的塔拉纳基毛利人（Taranaki Maori）乘坐一艘以悉尼为基地的欧洲双桅船来到这里，他们对这些和平居民进行奴役并最终将他们残忍地杀害了。

尽管环境造成了如此不同的情况，早期的人民讲的还是同一种语言。虽然各地区的方言存在着细微的变化，不过，来自另一地区的人们还是能够让当地的人们明白自己的意思。重要的还在于，一种语言最终能够让欧洲人易于理解唐加塔环努瓦。

在18世纪，人们居住在以"哈普"为基本单位的社群之中。就我们所知，在殖民地化的挑战迫使源自于共同祖先的人们组成一个更大的群体伊维前，传统的社会动力主要集中在"哈普"之上。从18世纪开始，各个世系群体的政治前途和人口发展趋势起伏跌宕。像奥克兰以南的泰伊努伊（Tainui）和北岛中部的特阿拉瓦人则仍然居住在他们祖先的独木船靠岸的地方。在其他地方，作为对战争的回应，人们则常常迁徙到了新的区域。通常，迁徙到别的地方的往往是次子和幼女。移居者和唐加塔环努瓦人间彼此通婚，在通婚的过程中，往

20

往是妇女嫁给地位最高的男人，他们接合而产生的第二代人则往往从更优秀的武士征服集团那里继承对人民的权力，并从唐加塔环努瓦人那里继承对土地的权力。

对奥拉基（Orakei）的纳提瓦图阿人（Ngati Whatua）——他们与许多部族和几艘独木船都有着亲缘联系——而言，情况也是如此。在18世纪，通过战争，他们将自己长期的迁徙活动向南扩展到了奥拉基地区，他们将早期的定居者吸收进自己的队伍；19世纪，在最高酋长特—卡瓦乌（Te Kawau）的领导之下，他们实现了统一。按照毛利人的习惯，通过背诵瓦卡爸爸，现在位于奥克兰中部的地区成为了重组民族的发祥地。于是，当纳提瓦图阿人从"入侵的特—陶乌（Te Taou）支系"继承了对人民的权力、从"古老的瑙霍（Ngaoho）占领"中继承了对环努瓦的权力之后，他们便可以声称自己是奥克兰的唐加塔环努瓦人了。婚姻的网络确保了他们对人民和土地的权力：维系平衡既需要女性，也需要男性。

# 第二章　海滩跨越者（1769—1839 年）　

　　"奥特亚罗瓦"（Aotearoa）位于太平洋这一汪洋世界的深处，在很长一段时间里，欧洲人除了知道它是想象中神话般的南方大陆"极光出现之地"（Terra Australis）的一部分之外，便对它别无所知。为了平衡北半球陆地的重量，南太平洋就必然会存在一块大陆？事实表明，并不存在着这样一块大陆。新西兰位于太平洋的深处，周围 2000公里都被海洋环绕着。毛利人的瓦卡传说也反映了这一事实。只是到了 18 世纪后期，在经过了实地考察的进程之后，欧洲人才开始对它的整体轮廓留下初步的印象。

　　在 1500 年，欧洲人都还未曾见到过世界上最大的海洋。当欧洲水手大胆进入了太平洋后，他们在这个广阔无垠的水域中的航行遇到了重重的困难。除了零星散布的岛屿和无数未知的礁石外，这里没有任何的陆标，这里有的只是变幻莫测的洋流和无法预测的大风和恶劣天气。除了从美洲的阿卡普尔科（Acapulco）前往东南亚马尼拉的西班牙舰队所经过的极为有限的纬度范围外，这里没有任何可靠的海上航行路线。在两个世纪中，欧洲人沿着这一航道在太平洋中东游西荡，然而，对于那块他们认为在等着他们自己去发现的南方大陆，他们也没有能够留下任何记录。

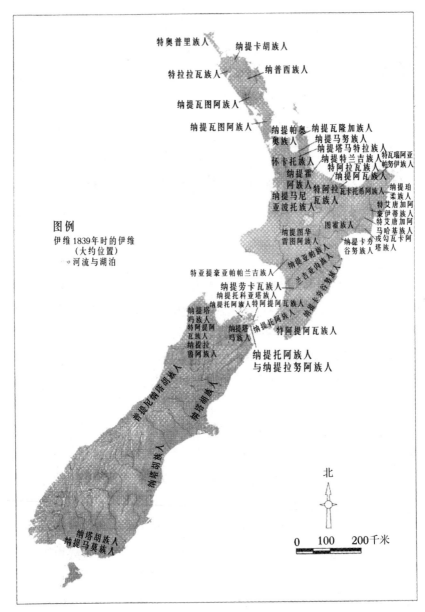

图例

伊维 1839年时的伊维
（大约位置）
河流与湖泊

特奥普里族人　纳提卡胡族人

特拉拉瓦族人　　纳普西族人

纳提瓦图阿族人

纳提瓦图阿族人　纳提帕奥　纳提瓦隆加族人
　　　　　　　　奥族人　纳提马努族人
　　　　　　　　　　　纳提塔马特拉族人　特瓦瑶阿亚
怀卡托族人　　　　纳提特兰吉族人　帕努伊族人
纳提霍　特阿拉瓦族人
阿族人　　纳提瓦卡希阿族人　纳提珀
纳提马尼　瓦族人　　　柔艾唐阿
亚波托族人　　　　　特艾唐加
　　　　　　　　　　特蒂族人　特艾唐加
　　　　　　　　图霍族人　马哈基瓦阿
纳提图华　　　　　纳提卡夸戎族人
晋图阿族人　　　　谷努族人

特亚提豪亚帕帕兰吉族人　纳提亚伯族人
纳提劳卡瓦塔族人　兰吉亚伯族人
纳提托阿族人特阿提瓦族人　纳提卡夸努族人
纳提塔　特阿提瓦族人
玛族人　纳提塔
特阿提阿　玛族人　特阿提阿瓦族人
瓦族人
纳提拉
鲁阿族人　　纳提托阿族人
　　　　与纳提拉努阿族人

普瑙尼柯拉胡族人
纳塔胡族人

纳塔胡族人

纳塔胡族人
纳提马夷族人

北

0　100　200千米

2.1　毛利各部落（伊维）1839年

　　新西兰欧洲人的历史应该被置于帝国扩张的第二个阶段之中。欧洲人借助对美洲的殖民而建立了其在大西洋地区的霸权，在大约三个世纪之后，新欧洲（neo-Europes）被移植到了太平洋地区，通过殖民的方式而建立起新的国家和政治形式。大洋洲被吸纳入欧洲的地图和权力体系的滞后一事具有重要意义。西班牙人从 16 世纪后期便开始寻找"极光出现之地"，他们航行经过了托雷斯海峡（Torres Strait），却没有能够发现澳大利亚。他们的冒险活动触发了这样一种看法，即：一艘迷失航向的西班牙小帆船发现了新西兰。在 17 世纪，荷兰探险家也开始寻找"极光出现之地"。由于在航海中所测定的经度和纬度等坐标往往不准确，许多荷兰东印度公司所属的船只在西澳大利亚海岸沿线失事了，它们远没有能够抵达其目的地巴达维亚（雅加达）。只是到了 1642 年，艾贝尔·塔斯曼（Abel Tasman）才从巴达维亚向东航行到了塔斯马尼亚岛，他并将该岛命名为"凡·戴蒙的土地"（Van Diemen's Land）；从这里出发，他到达了新西兰。从此，新西兰得到了一个荷兰名字，而学童们也学会了背诵：在 1642 年，艾贝尔·塔斯曼"扬帆于蔚蓝的大海"，他为欧洲发现了新西兰。

有一种观点认为，毛利人和太平洋的其他民族很幸运，因为他们躲过了欧洲帝国主义贪婪的初期阶段。在这个时期，欧洲人对商业更加着迷而很少再醉心于征服。但新西兰学者则认为，毛利人在延缓他们自己与欧洲人的接触中发挥了积极作用。在塔斯曼的经历中，毛利人控制着最初的交往，因此，与塔斯曼的指示——这些指示在"文明的"当地人和"疯狂的野蛮人"间进行了区分——相一致的是，他不是将他们描绘为"高贵的野人"，相反，他认为他们是"凶暴的"。塔斯曼的整个目标就是想了解"在那里是否有任何可以从中获利的东西"。但他很快便断定其答案是否定的。在他看来，毛利人起而反抗的行为表明他们是"敌对的赤脚汉"（opposite-footers），在欧洲人的想象中，他们本应该居住在澳大利亚和新西兰（Antipodes）。依靠速度和突袭，金色海湾（Golden Bay）或塔斯曼称为"凶手海湾"（Murders Bay）的当地居民撞沉了一艘小船并杀死了四名水手。"南国居民"（Southlander）的这一驱逐行动进入了欧洲的各种传说之中，这使毛利人成为了一个让欧洲感到恐惧的民族。

## 库克船长

与塔斯曼不同，詹姆斯·库克确实是穿越了新西兰的海滩，无论是从事实上来讲，还是从隐喻的角度来说，他都成为了新西兰白种人故事书中的祖先。和毛伊、库珀和裴吉阿这样一些毛利人神话中的祖先一样，库克是一位伟大的航海家、探险者和至高无上的领袖。这一相似性使他成为民族构建中的楷模。然而，库克的英国特性无疑使他比塔斯曼更适合做建族祖先，他为该国民族神话的构建做出了巨大的贡献。从严格的意义上讲，是詹姆斯·库克上尉（他首次抵达新西兰时的军衔）将新西兰放上置到了世界地图之中，因为他首先绘制出了新西兰的完整轮廓图。

24 　　在他四次停留新西兰期间，库克差不多花费了一年的时间来考察新西兰的海岸线。在关键的第一次航行中，他和他的船员停留了六个月的时间，这期间，他绘制出了自己著名的航海图，尽管他将斯图尔特岛绘制成了半岛，而将班克斯半岛绘成了岛屿（插图 2.2），这一航海图的准确性还是以让人感到吃惊。他的地图和航海日志记录了陆
25 地上的木材和亚麻资源以及海洋的海生资源，从而加快了英国人对当地殖民的进程。他和植物学家约瑟夫·班克斯（Joseph Banks）及船上的艺术家所收集的知识至今仍然影响着各国的学者，并塑造着人们对18 世纪新西兰状况的理解。

　　与其说是他本人的航行还不如说是随后英国人大张旗鼓的殖民奠定了库克作为开国祖先的地位，因为从联合王国出发的殖民活动让新西兰人得以回顾 1769—1770 年"努力号"的航行，并将这次航行作为他们开国拓疆的最初篇章。仅仅是库克史诗般的探险活动发生的时间本身也足以使其成为了一个新型英雄，一个让在 18 世纪后期进行殖民扩张和在太平洋推行帝国主义活动的欧洲人仰慕的英雄。库克是一位启蒙时代的英雄，这使他成为了教室里学生们的理想榜样；他是一名出身低微的基督徒的典范。作为一位白手起家的男人，他代表了新世界不断发展中的自由，他依靠自己的品质而获得声名，并带来了自由

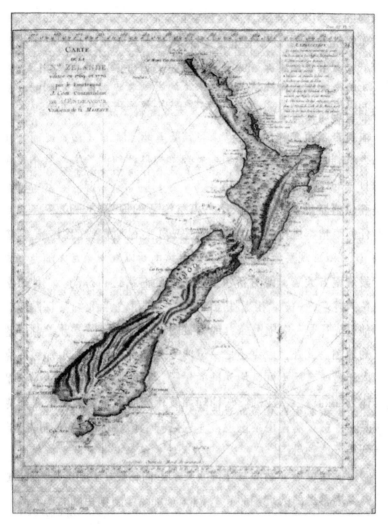

2.2　1769 年和 1770 年女王军舰"努力号"船长 J. 库克上尉访问新
西兰的地图。巴黎：Saillant et Nyon，1774 年。库克制图的法文版。

贸易的信息，他扩大了科学知识，普及了文明的行为。作为一名探险
家和测量员，他掌握着新的技术；通过发表自己的航海日志，他为当
时的人们提供了内容更为丰富的信息。作为一位普通的人，他提升了
自己朴实的品质，获得了专业知识和技能，并正好适时地成为了"自
由和文明贸易的新英雄"。在同一时期，欧洲在印刷业、探险活动方

面取得的各项突破以及"一大批捣弄机械的工匠"所取得的技术革新导致了经济发展的"欧洲奇迹",并缔造了大英帝国。库克则成为这些发展趋势的具体体现。他的航行确保了他不仅仅属于新西兰;他还成为了澳大利亚的库克;在加拿大,他是魁北克的库克;同时,他还是英属哥伦比亚海岸的库克。

流行于新西兰的有关库克作为启蒙运动产物的"人文神话"让海外学者感到吃惊。研究库克的一流学者都是些新西兰人,其中,库克航海日志的校订者和他的传记作家 J. C. 比戈霍尔(J. C. Beaglehole)便是一位盛赞库克的学者。比戈霍尔笔下的库克是一位"实干家",他对任何事情都进行尝试。他不仅完成了自己所接受的训令:在塔希提岛(Tahiti)观察金星的轨迹;还继续前行以发现南方大陆;如果没有能发现南方大陆,便对新西兰的塔斯曼海湾进行探测。"他事实上是一位天才",一位"相当胜任的海员","十分专业的"探险家;不过,他首先还是一名航海家,他为英国发现了这个国家并绘制了这个国家的地图。此外,库克还是一位博爱主义者。比戈霍尔知道库克在第三次航行中有所不同,他无情而暴躁,对此,比戈霍尔认为这是因为身体方面的原因造成的。在地理和航行方面取得的成就便是库克的纪念品。比戈霍尔得出结论说,库克是一个伟人,毛利人对库克的记忆便证实了这种看法。

同样,这也与"新西兰在种族关系方面树立了榜样"的看法是一致的。在塔希提岛的"通事"(intermediary)图帕伊阿(Tupaia)的帮助之下,库克和他的船员得以和毛利人进行交谈,在这个过程中,库克意识到毛利人和其他波利尼西亚人在一定程度上具有共同的血缘。在他的前两次航行中,他尽量像一个受过启蒙的人那样为人处事,毛利人似乎也像对待一个领袖那样尊重他。

在最初,人们将库克当作一个完美的帝国探险家来加以纪念,无论是在档案中还是 50 分的硬币上都留下了人们缅怀他的印迹,他不仅成为了白人的开疆之父,而且也是支持两种文化并存的新西兰的英雄。有关毛利人与白人早期交往的故事都集中在库克身上;他们的祖先遇到了库克；他的船只将毛利人及太平洋的其他岛民和欧洲世界联系在一起，并"开启了让世界成为全球村的进程"。库克船长的故事及他所命名的地方，不仅对毛利人而且对白种人都具有重要意义。一个例子就是"杨·尼克岬（Young Nick's Head，因尼古拉·杨［Nicholas Young］而得名）事件"。2002 年，一名美国投资家准备出钱购买杨·尼克岬，却遭到了当地部族的反对，他们认为该地是一个具有重要民族意义的历史场所。与澳大利亚的土著居民不同，毛利人并没有拒绝库克提供给他们的东西，或将之斥为"坚硬而难吃的饼干"（terrible hard biscuits）。相反，他们如饥似渴地学习库克带来的知识；而库克和及其具有探究兴趣的随行人员也热切地对毛利人进行观察。

最为著名的一次相遇发生在霍雷塔·特—塔尼瓦（Horeta Te Tani-wha）身上。任何一种较为重要的新西兰历史版本都会对库克给与一名小男孩一颗钉子的故事加以引用，20 世纪后期的一个毛利人儿童故事集也对其加以引用。在一个 1888 年写成的版本中，

> ……，那艘船上有一位至高无上的人。从他高贵而具有绅士派头的完美举止中，我们知道他是整群人的头儿。他很少说话，但一些小鬼却喳喳地说个不休……他是一个非常不错的人，他走向我们这些孩子，拍拍我们的脸，并轻轻地摸摸我们的头。

对库克是人文主义者的这一神话进行批评的人认为，如果仅仅因为一名传教士记录下了特—塔尼瓦在事情发生了 80 多年后的垂暮之年的叙述的话，那么这个一再为人们重述的故事就不可能是对现实的再现。相反，它象征着白人相对于贱民看法的胜利。一些人类学家认为，霍雷塔·特—塔尼瓦的故事无疑是将库克船长奉为典范的欧洲神话的具体体现；欧洲人需要库克成为一名神，因此就让波利尼西亚人将其神化。然而，这个故事也是一个协作的例子，因为故事中也有证据表明，它包含了毛利人的信息和毛利人的世界观。当然，人们也是将库克当作一位具有父亲般仁爱的人物而加以纪念的。然而，被描述为神

27

的却不是他而是他的船"努力号"。"这位至高无上的人",被认为是一名酋长。重要的是,他的随行人员被称为小鬼(goblin)。与神不同,小鬼则是可以加以戏弄的,也是能够被制服的;他们的数量可以减少,而不是增多,因此是易于对付或加以愚弄的。

有时,库克也确实对双方接触时的怪异场面反应强烈,并对毛利人即便面临欧洲人的火力也要进行抵抗的行为感到惊慌失措。在他第一次访问期间,他们全身而退,没有一个人被杀或受伤,而毛利人却有十名被杀,并有许多人受伤。然而,在殖民化的过程,启蒙运动的观念得到了普及。它的发展有一个简单的解释:库克起初两次成功的航行,特别是1769—1770年的第一次航行,较其1777年的第三次悲剧性的航行——在这次航行中,他们同样抛锚于夏洛特女王海峡(Queen Charlotte Sound)——更属于新西兰的历史。两年之后,因为卷入与当地人的冲突,他暴死于夏威夷。

## 法国探险家

法国人普遍的一种看法是,库克因为其横暴行为而为自己带来了这样的结局。如果考虑到直到1815年法国都仍然是英国的敌人,是英国在太平洋谋求帝国支配的竞争对手的话,那么,这种看法便没有什么值得让人感到惊奇的地方。在新西兰,法国探险家一直为人们所忽视。英国的命名权决定了南阿尔卑斯山脉(Southern Alps)三座最高峰的层级结构,这三座山峰在海岸便映入人们的眼帘。在见到它们之后,早期的欧洲探险家便依照高矮秩序分别将它们命名为库克峰、塔斯曼峰和拉贝鲁兹峰。新西兰人对前面两个名字是熟悉的,但他们对拉贝鲁兹这个名字却不甚了了。1785年,加罗·德·拉贝鲁兹(Galaup de La Perouse)从法国扬帆起程前往太平洋进行一次重要的航行,其间,他收到了对位于悉尼的英国流放地进行了解的训令,1788年初,他对此进行了了解。在此之后,他的两艘船只便突然消失了。在18世纪90年代,另外一名探险家唐特卡斯托(D'Entrecasteaux)对失踪的远征船队进行了寻找;1793年,他在新西兰的北部进行了短暂的停留,

但仍然一无所获。拉贝鲁兹这个名称间接地表明，法国人最美好的记
忆是一次没有见到成果的行动。如果以不那么冷嘲热讽的话来说就是，
法国探险家的重要性仅仅居于第三位。

人们常常忘记，在库克进入新西兰水域的同一时间里，法国探险
家就已经进入了新西兰的水域。让·弗朗索瓦·德·叙维尔（Jean-
François de Surville）因船员得了坏血病而寻找寄身之处，并因此而对
新西兰进行了一次事先未曾预计到的访问；1769 年 12 月，他们望见
了北部区（Northland）。无独有偶的是，在同一时期，库克也正扬帆于
新西兰的另一海岸。在一次大风中，"圣让-巴浦迪斯号"（St Jean-
Bapiste）迎面经过了"努力号"，但它们却彼此互不相识，英国船顺风
向北行去，而法国船则逆风向南而去。

事实上，毛利人和叙维尔船队的相遇对双方来说都是一次让人感
到不爽的经历。毛利人弄走了一艘冲上岸的快艇，叙维尔的船员对此
感到愤怒，为了进行报复，他们绑架了一名和善对待得了坏血病的船
员的男子，并纵火烧毁了那里的建筑。同时，他们对毛利妇女的看法
也很不好，这种看法较英国水手——他们受到了早期与塔希提间的接
触的影响——对她们的看法更加负面。1772 年，当马里翁·杜弗雷纳
（Marion du Fresne）在岛屿湾登陆时，早期的经历便影响到了双方的
接触。杜弗雷纳已经对土著塔斯曼人进行了观察并形成了对他们的负
面看法，而当地的毛利人也已经经历了欧洲人枪炮的洗礼。

杜弗雷纳的经历表明了这样一个道理，即：误解会导致暴力冲突。
尽管这位法国人是亲毛利的，他为友好对待唐加塔环努瓦人而做出了
巨大的努力，然而，由于他侵犯了一项具有效力的死亡禁忌，特·考
利（Te Kauri）酋长还是杀死了他。就杜弗雷纳的事来说，他们在毛
利人被淹死的小海湾里钓鱼，这对活着的人和他们的祖先来说，无疑
是一种侮辱。"捕捉这些鱼已然是够坏的了，吃掉它们则等于是同类
相食，是对亡尸和他们部落禁忌的攻击，是对他们部族神灵的攻击。"
因此，像库克在夏威夷的遭遇一样，杜弗雷纳被当地人杀死并吃掉，
他们借此来吸收他的生命力和超自然力量。由于他这样便被当地人制

服了，因此，在毛利人及欧洲人的叙述中，他是不可能得到赞扬的。相反，历史书籍往往倾向于暗示，作为一个法国人，他应当受到惩罚，在"犯了一系列的错误"后被杀死简直就是活该。杜弗雷纳的副手朱立安·克罗兹（Julien Crozet）证实，与英国人相比，法国人是残忍的，他们往往通过屠杀来进行报复。不过，安妮·萨尔蒙德（Anne Salmond）研究文化碰撞的作品却描绘出一幅更为细致的图景，在这幅图景中，杜弗雷纳不仅卷入到了毛利人的对抗之中，他还卷入了两个跨文化的世界的对抗之中。

## 澳大利亚人的各种联系

经过最初的接触之后，毛利人发现了一个囊括大洋洲（Australasia）并从这里延伸开来的更为广阔的世界。一旦毛利人被纳入英国建立新南威尔士流放地的战略决定之中后，悉尼便成为了新网络的中心。1793 年，毛利人第一次访问了澳大利亚，进行这次访问的是一名叫做图基（Tuki）的祭司和一位名叫胡鲁（Huru）的武士。在冒险登上了一艘运载供给物资的船只后，这两位海滩跨越者（Beach-crosser）发现自己被运送到了诺福克岛（Norfolk Island），以完成菲利普·金（Philip King）这位新南威尔士未来的总督对毛利人提出的派遣指导者的要求，他希望罪犯学会如何将亚麻加工成绳索的技术。加工亚麻本是妇女的工作。尽管如此，图基和胡鲁被迫进行的海外旅行还是演变成为了毛利人眼中悉尼的金和岛屿湾酋长之间的联盟。为了获取新的知识和技术，几十名毛利人以国家元首、事业家、游客和学生的身份出海前往悉尼。

不可避免的是，欧洲人的精神图谱帮助毛利人形成了对澳大利亚土著人的看法，而这些看法往往是负面的。1806 年，金总督记录说，被邀请到他政府办公室里的客人，北方酋长特帕希（Te Pahi）——图基站在他的前面——对"这个国家的土著人"表现出了"明显的轻视"。毛利人看不起他们"赤身裸体地行走"，而且特别瞧不起他们"战争模式的极其微不足道"。虽然金相信欧洲人的种族层级制度，对于那些他们认为是游牧民族而非武士和农耕者的人们，他的新西兰客人也表现出了同样的蔑视。由于欧洲罪犯不是奴隶便是战争中的俘虏，毛利人也和英国军队一样对他们表现出了蔑视。特帕希和他的四个儿子从悉尼带回了作为边疆地位之标志的砖和预制装配式房屋（prefabricated house）。

在 1800 年之后，毛利青年乘坐捕鲸船前来造访悉尼一事激起了金总督对新西兰的兴趣。捕鲸者——一些来自美国、悉尼、霍巴特（Hobart）以及后来的法国的倔强男人——是与新西兰接触过程中“人数最多的一群欧洲代理人”。他们和毛利人间的交易如火如荼，毛利人向他们的船只提供猪肉和马铃薯，而这些物品则是毛利人从他们与南威尔士殖民地的外交关系中得到的。毛利人自身也开始卷入到捕鲸行当之中。出于对毛利人和太平洋岛屿上船员的关心——这些关心是由许多流传着的关于绑架和野蛮行径频频发生的故事所引发的——金总督在 1805 年的《悉尼政府公报》中发布了一项政府命令，给以了毛利人及其他一些太平洋岛民英国臣民所享有的一些民事权利：他们不应受到虐待，他们的财产及索取工资的权利将受到保护。

从 18 世纪 90 年代开始，为了给中国市场收集毛皮，成群结队的海豹捕猎者——包括以前的罪犯、逃逸的犯人和逃亡者——纷纷在新西兰南部的海岸登陆。为了保护英国东印度公司在范围远及大洋洲的广大地区所拥有的贸易垄断，金总督禁止在南纬 43 度以南进行猎捕海豹的活动。但是，身为悉尼商人的西缅·洛德（Simeon Lord）这位富有的前科罪犯却与管理殖民地政府的美国上尉及军官秘密勾结，暗中破坏金总督的这一政策。于是，尽管海豹捕猎者在 1804 年便发现了猎捕海豹的新场所，但他们最初却对这个消息秘而不宣。不久，他们得到了官方的支持。1808 年，在布莱（Bligh）总督被推翻之后，身份卑微的官员约瑟夫·福沃（Joseph Foveaux）——福沃海峡便是以他的名字来命名的——得到了掌控权，他允许猎捕海豹的团伙立即向海峡地区进发。由于悉尼军方的空位，斯图尔特岛的一些路标便获得了海豹猎捕热潮时期留下的源自于澳大利亚的名字。

30

毛利人的反应是实用主义的。如果来访者未经授权便对他们的资源进行掳掠的话，那他们就会受到攻击。但如果他们在贸易中发挥了作用并成为了朋友呢，那他们就会在那里娶到老婆。在这个过程中，特别是在福沃海峡附近地区——这里的纳塔胡人往往将一些优秀的海豹捕猎者和捕鲸人吸收入他们的社群之中）——他们的子女便会获得毛利人的血统。随后，从19世纪20年代后期开始，他们与那些在海岸建立了捕鲸基地的捕鲸人进行通婚，并以此作为抵御来自北方的蚕食的一种防御战略。

和捕鲸人及诸如逃逸的罪犯与船员这样一些海滨流浪汉一样，基督教教会也是从澳大利亚出发前来新西兰的，最初是英格兰教会，随后前来的则是卫斯理公会的教徒。在整个塔斯曼海地区因捕鲸人和毛利人间恶劣的关系而暴行肆虐之际，英国国教的传教活动受到了阻滞。引人瞩目的是"博伊德号"（*Boyd*）被焚及其船员被杀的事件，其消息在1810年传到了悉尼。让人悲哀的是，特帕希（Te Pahi）因这次屠杀而受到了指责，在殖民者眼中，他从"友好的酋长"转变成了"背信弃义的食人者"。英国的财政—军事政权则提醒捕鲸人在与新西兰人和太平洋岛民交往的过程中要保持警惕，因为他们是"狡诈的种族"，是"不可信任的"，并以此作为自己的反应。交叉的（两个）世界再次为毛利人提供了机会，但同时也给他们带来了灾难。

历史学家和人类学家曾强调是毛利人主动采取措施在新西兰招徕了传教士；尤其，跨塔斯曼的企业家纳普西族人的鲁阿塔拉（Ruatara of Ngapuhi）成为了萨缪尔·马斯登（Samuel Marsden）的朋友，萨缪尔·马斯登是以新南威尔士帕拉玛塔（Parramatta）为基地的英国国教牧师。通过与马斯登进行谈判，鲁阿塔拉获得了在岛屿湾的第一个欧洲永久性定居点上的垄断权，他对英国国教传教团及传教士进行着管理，并以此来增加自己的权威。事实上，鲁阿塔拉是欧关系方面的一位早期顾问。

就马斯登而言，历史学家讲述了他的两副面孔：他既是一位因冷酷无情而为罪犯憎恶的澳大利亚"笞刑牧师"，同时又是新西兰的一

31

32

2.3　海军上尉乔治·F. 达什伍德和毛利人，1832 年，悉尼。船首有人在甲板上工作：两人戴着大礼帽，而雕刻的船首体现了欧洲的影响。来源于乔治·达什伍德画册的淡水彩画。

位仁慈传教士。在白种人的故事中，这位英国国教牧师是作为一位好人而被人们铭记在心的，他是首次在圣诞节向毛利人宣扬基督教说教的第一位传教士。1814 年，当圣公会（Church Missionary Society）在太平洋以及向新南威尔士的罪犯和土著澳大利亚人传教的活动失败之后，马斯登将传教的努力转向了新西兰。马斯登从鲁阿塔拉及其他一些旅行者那里获悉，毛利人的酋长（rangatira）对唐加塔拥有权威。从这些新西兰的代理人中，他看到了贸易的前景及英国教会传教的机会。对那些在与悉尼进行交往的过程中有着自己的考虑的北方酋长来说，他们同样也看到了自己的希望和机会。

双方都致力于发展这种联系。为了获取帝国对英国国教会在新西兰传教的批准，马斯登收集了一捆抱怨欧洲人在太平洋地区进行侵略的陈情书，并将它们提交给总督。于是，在 1813 年 12 月，总督拉克兰·麦格里（Lachlan Macquarie）发布了一个文告，这个文告有效地将毛利人"置于国王陛下的保护之下"，并用英国法律来约束英国臣民与毛利人和太平洋岛民间的交往。次年，12 名来自于岛屿湾（Bay of Islands）的毛利酋长在帕拉马塔（Parramatta）和马斯登一起呆了 3 个月。这些人中包括鲁阿塔拉、鲁阿塔拉的同父异母兄弟、鲁阿塔拉的亲戚，纳普希族人（Ngapuhi）的武士首领洪吉希加（Hongi Hika）以及洪吉的儿子。他们所有的人都忙着学习英语，学习有关欧洲风格的农业、园艺及木工手艺。1814 年 12 月，这群酋长与马斯登及三名传教士一起返回到了新西兰。

　　从建筑和传教的角度来讲，建立于岛屿湾科里科里（Kerikeri）的传教定居点成为了"袖珍的帕拉马塔"。1809 年建于帕拉马塔（Parramatta）的石头店铺为科里科里的石头店铺——新西兰现存年代最为久远的古建筑——提供了平面图；而马斯登在帕拉马塔的住宅，"老式的兰吉斛（Rangehoo）"（兰吉霍阿 [Rangihoua] 是新西兰第一个传教基地的名称）则成为了科里科里布道站（mission house）的样板。1819 年马斯登修建了澳大利亚式的"兰吉霍阿"，并将其作为高层毛利青年的神学院。直至 19 世纪 30 年代，新西兰的英国国教传教团仍然处于边缘地位，它对北方部族更为有用，是他们藉以获取欧洲技术、文字和商业的敲门砖。洪吉希加从鲁阿塔拉那里继承了对第一批英国国教传教士的垄断性控制权。1830 年前，新西兰的传教士处于附属毛利人的这样一种地位，洪吉希加至死都控制着对他们的垄断权力。洪吉希加从位于岛屿湾的驻地发布指令，迫使传教士按照他开出的条件与他进行往来，其中包括秘密进行火枪交易。

　　对毛利人来说，洪吉希加比马斯登更为重要。这位从前的神学学校学生是几十位活跃于塔斯曼海两岸的旅行家和企业家之一，这些旅行家和企业家与新南威尔士殖民地间进行着密切的贸易。自 1800 年以来，活跃于塔斯曼海两岸的酋长是毛利人在澳大利亚存在的生动例子。

　　洪吉在新西兰出名是因为他在 1820 年大胆前往伦敦，在伦敦，他成功地实现了自己的要求，见到了英王乔治四世；同时，他还帮助剑

2.4　詹姆斯·巴里、托玛斯·肯德尔牧师与毛利首长洪吉、怀卡托，
伦敦，1820 年。洪吉站在中间。他左手握着长矛，左手拿着短棒。

桥的一名教授编纂毛利语词典。洪吉是在他的朋友年轻的世俗传教士
托玛斯·肯德尔（Thomas Kendall）及他的侍从武官怀卡托（Waikato）
的陪同下，搭乘一艘捕鲸的纵帆船前往英格兰。肯德尔并没有获得授
权随同前去，但他决定学习毛利人的语言，并以其作为说服当地人皈
依的手段。在英格兰，洪吉在社会上受到了盛大的款待，收到了许多
珍贵的礼物。次年，他用这些礼物在悉尼的市场上换回了 300 多条火
枪及若干的火药和子弹。但他却并没有将所有的礼物用来做交易；他
保留了一套盔甲，而这套盔甲后来多次救了他的命。

### 火枪战

到 1800 年，部族间的战争日渐加剧。一些人认为，大约在 1800
年，毛利人的人口达到顶峰，资源的日益缺乏加剧了部族间的敌对状
况。日益严峻的资源制约形势有利于后来要求移居奥特亚罗瓦的主张，

34

毛利人借助移居的活动而迅速适应了人类活动所造成的生态变迁。在敌对"哈普"（部族）间的竞争本来就非常激烈之际，与欧洲人的接触不可避免地会让事情更加过火，并产生空前的冲突。1815 年至 1840 年期间，运用战争以解决争端的进程加速发展，而塔斯曼海周边地区间的联系对此则起了煽风点火的作用。当然，其细节是复杂的，也存在着争议。到这时为止，毛利人的战争一直都是有季节性的，而且高度地仪式化，它导致的死亡人数相对不多。欧洲的枪炮——火枪、双管火枪及手枪——则更为致命，它们导致的后果更加具有破坏性。著名的火枪战也可以称为"土地战争"，因为战争之后许多的领土都进行了转手。还有一些学者则将战争的原因归咎于白薯。白薯是一种更加易于种植的食物，而交战的各方也更易于搬运它们。

通常，火枪和马铃薯都是与洪吉希加联系在一起的，因为是他将火枪引入了部族间的战争。当洪吉希加装备了一支军队并以空前的规模摧毁了对手之后，他便开始了在北方的进攻行动。不过，长途奔袭并不需要枪炮和马铃薯。习惯上，获得胜利的战士通过牺牲他们的敌人的方式而获得生存。洪吉的目标是制服对手，而不是征服陌生人，他对食物交易的新品种进行操控，借此来巩固毛利人的价值观及各种制度。

一种观点认为，引发 1806—1807 年战争的是从塔斯马尼亚逃逸出来并搭乘"金星号"（*Venus*）的一些罪犯。他们绑架了洪吉希加和洪吉希加盟友特·默伦加（Te Morenga）的近亲——纳普西族（Ngapuhi）的一些上层妇女，并将她们扔弃在各个海滩之上，让其他部落将她们杀死。另外一种观点则认为，毛利文化关系中的"血债血还"这一核心要素（the core element of reciprocity）要求对任何群体的冒犯进行报复（utu），从而避免权威的损失，并恢复平衡和秩序。因此，在毛利人寻求对这种特定的冒犯及其早年曾遭受的战争进行报复的过程中，其政治体系运作的方式便为后来发生的事情提供了解释。12 年之后，纳普西族人运用他们在火枪方面的新力量对东部海岸的人们实行报复。1818 年，特·默伦加和洪吉希加带领数百名战士对丰盛湾（Bay of Plenty）的部族发动了两次袭击。就在 1820 年洪吉离开联合王国的当天，特·默伦加的队伍乘坐 50 艘独木船返回到了岛屿湾，他们的船上装着数百颗头颅，约 200 名奴隶。此外，他们还掠回了数年前杀死一名被绑架妇女的酋长的所有独木船。

作为战争的结果，三名伟大的军事酋长成为了新西兰最有权势的人物：纳普西族的洪吉希加、怀卡托族（Waikato）的韦罗韦罗（Wherowhero）以及纳提托阿族（Ngati Toa）的特·罗帕拉哈（Te Rauparaha）。这些战争本身导致纳提托阿族首先向南迁徙到塔拉纳基（Taranaki），之后又迁徙到惠灵顿地区；在这里，特·罗帕拉哈开始为他的人民的未来生计进行谋划。

一些学者从对枪械和马铃薯的运用的角度来阐释火枪战争，他们将这些战争按顺序划分为三个阶段。在第一阶段，各个部族主要是从捕鲸者那里获得了少量的火枪，这些火枪足以产生震撼性的效果；在第二阶段，他们获得了数百条火枪，并积存食物——这多亏种植马铃薯这一农业革命——以供养庞大的军队；在第三个阶段，各个部落纷纷积聚起数量庞大的枪械。在 19 世纪 20 年代，所有上述三个阶段中使用的火枪最初都是通过在悉尼的市场上出售食物、妇女（性奴隶和卖淫）和纹有花纹的头颅而获得的，后来则是通过为该市场提供加工过的亚麻而获得的。对堆放贸易物资的劳动力的需求加剧了建立袭击队的迫切性，建立袭击队可以为部落带回来其需要的奴隶。反之，得到装备的劳动力（embellished workforce）又使得建立袭击队更加容易，因为毛利人通过种植马铃薯而获得了迅速增长的食物供给，同时，当男人们前去打仗时，妇女和奴隶可以干种植马铃薯这种活儿。随着仪式性的惩罚让位于大规模的战争，袭击中的俘虏不再全部用来做苦力，因为征战中所需要的肉源来自卡伊—唐加塔（kai-tangata，同类相食，一个既指人又指食物的词语）。不过，数以百计幸存下来的奴隶则被迫去种植更多的食物和赚取枪械，在更为深入地接触欧洲人并获得更多火枪的过程中，他们推动了各个部族一个阶段、一个阶段地不断向前进步。

于是，战争产生于连锁反应，同时它也导致了进一步的连锁反应。　36

例如，1821 年，在洪吉希加返回的途中，他从悉尼购买了 300 条火枪，这使纳普西族人成为了新西兰最为强大的一支力量，奥克兰地区因担心受到袭击而变得人烟稀少。1822 年，洪吉希加侵入了怀卡托族人的地盘，迫使特·罗帕拉哈及其人民进行迁徙。反过来，纳提托阿族的迁徙者及其盟友则对唐加塔环努瓦也发动了一次又一次的袭击，他们将卡皮蒂岛（island of Kapiti）城堡作为基地，他们在这里和欧洲人的船只进行贸易，并从这里发起攻击。1824 年，纳提托阿族人的首领特·裴西·库珀（Te Pehi Kupe）仿效洪吉希加，前往英国兰旅行。四年之后，他返回到了卡皮蒂，并从悉尼买回了更多的武器。像洪吉一样，当他在穿越塔斯曼海之际，他把在欧洲收到的礼物拿来换火枪。随后，他的部族便将这些火枪用来侵略南岛。1825 年，纳塔胡人初次使用火枪来对付其他"哈普"，这加剧了该部族内部的冲突。到 1827 年，怀卡托族人的火枪实力足以和纳普西族人的火枪力量相匹敌，1828 年洪吉希加的去世标志着纳普西族人力量不受控制的局面终结了。随着压力向南方的延伸，在 1827—1828 年的夏天，特·罗帕拉哈侵入了南岛，当他使用火枪来对付传统的武器时，便造成了更多的流血事件。在随后的六年中，他指挥着向南推进的战役。

1807—1840 年间爆发的部族战争并非都是火枪战。假如所有的战争都是火枪战的话，那它们必然会在 19 世纪 20 年代后期就已经将纳普西族人卷入到了战争之中。正如在徒手相搏的战争一样，火枪并不能确保战争取得胜利。然而，这些战争并不是单纯的部族战争。在此之前，战火从来没有席卷过整个国家。除了枪械之外，新的思想和战略也打乱了部族的原动力，它要求建立新的制度来稳定社会。战争不再仅仅是在传统意义上的战争，它同时也是"毛利人的现代灾难"，它充分展示了土著—新来者间关系的爆炸性力量。

两起臭名昭著的事件让欧洲人直接卷入其中。将新西兰和英帝国牵扯在一起的转折性事件发生在 1830 年，它是在特·罗帕拉哈的鼓动下完成的。特·罗帕拉哈主动接近英国的斯图尔特船长（Captain Stewart），请求他帮助打击纳塔胡族人的酋长特·梅哈拉努伊（Te Maiharanui），以此来报复他杀害特·裴西·库珀的行为。斯图尔特同意用"伊丽莎白号"（*Elizabeth*）双桅船将特·罗帕拉哈及 70 名武装人员运送到阿卡罗瓦（Akaroa）港，以换取一船加工过的亚麻。在阿卡罗瓦，"伊丽莎白号"的船员协助将毫无疑心的特·梅哈拉努伊诱入了船长的船舱并将他铐了起来。在同一天晚上，特·罗帕拉哈的战士对海岸的寨子（pa）发动了进攻。纳塔胡族人因欧洲船只的存在而对安全所产生的错觉也对他们的进攻起到了配合的作用，这同"伊丽莎白号"的船员对"惊慌失措、四处奔逃的妇女"施暴所产生的效果有异曲同工之妙。斯图尔特和"伊丽莎白号"将一篮一篮的煮人肉运回了卡皮蒂，他们还带回了被俘的特·梅哈拉努伊及他的妻子，特·梅哈拉努伊因限制使用铁器而受尽了侮辱。斯图尔特将酋长夫妇作为他获得亚麻的担保，当他们被交给特·罗帕拉哈的手中后，他们死得非常之惨。接着，在 1831—1832 年间的夏天，特·罗帕拉哈试图利用"伊丽莎白号"进行远征，以攻击克赖斯特彻奇（Christchurch）北部位于凯厄波伊（Kaiapoi）的纳塔胡人堡垒。在经过包围之后，该寨子失陷了。特·罗帕拉哈肃清了逃往阿卡罗瓦港一个寨子的难民。在这里，他施展诡计，利用从凯厄波伊捕获的头领，并打着和谈的旗号而得以进入到寨子之中。一旦进入寨子之中，他的战士就开火了。因此，让人毫不感到惊奇的是，纳塔胡人长期以来都对特·罗帕拉哈怀有力图报复之心。

　　在第二桩臭名昭著的事件中，纳提穆唐加（Ngati Mutunga）和纳提塔玛（Ngati Tama）在惠灵顿港捕获了一艘双桅船及该船的船长后，他们在 1835 年侵入了查塔姆群岛（Chatham Islands）。在这次事件中，这位船长的卷入并非出于自愿。在经过两次航行之后，该船才将 900 人及马铃薯种与独木船运送到查塔姆群岛。这次入侵的结局是悲惨的。作为对入侵者的回应，莫里奥里人（Moriori）组织了"和平理事会"。由于受自身文化建构的限制，入侵者不能想象到还存在着非暴力的途径，于是，他们错误地将该机构诠释为"战争理事会"，并发动了血腥而无情的战役来镇压他们。1835 年，莫里奥里人的人口为 1660 人；到 1862 年，莫里奥里人的人口就只有 101 人了。总之，与欧洲人的接触导致了毛利人的流离失所；与此同时，毛利人又利用欧洲的技术和人员来驱逐莫里奥里人。1840年，当世代相仇的毛利人因为土地购置而彼此分隔开来后，查塔姆群岛的火枪战争终于结束了。同时，战争对为这些侵略者所遗弃的惠灵顿地区也产生了长远的影响，因为他们将自己作为移居者而在该地区声称拥有的对环努瓦的权威赠送给了他们特阿提阿瓦族（Te Ati Awa）的亲戚特·沃瑞普利（Te Wharepouri），特·沃瑞普利同时也领导着一群人由塔拉纳基（Taranaki）向南迁徙。由于特·沃瑞普利对土地所拥有的权利没有保障，他不久之后便发现将惠灵顿地区出售给新西兰公司对自己是有利的，因为殖民者居住于该地区能够为他提供某种形式的保护，于是，他便以极其低廉的价格——其中还包括一些火枪和火药——将这些土地出售了。

　　火枪战争的后果是令人惊骇的。1806年至1845年间，各个部落进行了重新的分布，成千上万的人不是被杀害就是受伤或者流离失所。大量的人口流离失所，特别是纳提托阿族人及与他们结盟的塔拉纳基各个部族向南迁徙所带来的压力，给库克海峡的周围地区、南岛以及查塔姆群岛的广大地区带来了了毁灭性的后果。整块整块的地区变得人烟荒芜，这为将来来欧洲人的殖民腾出了地方。部族间的边界得到重新划分。在《怀唐伊条约》签署前不足20年的时间里，火枪战的获胜者享受着从战争中获得的战利品，并将唐加塔环努瓦人从他们的家园中赶了出去。

　　于是，各个部族目前所在的位置便体现出了战争所产生的后果。在《怀唐伊条约》签署之前，围绕部族权威而产生的争端以及对因丧失土地而产生的怨恨冻结了权力的再分配。1840年之后，土地测量和土地买卖阻止了人口的流动，并确定了各个地区间的边界。火枪战争对一些伊维的权威造成了破坏性的影响。一些新的部族取得了支配地位，其中显著的便是北方的纳普西族人，库克海峡附近地区的纳提托阿族人，以及位于火山高原地区的纳提图华雷图阿族人（Ngati Tuwharetoa）。遭受入侵的部族往往组成更加集中的自卫团体。因为所有权存在争议，大片、大片的地区变得人迹灭绝或者人烟稀少，例如，后来奥克兰和惠灵顿的所在地周围地区就是这种情况。1840 年前，在这样一些地区，欧洲的土地投机商能够通过以有利于自己的条件进行购买而获得存在争议的土地，因为那些容易受攻击的部落往往寻求白种人提供保护。

人口减少严重了干扰了土地开垦。唐加塔环努瓦人经受住了冲击，许多人返回到了以前的地方，一些人则与入侵的部族进行通婚。悲哀的是，看到子孙后代死去的一个反应便是卖掉祖传的土地。那样至少可以让对手一无所获。不过，在怀唐伊特种法庭有关文献的帮助之下，历史学家质问政府是否应该承认 1840 年各地的边界，而这些边界是在运用欧洲武器进行征服的基础上确立起来的。对于这一质问，其他一些人则回答说，部族间的许多战争无论如何都会发生了。

为了让战争的漩涡逐渐平息下来，就必须实现新的平衡，而这种平衡需要将新到的殖民者融入其中。尽管传教士声称是他们结束了战争，事实上，是和平的实现传播了基督教，而不是相反。在关于毛利人"皈依"的程度和性质的争论中，就"以前的奴隶所发挥的作用"的问题出现了一种一致看法：这些奴隶在遭受禁锢期间皈依了基督教，在他们返回家园之后，他们在自己的部族中传播了文字和毛利版的福音。基督教提供了一种革命性的管理模式，在这种模式中，由国家创制的法律保护着和平。在思想的领域，基督教是具有启示性的意义。

毛利人抓住文化交往所提供的每一个机会，对他们的环境进行改善，并突破生态的制约。一旦纳普西族人拥有了火枪，该国的其他人也必须拥有这种武器。在一定的程度上，战争只是导致了这样的结局：各部族间的火力达到了平衡，专门为火枪战争而设计的现代山寨得以出现。战争产生了大量的战略家，他们拥有几十年使用枪械的专门知识，并掌握了运用欧洲人的技术来反对欧洲人的窍门。不过，当时正在进行的关键性改革还是土地购置这一措施。 39

## 背离"最低程度之干预"的举动

难怪历史学家将殖民局（Colonial Office）的战略描绘为没精打采

的回应。英国拥有广泛的全球利益，但这些利益仍然以欧洲及遏制法国为中心。帝国仅仅是英国众多的战略和商业利益的一部分而已，而大洋洲则更是其中更加微不足道的一部分。这并不是说殖民局非常了解它的情况；殖民局官员主要依靠遍布世界各地的官员、总督、军官以及传教士和他们的资助会社（parent sociey）等资讯代理人（Information Agent）写回的信件和书面报告而获得情报。

1831 年，岛屿湾的酋长恳请威廉四世提供英国的保护，以让他们免遭英国臣民的侵害，并抵制法国的野心。1833 年 5 月，詹姆斯·巴斯比（James Busby）——他的工资由南威尔士殖民地支付，当然，他们是心不甘、情不愿地向他支付工资的——以英国殖民官员的身份抵达当地，从而开始了英国官方象征性的干预活动。首先采取行动的不是伦敦而是悉尼，他们采取这种行动的目的是为了显示他们正在为"伊丽莎白号"的野蛮行径而采取补救措施。悉尼的商人意识到新西兰的部族冲突会损害他们自身的利益。巴斯比与他的老婆在坐落于怀唐伊他们自己建立起来的农场上修建了房屋（现在被称为条约纪念馆，Treaty House）。巴斯比是一名文职官员，而不是一位可以调动军队的军官。事实上，作为第一位警官，他的工作就是"维持安宁"，其中也包括拘捕逃犯。毛利人很快便将其称为"没有牙齿的看家狗"，土著法律依然盛行。南太平洋地区的内部动力已然占据了首要的地位，这迫使以悉尼为基地的殖民地政府将例行公事的警察制度延伸至新西兰。

与此同时，伦敦则提供了新基督教帝国主义的理论，虽然说这并没有花费什么成本。在殖民局，詹姆斯·史蒂芬（James Stephen）爵士抱有福音基督教和人道主义的信念，而这些信念在 19 世纪 30 年代关于英国种族优越和帝国命运的讨论中占据着支配地位。"更为清晰的种族层级结构正在出现"，"'独立性'——一个源自于苏格兰道德哲学家的观念——是公民道德存在的先决条件"这样一种观念则是对它的强调。按照它的说法，各个社会都在通过勤劳的奋斗而沿着各个发展"阶段"向高级文明迈进。正如福音主义所订正的那样，基督教

40

2.5 乔治·F. 安加斯，莫图帕伊（莫托普希）村及汤加里罗山，1844 年。这个纳提图华雷图阿族人的村寨在 1828 年受到攻击。

帝国应该进行干预并加速这个发展进程。恰好在帝国发生这种变化之际，自由交往的概念突然流行起来，大洋洲无疑是"生而自由的英国人所具有的权力"这样一种盛行于全球的断言的最佳体现。

那些权力将如何应用于新西兰？在 19 世纪 30 年代中期，帝国政府没有获取主权的动机，而且不管怎样，它都不得不克服因为缺少资金而导致的惰性。巴斯比作为殖民官员是毫无权威可言的，他自己的财产还遭到侵占。但是，他在两个事件中起了重要作用，而这有着持久的象征意义。首先，在 1834 年，他想出了新西兰（毛利人）运输船只悬挂旗帜的主意，具体的旗帜则由北方的酋长进行挑选，这样，他们的船只便可以自由进入澳大利亚的港口。毛利人悬挂旗帜也有着自己的想法，这时的旗帜变成了毛利人主权和认同的象征。其次，在 1835 年，他设计了一个《独立宣言》。参加"新西兰部族联合"（The United Tribes of New Zealand）的 35 名酋长签署了这个宣言，后来又有

41

另外 17 名酋长签了字。该宣言认为，新西兰是英国人保护下的独立国家。尽管这和太平洋其他地区的陈请活动相似，但北部的酋长（rangatira）却认为他们宣布了自己的主权。这成为了将来人们经常加以引用的例子。在 20 世纪 90 年代，一个以北部区为基地、重新创造出来的"奥特亚罗瓦部族联合"（United Tribes of Aotearoa）宣传他们拥有独立的主权，其理由便是他们的祖先签署了 1835 年的宣言。

历史学家一致认为，巴斯比设计独立宣言的本意是为了使新西兰成为英国的保护国，从而使法国无法染指。一些历史学家认为，巴斯比需要有一个借口来召开酋长会议，他确实也从夏尔·德·蒂埃里（Charles de Thierry）自塔希提岛发出的一封信中找到了这样一个借口。他宣称德·蒂埃里企图在新西兰建立一个独立的国家，这个国家将建立在他认为已经从传教士托玛斯·肯德尔手中购买了的土地之上。巴斯比毫无困难地让当地的酋长相信德·蒂埃里构成了威胁。其他历史学家则认为，巴斯比确实是有一点惊慌了。当他向悉尼的总督伯克（Governor Bourke）解释时，他的反应便是要求召开酋长会议：

> 以便他们可以宣布这个国家的独立，并坚持将下列问题当作一个集合体来对待，即：他们对主权所拥有的完整而排他性的权力、他们捍卫主权完整性的决心，及将任何提议在他们的领土内获取主权的人视为公敌的决心……。

由于该提议显然是对 19 世纪 30 年代整个澳大利亚盛行的"无主地"（terra nullius）原则的一种蔑视，伯克对它没有一点好感。现在学者们仍在争论的是，这个文件等于是宣布了主权呢，还是环塔斯曼海地区主张实行英国法律的表述而已。或许，它被设计出来的目的本来就是同时为二者服务的，设计者在设计之初便将两种不同类型的读者加以了考虑。

在英格兰，圣公会是反对殖民的，其反对的理由是，殖民导致了对土著民族的不公正和伤害。相反，英国国教会及其对手卫斯理公会

都支持英国慎重而正式地进入新西兰。随着传教士热情的不断增长，
他们加紧向殖民局推销"致命影响"的主张——即，新西兰很快就会
没有原住民了——并将其作为进行干预的理由。在兼并新西兰的过程
中，帝国主义和人道主义这二者齐头并进，传教士则始终站在最前沿。
一些人则将"致命影响"看作是将英帝国将势力延伸至新西兰这种
"势所必然"的有利借口。现代历史不再像以前那样重视传教士，而
是开始更多地重视殖民地政府——特别是它在环塔斯曼海地区的活
动——以及它与毛利人间的互动。然而，对于理解新西兰来说仍然关
键的一个事实便是，英国开始正式干预的时间是与人道主义运动的兴
起以及对英国的基督教帝国主义的信念并驾齐驱的。1839 年的世界已
经不同于 18 世纪晚期——当时，英国当局在悉尼建立了流放罪犯的殖
民地——的世界了。

教会内部的宗派主义对当地的集团政治产生了影响。来自于法国
和爱尔兰的神父及后来修女所传播的罗马天主教给毛利人提供了一种
不同的政治，一种可以用来和他们的新教邻居相竞争并用以维持独立
认同的手段。1838 年，第一位天主教神甫庞帕里耶大人（Monsignor
Pompallier）从法国到来之前，在一些爱尔兰籍前科罪犯的影响下，在
1835 年，北方的酋长已经派遣了两名毛利青年前往悉尼学习天主教教
义。意大利神父多姆·菲利斯·瓦基欧里（Dom Felice Vaggioli）在
1895 年所写的一本新西兰历史便对这种竞争进行了阐述，该书受到了
英国的审查和压制。尽管瓦基欧里的书中存在着一些事实性的错误，
但该书中揭示了天主教对毛利人获取独立权的支持。瓦基欧里将 1834
年的旗帜诠释为国旗，它表明英国承认了毛利人的主权。他对有关
德·蒂埃里是法国间谍的流言嗤之以鼻，因为他那时是一名"可怜的
英国公民"；他谴责官员和新教传教士是些奸商和"陆上鲨鱼"（land-
sharks）。反过来，德·蒂埃里也记录了卫斯理公会传教士对庞帕里耶
到来的反应：他发现他们"热心地建议（当地居民）应该采取何种行
动来除掉这位可怕的入侵者"。

从 1837 年开始，随着扩张压力——这种压力因环塔斯曼海各地区

间的联系而得到加强——的不断增长，形势的发展已然超过了殖民局的规划。岛屿湾另一次周期性部族战争的爆发促使人们向悉尼请求武装保护。作为回应，总督伯克派去了英国皇家海军舰艇"响尾蛇号"（*Rattlesnake*），而随船前去的则还有威廉·霍布森（William Hobson）船长。这次造访除了强行恢复秩序外，还促成了两份公函的诞生，其中一份是由霍布森撰写，而另外一份则是由巴斯比代笔，它们鼓动伦敦结束其"最低程度之干预"政策。为了说服殖民局进行更加强有力的干预活动，巴斯比在其报告中提及了"持久的无政府状态造成罪恶不断增多"。霍布森则建议英国至少在包括英国定居点的新西兰各地区获得主权，因此，他对伦敦施加了更大的影响。全球政治继续支配着官方的思维。英国仍然将心思放在欧洲，特别是放在防范法国野心的问题之上；同时，当人们为获利而将视线投向中国时，英国也开始更多地卷入到亚洲和太平洋地区。对英国种族优越性的信念只是增加了官员决断时的自信。

1837 年，英国"议会下院土著人问题特别委员会"（The House of Commons Select Committee on Aborigines）确定了在该世纪剩余时间里殖民地官员应当重点关注的问题，并"想当然地认为英国的优越性是不证自明的"。该委员会断言，帝国当局提供的保护以及基督教将导致包括毛利人在内的文明开化；它同时也预见到了后来写进《怀唐伊条约》英文文本之中的王室优先权。根据这一具有封建性质的原则，只有国王才能同意将毛利人的土地让渡出去；将来的殖民者必须从政府那里购买土地。通过这种方式，无论是人道主义、还是为殖民地国库提供一个地产银行的愿望，都得到了满足。1838 年，"议会上院新西兰问题特别委员会"（House of Lords Select Committee on New Zealand）批准了由"臭名昭著的而耽于幻想的"爱德华·吉本·韦克菲尔德（Edward Gibbon Wakefield）所倡议的殖民制度（见第三章）1839 年，英国的思维已经发生了变化，它开始倡导采取有限而克制的干预措施以确保英国飞地的法律和秩序。1839 年 6 月发布的专利特许证（Letters Patent）将新南威尔士的边界进行了扩展，以使其能够囊括任何新西兰割让出来的土地。该国白种人居住的各地区将从各酋长那里获得，而各个部族仍将保持他们对自己区域的控制权力。此时，位于悉尼的总督吉普斯（Gipps）对任何可能获得的土地都拥有了管辖权。到 7 月份，殖民局开始接受完全主权的观念。1839 年 7 月 30 日，帝国政府任命霍布森为领事，以对新西兰的英国人行使"一定的控制权"；同时还任命他为"延伸至新西兰"的那部分新南威尔士殖民地的副总督（Lieutenant-Governor）。

新西兰公司首先决定前往那里。新西兰公司成立于 1837 年，成立时称为"新西兰协会"（New Zealand Association）。自从 19 世纪 20 年代以来，新西兰协会中倡导系统殖民的成员就幻想着派遣经过挑选的移民对大洋洲进行殖民活动。韦克菲尔德为当时的一种乌托邦理想提供了灵感，这种乌托邦理想便是将澳大利亚南部及新西兰变成殖民地的实验场所，从而进行移植英格兰前工业社会的阶级结构的实验。然而，在实施这种理想的过程中，韦克菲尔德却被迫潜伏在台后，并通过宣传而对此发挥影响，其原因在于他曾经因诱拐一名年轻女继承人而受到监禁，此后他便蒙羞而抬不起头了。1839 年 5 月，他的弟弟威廉·韦克菲尔德上校作为新西兰公司的代理人乘坐"托利号"（Tory）匆忙出发，希望以尽可能便宜的价格从毛利人那里购买土地，并获得新西兰中部库克海峡周围地区的垄断权。威廉·韦克菲尔德试图取代王室的优先权。然而，毕竟占有才是硬道理，而且新西兰公司拟议中的"大不列颠"新城并没有成为坐落在岛屿湾的政府的最初地址。

1839 年 8 月"托利号"——它抛锚于马尔堡湾（Marlborough Sounds）——的航行以及韦克菲尔德的大宗而让人质疑的土地购置，促使殖民局以英国殖民地为理由而将 1839 年而非 1840 年作为新西兰割让主权的日期。在 9 月，当"托利号"驶进了惠灵顿港后，特·普尼（Te Puni）酋长及特阿提阿瓦族的特·沃瑞普利酋长登上船，他们试图在其他相对新近的对手之前提出他们的要求。三个月之后，"古巴号"三桅船运载着皇家炮兵的测量员威廉·梅因·史密斯、考察的军校学员及劳工接踵而至，而第一支由六艘船组成的船队搭乘着精选的移民则紧随其后。1840 年 1 月 5 日，在来自于卡皮蒂（Kapiti）的美国捕鲸船的导引之下，"古巴号"进入了惠灵顿港口，并受到"瓦里·珀蒂"（Warri Podi）及普尼（Pooni）（也就是特·沃瑞普利和特·普尼）的迎接。自此之后，新西兰公司及其在惠灵顿的第一个殖民地的事迹和 1840 年 2 月 6 日签订的《怀唐伊条约》的历史便不合时宜地并列成为了新西兰的奠基文件。由于新西兰公司突如其来的举动及悉尼开发商所达成的交易，吉普斯在 1840 年 1 月 14 日发布了一个宣言，将新南威尔士的边界进行扩展以包括新西兰，到 1 月 18 日，霍布森已经以副总督的身份从悉尼起程了。

# 第三章　索要土地（1840—1860 年）

1840 年 2 月 6 日《怀唐伊条约》的中心就是要解决土地争夺问题。作为一种工具，这个条约的独特之处不在于它的缔结过程，而在于其具体的内容。它肯定了土著人的权力，并宣布了建立一个单一国家的使命，它试图花最小的代价而实现各项宏伟的目标。在条约签订之前的 1 月 30 日，霍布森上尉（Captain Hobson）在科罗拉雷加［Kororarekka，即拉塞尔（Russell）］的英国国教会教堂宣读了三个声明。第一个声明将新南威尔士的边界进行了扩展，并将新西兰囊括在其范围之内；第二个声明宣布他为副总督；第三个声明规定地契（land title）需要从国王那里获取。为了在经得当地人同意的情况下实现合并，霍布森接着起草了一个条约，该条约效仿的是英国人道主义在北美洲和西部非洲确立起来的先例。为了让酋长们能够对条约加以讨论，传教士亨利·威廉斯（Henry Williams）和他的儿子爱德华（Edward）花了一夜的功夫，最终将条约文本翻译成了毛利语。2 月 5 日，酋长们确实在巴斯比的家中进行了讨论，而且还讨论了整整的一天。在 2 月 6 日，几名英国殖民官员及 45 名毛利酋长在《怀唐伊条约》的毛利文译本上签字画押。最初的签字是仓促的；霍布森几乎没来得及从皇家海军军舰"先驱号"上拿他的羽饰军帽（plumed hat）。

3.1.1 帕图奈,《怀唐伊条约》的签署人。帕图奈握着火枪,穿着绅士服,一副武士酋长的表情,他在两个世界之间架起了桥梁。

3.1.2 塔玛蒂·瓦卡·奈奈,条约签署人,帕图奈之兄。

如果对霍布森而言,条约为酋长们提供了保护的话,那么,对传教士来说,条约则是毛利人和作为英格兰教会和国家首领的英国女王之间签订的契约。然而,对毛利酋长来说,酋长地位要求他们享有与新总督同等的权力和地位,这一如特雷哈(Tereha)宣称的那样:"我们这些酋长是统治者,我们将不受人统治。如果我们享有和你同等的地位,那或许是可以接受的。但如果我们将受制于你,那我就会说,回到你们的船上去,走得远远的"。在当时,只有少数一些人才将霍布森作为和平与新法律——它们试图消除疾病、文化和社会动荡及战火等的影响——的先驱而加以欢迎。对纳普西族人的酋长塔玛蒂·瓦卡·奈奈(Tamati Waka Nene)而言,他仍然需要让争论朝着支持条约的方向转变,因此,他提出了这样的看法:拒绝霍布森已为时太晚;殖民者已然在不断地到来;总督将成为朋友、法官与和平的维护者。甚至那些发表言论反对条约的酋长也因受到了奈奈的影响而改变了看法。

奈奈和他的哥哥帕图奈(Patuone)是继其亲戚霍恩·赫科(Hone Heke)之后最早签署该条约的毛利人中的两位,其中,霍恩·赫科为他们树立了榜样。正如帕图奈后来的照片所表明的那样，他在两个世界之间架起了桥梁，而奈奈也是如此。（参见插图 3.1）大约在 6 岁的时候，帕图奈便在"努力号"上遇见了库克船长；在 1814 年，他和奈奈则曾对从新南威尔士前来的马斯登进行欢迎。作为一名伟大的勇士，他是首批接受亨利·威廉斯洗礼的酋长之一，他发现，在与英国人的交往过程中，双方都可以从中获利。

法国主教庞帕利耶则不这样看待问题，他怀疑这些毛利酋长是不是明白，英国的企图是使条约成为其割占领土的工具。在酋长们签字之前，庞帕利耶从中进行了调解，他要求公开保证宗教自由。当时，庞帕利耶身着豪华的长袍，给人们留下了深刻的印象。在签字之后，霍布森试着用毛利语讲了一句话："Hi iwi tahi tatou"，他说的是"我们是一个民族了"。他的话让这些接受了基督教的酋长相信，他们的人民将作为女王的臣民和基督的信徒而与英国人紧密联系在一起。自此之后，政治家们便纷纷引用霍布森所说的话。正如所有的言论一样，它们对不同的集团则拥有不同的含义。统一有什么样的要求？"一个民族"的含义是否就是英国人思维中的促使毛利人文明开化并将他们同化过来，并实行同一种法律呢？或者说它是否赞同这样一种思想，即：组成一个由毛利人和白种人构成的新社会，其中，两个民族集团依照彼此间的关系来进行自我界定。诺伯拉·帕纳加雷奥（Nopera Panakareao）看到了实行某种新的泛部族（pan-tribal）管理的可能性。他之所以在条约上签字，是因为他希望给予人民一位舵手："以前，每个人都希望成为舵手；如果一个人说，让我来掌舵，那另一个人也会说，我来掌舵；结果我们从来就没有一帆风顺过"。这表明，条约既涉及在毛利人的世界灌输和平、保护各个亲族群体的权力等问题，同时也涉及如何与欧洲人进行交往的问题。

## 奠基性文献

《怀唐伊条约》只是在最近一些年才开始在国民生活中占据重要地位。它总共包括九个文献：最初的英文和毛利文原本，七个毛利文副本和一个英文翻印本。在《怀唐伊条约》条约缔结之后，记载着该条约内容的羊皮纸毛利文稿的主要部分被拿到了北部区的其他地方。传教士和海军人员则将毛利人条约的副本带到了全国各地；其中一个副本被皇家海军舰艇"先驱号"（*Herald*）带到了南岛；北岛的一些酋长则在圣公会印制的一个英文版副本上签了字。500多位酋长在这些条约文献上签了字，除了其中的39位酋长之外，他们几乎都在条约的毛利文文本上签署了自己的名字；当然，他们并不是作为"伊维"的代表，而是以"哈普"代表而签署自己的名字。

48

> 　　在致新西兰各部族和各位酋长的亲切问候中，在她保留酋长们的地位和土地、维护他们的和平与安宁的愿望中，维多利亚——英格兰之女王——认为，向他们派遣一名绅士以作为她与新西兰土著人交涉之代表是正确的。愿该地各处及各个岛屿之酋长都同意女王政府。目前，由于这片土地上生活着许多人民，而且更多的人即将前来，女王希望任命一个政府，它或许不会成为当地人和当前没有法律约束的白种人发生冲突的原因；因此，女王乐于任命我，皇家海军之上尉威廉·霍布森，为现已割让和将来即将割让给女王之新西兰各地区的总督。她赐予"新西兰部族大会"之酋长及其他酋长如下一些法律：
>
> 　　一　（构成）大会之酋长，以及所有缺席大会之酋长，必须永远同意英格兰女王管理他们的土地。
>
> 　　二　英格兰女王承认并保证新西兰酋长、部族和所有人民之土地、定居点和所有个人财产完整而至高无上的地位。但是，大会之酋长和所有其他酋长须得将购买此种土地——即，拥有土地之人按照自己和女王任命来购买土地的购买人所商定的价格而愿意出售之土地——之权力转交给女王。
>
> 　　三　作为他们承认女王政府的回报，英格兰女王将保护所有新西兰土著人，并给予他们作为英格兰人民的同样权力。
>
> 　　　　　　　　　　　　　　　　　　　　（签章）威廉·霍布森
> 　　　　　　　　　　　　　　　　　　　　　　　领事，兼副总督
>
> 　　我们，新西兰部族大会之首长，现集会于怀唐伊，对条约之含义进行理解，接受并同意其全部内容。因此，我们签署自己的名字并画押。
>
> 　　条约缔结怀唐伊，于我主之第一千八百四十年，二月之第六日。

　　　　　　3.2　《怀唐伊条约》：毛利文本的译文，1865年。

重要的是，许多强大而不信基督教的酋长很少受到欧洲的影响，他们并没有在该条约上签字，其中著名的人物有怀卡托的（Waikato）特·韦罗韦罗（Te Wherowhero）、特阿拉瓦族的各位酋长以及纳提图华雷图阿族的大酋长特·胡胡（Te Heuheu）。怀拉拉帕的毛利人则没有被给予签字的机会。库克海峡地区的两名妇女在条约的一个文本上签了字，而其他地方的女酋长则被排除在外。举个例子说，特·胡胡就不愿意见到自己作为大酋长的权威还低于一个女人，虽然这个女人是英国女王。

围绕《怀唐伊条约》的各种译本而展开的争论仍在热烈的进行之中。条约的毛利文本（由一位同时代的传教士翻译）与霍布森的英文原本有着细小但却十分重要的差别。殖民者的历史——在这种历史中，他们往往提及这一条约——往往依赖条约的英文文本，以描绘一个建立在完全而自愿基础上的国家。在主流的叙述中，新西兰是在 1840 年 2 月 6 日作为新南威尔士殖民地的一部分而加入英帝国的。只是从 1841 年开始，新西兰才开始以直辖殖民地（Crown colony）的身份进行运作。在这个国家的官方描述中，该条约经历了 150 年才演变成为 "奠基性文献"。1841 年，条约文本在一次火灾中被抢救了出来；1877 年，当条约被宣布不再具有法律效力而各部族也被宣布在法庭上不再享有传统权利之际，条约便被束之高阁。1911 年，该条约被重新发现，但文件——特别是在怀唐伊进行了签字的羊皮纸文本——已经为雨水和老鼠损坏了，自治领博物馆将其作为文物而加以保存。20 世纪后期，毛利人对新西兰殖民社会忽略该条约的行为进行了抗议。直至 1990 年条约签字一百五十周年庆典之际，条约文献才开始被放在惠灵顿进行永久而公开的展示。

尽管条约的文本在当时是匆忙之中设计出来的，但它现在却成为了国家历史文物：虽然对不同的群体而言，它们有着不同的含义，但官方却逐渐将自己的诠释加诸于它们之上。在殖民者的各种叙述中，有一种诠释根本就没有提及条约一事，而年长的新西兰人对这种叙述则更为熟悉。对于提及了该条约并承认殖民者依赖于毛利人这一现实的那些叙述来说，它们却提出了这样的主张，认为政府当时是关心毛利人利益的，它们推行的是人道主义政策。对于"尚在一小股殖民者开始定居新西兰之际，也即在民族国家形成之前，英国王室便开始在新西兰存在了"的这样一种观点，后一种叙述无疑对其起到了确证作用。这种版本的说法主要涉及的是北方，特别是条约诞生地怀唐伊，涉及的人物主要是奥克兰的总督。1841 年，霍布森将首都从科罗拉雷加（Kororareka）搬迁到了奥克兰，而不是将其搬迁至惠灵顿，其原因就在于奥克兰坐落在威特玛塔港（Waitemata Harbour），它恰好位于毛利人分布稠密的北部区和怀卡托（Waikato）这两个地区之间。

50　　相反，殖民者的另外一种叙述则没有重视该条约，这种叙述主要是从惠灵顿及其它五个在系统殖民过程中形成的城镇中发展起来的。在 1840 年 1 月至 3 月期间，抵达惠灵顿的新西兰公司的殖民者满心期望他们的城镇会成为政府的所在地。1840 年 5 月 21 日，当条约文件尚在传阅而南方的酋长还没有签字之际，白种人各种主张间的针锋相对，北部的总督和传教士与惠灵顿殖民者间的紧张关系，便促使霍布森宣布英国对整个国家拥有主权。在面临来自内部挑战的时候，帝国显示了自己的权威。

　　从毛利人的观点来看，条约是王室权威的基础，是欧洲在新西兰合法殖民的基础。自 20 世纪 80 年代以来，当发展中的条约法学确定了《怀唐伊条约》的毛利文本而非其英文文本具有国际法地位的时候，毛利人的各种叙述开始为更多的人所了解。为毛利人所知但在学校里却没有加以讲授的历史表明，条约的内涵比其英文版本所反映的内容要丰富得多：条约作为他们祖先（tupuna）的行为而具有了权威（mana），毛利人的文本是受人尊重的，因为它拥有多数人的签字。正如传教士解释的那样，条约是一个具有生命力的东西，是一个具有约束力的契约；自 19 世纪以降，它被当作权利之源和改革的思想源泉而为人们所引用，对毛利人来说，条约的毛利文文本是他们具有宪法上合法地位的强有力的象征。历史学家认可了这种观点，这成为官方承认该条约是奠基性文献的基础。随着毛利文文本的法律地位得到确认，它取代了霍布森的英文文本，而相关的叙述也增强了自身的政治影响力。在这个过程中，历史学家开始创造"宪法基础的新神话"，在这个新神话中，毛利人和王室是伙伴关系，它完全不同于垂直的君主—臣民关系。

条约三项条款中的第一项将王室的权威延伸至了新西兰，但就酋长们是否出让了主权的问题却仍然存在着疑问，因为条约的英文文本和毛利文文本各自的记载存在着差异。在英文文本的第一款中，酋长将他们在自己土地上的"所有主权权利和权威"都让渡给女王。然而，在毛利文的版本中，酋长给予女王"te kawanatanga katoa"，即"对他们所有的土地进行管理"。（参见 3.2）传教士亨利·威廉斯从毛利语中杜撰了一个词语"kawanatanga"，用以指"总督"，他的听众明白，该词语在圣经文本中意指维持和平，一如庞蒂乌斯·彼拉多（Pontius Pilate）在以色列之所为。因此，一些人主张，为了让毛利人理解英国的合并行动，就必须要求使用"玛纳"（权威）一词，这正如威廉斯在翻译 1835 年的《独立宣言》时就使用了该词语一样。其含意就是，毛利文本以这样一种方式进行翻译，其目的是为了吸引各地酋长在条约上面签字。

历史学家普遍赞同怀唐伊特种法庭（Waitangi Tribunal）的裁决，即，因为从来就没有过毛利人的国家主权，因而主权已经让渡出来；不过，女王也向各地酋长和他们的亲族以及新西兰人民承诺保护他们集体和私人的财产。霍布森英文文本的第二款对这一点进行了详细的记载，该条款承诺：

> 新西兰的各酋长及部族、家庭及个人完全而不受干扰地拥有对土地、森林产业、渔业及其他产业的绝对权利，只要他们愿意并希望保持其所有财产的现状，他们都可以集体或私人的形式而保有这些财产。

然而，经过多数酋长签字的文本则肯定了酋长的绝对权力，以及新

51

西兰所有"哈普"及人民对他们的土地、家园及广义的财富都拥有至高无上的权利。引起多数人争议的依然是："ki nga Rangatira ki nga hapu ki nga tangata katoa o Nu Tirani te tino rangatiratanga o o ratou wenua o ratou kainga me o ratou taonga katoa"（各位酋长、各部族、新西兰的全体人民，于其土地、居留地及所有个人财产拥有至高无上的权利）。与英文文本的第二项条款相比，毛利文文本对王室的先占权也三缄其口。它许诺给以女王"侯空枷"（hokonga）——即对毛利人愿意割舍之土地进行买卖的权力——但这种权力并非独占性的，它甚至不是最优先的权力。

因此，新西兰在向英国人统治过渡的过程中，是依赖于对语言的迂回操纵呢，还是通过把高尚的动机灌注到条约之中，从而为世界树立一个榜样，一个制订种族和谐的基本原则的榜样？其答案取决于如何理解作为"诠释者"的传教士以及各位酋长和霍布森的思想倾向。在亨利·威廉斯对事件的记述中，他写道，2月4日，霍布森请他翻译条约，并建议他"绕开毛利词汇无法表达的所有英语表达方式，但要保留条约的整个精神及思路"。威廉斯认为自己完成了这个要求。然而，为了应对自己日常的跨文化环境，他习惯于进行创新。既然权威属于担当酋长的人，他便创造了一些衍生名词来将领土主权和领土支配与统治者本身区别开来，也即将"rangatiratanga"（酋长地位）与rangatira、kawanatanga 和 kawana（"总督"一词新近的音译）等区别开来。因此，语言学者对"'玛纳'（mana）和'卡瓦纳唐加'（kawanatanga）这两个词语'构成了毛利人理解条约的关键问题'"这样一种论点提出了质疑。从地位的角度来看，总督要比前英国殖民官员巴斯比的职位高，但其地位却比英国女王要低。此外，总督近在咫尺，而女王却远在英格兰，这种差异或许可以解释威廉斯何以会在《独立宣言》和《怀唐伊条约》中使用不同的措辞：

　　巴斯比的《独立宣言》以高超而超然的语言恰到好处地宣布了两个主权民族——毛利人和英国人——的存在。相反，《怀唐伊条约》则勾勒了这样一种情景，即，新西兰的毛利人和英国人通过政治统一而消除彼此间的差距。对威廉斯来说，权力的地方化造成了一度庄严而有效的政府职能的分散；政府的一种职能存在于新西兰，而另外一种职能的出处却退回到了英格兰，被返还给了女王本人，并被归入她的权威之下。

兰加蒂拉唐加（rangatiratanga，酋长的地位或身份）一词并非骗人的伎俩，而是一个"更加适合于新世界而不那么适合旧世界"的创造。尽管条约的内容含混不清，但它确实昭示着毛利人和白种人对和平而信奉基督教的共同前景的认可。

围绕毛利人究竟出让了多少权力问题而展开的争论既源自于翻译的缺失，也源自于条约没有解决的权威问题和种族关系问题。它正式开启了解决这些问题的进程。英国人试图通过教化他们，通过将他们置于英国法律的制约之下，从而将他们"合并"入殖民者的框架之中。条约的第三款便体现了这种思想，它向毛利人承诺提供王室的保护，毛利人享有英国臣民的权利，从此，它便为一种公民身份的标准提供了基础。从一开始便不确定的是，"合并"政策是否容许采用现在称为二元文化的方法，从而让毛利人参与到新的民族国家的创建过程之中；英国人的意图是对他们实行同化。然而，进行签字的酋长们则设想条约将保留他们的酋长地位；而且他们的后裔也竭力向政府兜售这种观点。（参见第十章）

一种相关的争议涉及毛利人拥抱新世界的程度，或者说他们试图在多大程度上通过条约而将白种人收编到他们传统的世界之中。作为20世纪著述中的一个普通原则，"自治"一词并不适合用来解释1840年毛利人行为。更精确地说，酋长们对未来的公民身份进行了选择，而且，通过签字，他们选择了一种西化的前途。他们赞成建立这样一种亲缘模式，它通过想象中的源于上帝的共同血统而将毛利人和白种人联系在一起。借助这种模式，条约让毛利人成为了"朋友"，而不是敌人。

因此，可信的是，霍布森使用的短语"hi iwi tahi tatou"不仅明白

53

无误地阐明了英国的合并政策，这种政策是建立在启蒙时期对共同人性的信念基础之上的，它同时也阐明了毛利人为确保和平与秩序而要求与白种人进行统一的政策。也有可能他的措辞向两个不同的听众群体传达意思是不同的。无论是偏爱《怀唐伊条约》第三款之诠释的白种人的说法，还是重点突出条约第二款中所赋予之权利的毛利人及官方的说法，都还没有领会这样一种可能性，即，统一既是毛利人的立场，也是白种人的立场。在塔玛蒂·瓦卡·奈奈及帕图奈这样一些酋长看来，已经没有退路可走了。到1840年，北方的酋长已经和欧洲人及他们位于悉尼的基地建立了广泛的联系。在这种意义上来讲，条约是对今天称为全球化的现象做出的反应。然而，不幸的是，毛利人没有能够预见到1840年后会有成千上万的移民前来（新西兰），而且这些殖民者将使权力的天平发生有利于殖民者的变化。

## 系统化的殖民

现在回想起来，争夺土地的斗争本可以显得直截了当。按照一种观点的说法就是，正如其他地方的土著居民一样，毛利人的武器十分落后（out-gunned）。而以另外一种观点的说法，殖民者的资本主义横扫了挡在它前面的所有的人和事物。再一种观点则认为，英国的殖民者将土地当作商品；相反，唐加塔环努瓦和他们的祖先一样，认为土地是供子孙后代使用的。双方都明白侵略和征服是怎么回事，并对其深恶痛绝，不过，他们双方没有能够领会对方的观点。并非仅仅是误解挑起了双方在土地问题上的争端，并使这些争端成为新西兰历史中的一个中心问题的。就土地所有权及土地经营问题，欧洲人带来了一种"不用则废"的特殊思想观念。（参见第五章）在圣经"在地球上生养众多"教谕的鼓舞之下，殖民者认为，只有能最有效地使用土地的人（他们的同类）才最有资格对土地所有权提出要求：欧洲"文明"的价值增加了。上帝将世界赐予了"普通的人"，但并没有将其赐予依然"普通且不开化的人，他将土地赐给勤劳而理性的人们使用"。"欧洲人，特别是英国人对世界上的资源拥有上帝所赐予的权利"这样一种信念——他得到了约翰·洛克的支持——鼓舞着英国人对新西兰的殖民。

除奥克兰之外，所有主要港口都是从系统化殖民的理论中发展起来的。在 19 世纪 40 年代至 50 年代期间，这种殖民资本主义的梦想要求新西兰公司及其分支机构进行大规模的殖民试验。新西兰公司是一个巨大的宣传工具，它开始建立城镇和农场，期望它们能够将文明移植到新世界，并将荒野开垦为良田。爱德华·吉本·韦克菲尔德是系统化殖民理论的主要理论家。在从纽盖特监狱（Newgate Prison）发出的《悉尼来信》（1829 年）中，他写下了自己输出"社会各阶级之混合体"的哲学。韦克菲尔德是从这种角度出发来对新西兰进行想象的，即，早在他和同胞踏上新西兰的土地之前，新西兰便具有"丰富的自然资源"。通过借用深深扎根于欧洲人想象中的田园牧歌观念，韦克菲尔德预先构建了对新西兰的想象。1836 年，他告诉负责处置殖民地土地的"下议院特别委员会"，在邻近澳大利亚的地方有一个国家，所有的人都将其描绘为："一个世界上最适宜于殖民的国家，一个最为美丽的国度，它有着最宜人的气候和最肥沃的土壤……。"借用一代又一代的女生所传唱的圣歌《耶路撒冷》中的歌词来说，新西兰注定成为一块青葱而且可爱的土地。按照韦克菲尔德的说法，土地是系统创建这样一个殖民地社会的核心机制，除了零星散布的友好而受到同化的土著人之外，这个殖民地社会就犹如浪漫主义化的英格兰乡村的一小块。

像所有的殖民化理论一样，这个似乎源自于亚当·斯密政治经济学变体的前提也是对土著民族进行剥夺。一如 1837 年韦克菲尔德解释的那样，他建议（制定）一个"经过深思熟虑的方案"，并做出"系统的努力"，以使"野蛮的民族"文明开化。尽管他将毛利人看作"野人"，但他同时又称他们是所有土著人（indigenes）中的"佼佼者"，是与欧洲人最相像的一群人。他们进行自我提高的"特殊禀赋"则为他们与殖民者进行通婚提供了可能，这样一来，将来的各代欧洲人和"本地人"就将"成为一个民族"。通过这样一种方式，韦克菲

55

尔德便将共同人性的范式融会贯通了。韦克菲尔德有着自己的开化土著人角色的扮演者，他便是纳西提（Nahiti），一位身着最流行的服饰访问伦敦的毛利人。在19世纪30年代后期，纳西提可能曾对韦克菲尔德兄弟在伦敦的表演进行了帮助；然而，当爱德华·吉本·韦克菲尔德的弟弟威廉·韦克菲尔德发现纳西提并不具有酋长的地位时，便将他作为"通事"而丢弃在新西兰。韦克菲尔德的理论渗透着共同的人性，但它却以阶级划线，旨在保存等级差别，因为E.G.韦克菲尔德本是一个势利的小人。

整个理论的基础就是以"相当的价格"出售土地，并确保土地、劳动力和资本间的平衡，其目的就在于通过聚居而实现殖民地的集中，并促进文明的发展。该理论规定，土地应该以高价出售，以阻止劳动者过快地成为土地所有者；但土地又不能太昂贵，这样才能吸引优秀的殖民者前来。从经营土地销售中获取的利润将用来资助更多的移民前来新西兰。青年已婚夫妇对这个计划来说非常重要，因为作为文明根本的母性和家庭生活的价值为创立一个更好的社会提供了基石。崛起中的中产阶级和受人尊重的劳苦大众将逐渐吸收体现在婚姻生活中的福音基督教价值观念。韦克菲尔德宣称："就品德和举止而言，殖民时期的父亲在这方面的修养怎么样几乎没有什么大不了的，相反，母亲在这些方面的表现就显得十分重要"。当他宣布这个以他的祖母、母亲和姐姐及他们家中品性不端的男人的事迹为基础的理论时，他所借用的便是这样一些理念。E.G.韦克菲尔德和W.韦克菲尔德曾因诱拐一名十多岁的女继承人而遭到监禁，之后，他们便名声不佳；对新西兰进行系统的殖民则为他们提供了一种恢复名声的途径。

56　　作为一种殖民实验，新西兰与澳大利亚形成了对照。从一开始起，新西兰就获得了一个优于澳大利亚各殖民地的形象，特别是优于新南威尔士——这个除西澳大利亚之外所有澳大利亚殖民地的"母亲殖民地"——的形象。尽管科罗拉雷加是逃犯的乐园；新西兰还是将利用从阿德莱德（Adelaide）吸取来的教训，阿德莱德是根据韦克菲尔德的梦想进行规划的第一个城镇，是一个没有罪犯的殖民地。新西兰公司的宣传推广了这样一种观念，即，经过挑选且没有犯罪前科的人们将确立起必要的"道德、行为标准"。

1839 年，动身前往惠灵顿的殖民者（客舱旅客）甚至在离家之前便从思想上拥有了新西兰这块土地，这展示了他们欧洲样板的力量。尚在新西兰公司的代理人韦克菲尔德上校乘坐"托利号"（*Tory*）抵达库克海峡并叫停仓促的土地购买行为之前，该公司便在伦敦发行了土地订购彩券（lottery of land orders）。彩券是土地订购单，而不是购买土地的凭证，因为在 1839 年 8 月，新西兰公司还无地可售。表面上看，女士们是"最大无畏的投机家"。当"土著人"开始参与到"游戏"中来时，人们一片欢呼；"游戏将导致良好行为的产生"这样一种信念增加了投注所带来的刺激。然而，就新西兰在实践中将在多大程度上成为彩券的兑现地这个问题，当时却没有些许的暗示。与此同时，在世界的另一边，特·普尼和特阿提阿瓦族的特·沃瑞普利以及尼科尔森港（Port Nicholson）周围纳提托阿人（Ngati Toa）和纳提劳卡瓦人（Ngati Raukawa）敌对的"哈普"（他将韦克菲尔德上校称为"广觉"［wide-awake］）却不知道欧洲人已经占有了他们的土地并对其进行了重新命名。在 11 月，当"古巴号"（*Cuba*）尚在风大浪急的海面上行进之际，新西兰公司的总监（surveyor-general）威廉·梅因·史密斯上尉（Captain William Mein Smith）阅读了 E. G. 韦克菲尔德的《英格兰和美国》一书，并喜欢上了该书的推理。然而，实现梦想却完全是另外一会事。

有关梅因·史密斯在伦敦的时候便得到了"科巴姆计划"（Cobham plan），一个建立不列颠小镇的概要性规划图的猜想，是一个在事件发生之后才构建起来的神话；梅因·史密斯的航海日志根本就没有提及过这样一个计划。更有可能的情况是，为了推动向外移民，在伦敦展出的各种全景图中使用了以网格形状分布的城市设计图案，其中，还有一条宽阔而且可以通航的河流从这个城镇中间穿过。新西兰公司将惠灵顿的规划交付给了梅因·史密斯。梅因·史密斯是一名经历过 26 年军旅生活的教师和管理人员，他习惯于服从命令和主持军事法

57

63

庭。因此，他一丝不苟地履行着公司董事给他的指示。他的困难在于，尼科尔森港周围地区的地形与直布罗陀岩山地区（Rock of Gibral-tar）——从 1829 年开始，他曾在这里的英国皇家炮兵中服役——更加类似，它与呈网格形状分布的英格兰殖民城镇的草原则不怎么相似。在北美，也即在英国的要塞城镇、安大略湖地区的金斯顿（Kingston），梅因·史密斯曾见识过那里的草原。然而，在尼科尔森港地区，他必须得从城镇中划拨出 1100 块一英亩一块的土地；而且，更为荒唐的是，他除了需要在城镇中为公园、林荫大道找到地方之外，他还需要有无数 100 英亩（40 公顷）一块的土地，以提供给那些支付了 101 英镑来购买城镇和乡村中这些传说中的土地的投资者。正如他报告的那样，建立惠灵顿时，他"面临着各种各样的困难：无数在这一时期到达该地的殖民者无休止地进行胡搅蛮缠；这年的冬天又异常严寒，他们除了帐篷之外，既没有办公室，也没有其他可供下榻的地方；而土著人又频繁地发起阻挠活动"。

威廉·韦克菲尔德事实上则是另一个障碍。他对那些负责实现梦想的测量员所表现出来的敌意体现了殖民理论与现实可行的措施间的不协调。梅因·史密斯及他率领的军校学生在六个月中便测绘了两个城镇，因为首席代理（principal agent）在 1840 年 4 月进行了干预，他训示梅因·史密斯将测绘从佩托内（Petone）改至莱普顿港（Lambton Harbor）。最初，史密斯决定将城镇建立在佩托内平坦的地面之上，而不是将其建立在威廉上校曾经储放过货物的皮皮蒂（Pipitea），其原因就在于，尽管皮皮蒂是"一个建立城镇的好地方"，但它的面积太小了，而且还远离哈特河谷（Hutt Valey）可供开垦的乡村土地；与此相反，佩托内则为贯彻各种指示"提供了充足的空间"。梅因·史密斯这位上尉向威廉·韦克菲尔德上校汇报说："当你返回尼科尔森港并同意我的观点之后，我就开始了行动"；不久，殖民者便开始前来。在 3 月，哈特河"河水开始上涨并溢出了河岸"。史密斯认为，通过清除河道中漂流的树木及开挖运河，便可以让河流在将来不至遭受洪水泛滥的危害。然而，韦克菲尔德却拒绝提供资金支持。相反，他强迫在皮皮蒂和特阿罗（Te Aro）支离破碎的平坦地面上重新开始建立城镇。

在皮皮蒂，以前塔拉纳基（Taranaki）人的寨子、园地及坟场占用了最肥美的土地，现在，这个地方则成为了新西兰议会的所在地。强制性的变动加剧了双方间的紧张关系，因为，韦克菲尔德声称土地已经为他所购买，但这里的居民则不那样认为。梅因·史密斯的东道主威雷珀利主持将佩托内改造成为殖民地，而不是为了让其成为今天惠灵顿的闹市。让局势更加混乱的是，因为"抽签制度"（ballot system）的缘故，根据公司训令而留给毛利人的"十分之一"分布得七零八落。正如在皮皮蒂的情况一样，史密斯从 110 英亩（44 公顷）毛利人"十分之一保留地"中挑选出来的土地本身不是寨子的所在地，便是耕地。其他一些已经有人使用的海滩则被夺走以供殖民者使用，大概这是因为这些地方本来就已经分配给了在伦敦的抽签中拥有优先权的购买者。结果，这里的九个村庄就消失了六个。

历史学家对 E. G. 韦克菲尔德及他的同胞时而进行称赞，时而则对他们进行谴责。直到 2002 年，一本传记才依照他们的本来面貌来描述他们，并承认他们的幻想的重要性。但它也对韦克菲尔德上校不道德的行为——在惠灵顿以及在向伦敦进行汇报时，他都对梅因·史密斯进行诋毁——进行了掩饰。尽管在政治领域，这种现象并不罕见，但它却歪曲了现实中所发生事情的本来面貌。勘探者们是一些典型的讲求实际的野外工作者，他们的特征后来逐渐发展成为一个民族的特点；事实上，他们为其他人开辟了道路。韦克菲尔德殖民地的勘探者们要么为人们所忽视，要么则因自身的劳动践踏了土著人的血统而受到评判，但他们事实上只不过是在服从命令而已。在一份帝国手令中，这些命令被认为是正确而恰当的。他们对自身的跨文化经历及军事经验加以运用，从而建立起了新西兰白种人的基本结构。对我这位后裔而言，承认新西兰公司总勘探实现殖民梦想的努力是合适的。他和他的全体雇员是够格的，而且确实也实现了殖民梦想。

在 19 世纪 40 年代，差不多有 1 万名殖民者满怀改善生活的希望，

3.3　威廉·梅因·史密斯，皮皮蒂村寨，尼科尔森港，1840 年 12 月。

迁徙到了这里。妇女作为妻子、母亲和劳动者而进行的家务劳动在整个冒险活动中十分重要，而这并不仅仅是因为在这里男女的比例是1. 3 :1。许多家庭往往是举家搬迁，在他们当中，有 3846 名年龄不到13 岁的儿童。一些殖民精英在来到这里时还带着预制房屋。为了给妻子及年幼的子女提供遮风挡雨的地方，霍布森将住房运送到了奥克兰。这一切让惠灵顿的殖民者者大为失望，他们意识到他们的城镇将不会成为首都，而在宣传和他们的料想中，他们的城镇将会成为主要的城镇。为了自己迁徙中的家庭、妻子路易莎（Louisa）和三个小孩，威廉·梅因·史密斯雇船将他的曼宁式小屋（Manning cottage）运送到尼科尔森港。在 19 世纪 30 年代，其他一些曼宁式小屋进入了澳大利亚；其中一个曼宁式小屋成为了克赖斯特彻奇（Chirstchurch）的飞马军火库（Pegasus Arms）。迁徙的人们为有一只小猪或母鸡来为家人提供食物而感到无比的骄傲。整个冒险活动中的家庭生活是非同寻常的。

　　这些青年人开始通过农业及家庭生活来拓殖他们的新土地，他们

3.4 威廉·斯特拉特：《殖民者扑灭烟囱之火》，1855 年或 1856 年。

修房建屋，养家糊口，饲养重要的家畜并耕耘园地。这确实有点田园牧歌式的味道。在此种经过移植的叙述中，学者们察觉出了 19 世纪白人文化中的个人主义，在当时，这种个人主义曾反复出现在对自力更生的政治强调之中。从一开始，城市规划问题便得到了正视，其中，城镇被看作是开发原野的象征。乡村与城镇环境中的情况一样，实现独立拥有土地的梦想要求立即适应新的环境。威廉·斯特拉特（Wil-

liam Strutt）关于一位殖民者棚屋（whare）背面的速写便阐明了这种情况。（见3. 4）在资源允许的情况下，这一棚屋运用了土著建筑——白粉桫椤原木（ponga logs）建造的棚屋——与英国乡村房舍的要素相
60　结合的方法。斯特拉特捕捉住了这种现象。殖民地的适应性要求在屋顶盖上帆布。发生火灾的危险一直就存在，这似乎是要证实历史学家迈尔斯·费尔本（Miles Fairburn）的论点，即：当对"丰饶的自然"的信念没有能够创造出应许之地时，田园牧歌似的情调便成为了其自身的敌人。

　　斯特拉特的画像同样也说明了"拓荒者传奇"的力量。新西兰拓荒者的神话可与英国殖民边疆的其他神话相提并论。他们将殖民者作为男女英雄而加以颂扬。男人们受到颂扬是因为他们具有男人的品质：
61　勇敢、有进取心、勤劳而坚毅；而妇女们则是作为"殖民的伙伴"，她们被赋予了女性应该拥有的同样类型的品质。拓荒者驯服了土地，他们相信，他们已经使土地如上帝期许的那样富饶。他们对这些土地重新进行了命名，并使其成为自己的家园。

　　一群法国移居者也具有相似的观点。1838年，让·弗朗索瓦·朗格洛瓦（Jean François Langlois）这位捕鲸船船长回到了法国，他带回了一份经过南岛酋长签字的契约，他认为这份契约让他拥有了班克斯半岛。这份契约促使法国成立了类似于新西兰公司的机构南特—波德雷公司（Nanto-Borderlaise Company），其目的便是为了派送殖民者前往"新西兰南部"购买和占领土地，因为，在法国人观念中，索要土地就意味着进行占领。在1840年8月，当法国人航行进入阿卡罗瓦港后，要不是发现当地的纳塔胡人已经在1840年5月的《怀唐伊条约》上签了字的话，南岛便有可能成为另外一个魁北克。事实上，在19世纪40年代，位于阿卡罗瓦的那个丁点儿大的法国殖民地与当地毛利人几乎势均力敌。然而，从1848年起，随着南岛上有组织殖民活动的开始，欧洲人的数量迅速增长，均势因此而发生了变化。在这一过程中，达尼丁（Dunedin）的奥塔戈（Otago）殖民地被规划为苏格兰长老会的飞地，而克赖斯特彻奇则在1850年被规划为英国国教派的堡垒。纳

塔胡人发现，"坎特伯雷协会"（the Canterbury Association）根本就不理睬王室关于保障毛利人土地和食物来源的承诺。

坎特伯雷为研究殖民者资本主义（settler capitalism）提供了案例。坎特伯雷象征着系统殖民计划的完成，而且，它的城镇克赖斯特彻奇的特性（identity）也是从这个教训中发展出来的。与源出于悉尼的奥克兰不同，南方的殖民地是对英格兰进行移植的结果。奥克兰将文明开化作为自己的目标，而它也是16世纪以来英国海外殖民的核心任务。克赖斯特彻奇将拥有一所大学和一座主教坐堂。

1850年12月，在经过迅捷的航行后，"坎特伯雷协会"的首批共四艘船只抵达了利特尔顿（Lyttelton）。它们也可以称作是最后的四艘船只，因为坎特伯雷是最后一个韦克菲尔德殖民地。同时，坎特伯雷也是最为成功的一块殖民地。在地方史中，坎特伯雷计划之所以成功是因为殖民者的才干，同时也得益于有利的地理和时间条件、合理的规划及畜牧主义。像澳大利亚的其他商业城市一样，克赖斯特彻奇拥有开阔而平坦的地面，及一个独立的港口。环境障碍不可能立即带来 62 灾难：城镇所在地濒临一大片沼泽地，一座座的山丘将它与港口分割开来。有的是时间进行规划。在殖民者到来之前，作为前皇家工程兵军官的首席测量员约瑟夫·托玛斯上尉（Captain Joseph Thomas）及其助手在1849年底已经对坎特伯雷的街区进行了三角法测量；1850年，他们已经为修建利特尔顿港口、滨海郊区萨姆纳（Sumner）以及克赖斯特彻奇做好了设计。因此，与其他殖民地的殖民者相比，坎特伯雷最初的殖民者相对轻松地开始了自己的定居生活。

为新来乍到者修筑道路、房屋及营房式宿舍的"被遗忘的四九年人"（forgotten forty-niners）包括下列一些人物：40名被招募来修路的北方毛利人；大约30名澳大利亚的前罪犯，他们分别是一些来自霍巴特（Hobart）的木匠、来自惠灵顿（他们因1848年的地震而受到震动）以及本身就缺少耕地的惠灵顿河支流纳尔逊（Nelson）河流域的难民。曾在旺加努伊（Wanganui）及奥塔戈参加勘测的托玛斯上尉精明地管理着稀缺的资金，然而，在殖民者到来之后，他却没有能够成为殖民地的领袖。这一职位为 J. R. 葛德利（J. R. Godley）得到，而且，他的牛津基督教会学院还为这个殖民城镇提供了名字。具有讽刺意味的是，天主教徒卡罗琳·奇瑟姆（Caroline Chisholm）及组织移民前面澳大利亚的"家庭殖民协会"（family colonization society）挽救了这块英国教会的殖民地。奇瑟姆确保了坎特伯雷的船只满载着"普通的劳动人民"，而只有这些劳动人民才是"他们避免有关方面遭到破产的唯一机会"。

与其他韦克菲尔德定居点相比，坎特伯雷所具有的有利条件在于，从一开始起，畜牧主义便获得了许可。这之所以成为可能，是因为坎特伯雷建立相对较晚。正如从 1850 年起在其他的澳大利亚殖民地所发生的情况一样，港口和城镇不仅为都市文化提供了中转站，而且同时也为畜牧业在腹地的扩张提供了中转站。事实上，葛德利通过发布各种牧场规章而将畜牧主义融入了计划之中，这确保了坎特伯雷的成功。南岛的"帝国先头兵"（advance guard of empire）由一些勤劳的畜牧场主及一些精明而具有上进心的资本家所组成，其中，这些资本家出身于下层中产阶级或工人阶级，他们所拥有的财富远比不上美国、英国及新南威尔士的下层中产阶级或工人阶级所拥有财富的水平。富有的殖民者也不是"乡绅"（尽管他们到是希望成为乡绅），而是"殖民地资产阶级"的组成部分。在坎特伯雷，他们的资产是从畜牧业经济中积累起来的；在奥塔戈，他们的资产则是从商业和金融业中积累起来的。早在 19 世界 70 年代最大规模的移民浪潮开始之前，大多数人便已经在后期殖民的背景下来到了这里。引人注目的是，即便对富人而言，他们在新西兰的经历从一开始起也因没有钱而受到影响。

## 直辖殖民地

殖民局管理的首要原则便是节俭。新西兰政府是廉价建立起来的，它蕴含的更多是理想，而非现实。殖民者和毛利人都认为总督拥有作为统治者一样的个人权威，他"将保护他们，让他们彼此互不侵犯"。殖民地能否生存取决于能否从毛利人那里廉价地购买土地，并进行获利销售，从而为进一步的移民提供资金。这部分地为奥克兰政府和新西兰公司殖民地间的紧张关系提供了解释，其原因就在于，《怀唐伊条约》中的王室优先权规定，只有王室才可以直接从毛利人那里购买土地。这就威胁到了公司的土地销售。这也解释了为什么早期的政府没有能够担负起土著人民保护者的这样一种职能，也解释了为什么他们会不重视条约中所承诺的担保，以及他们为什么会有意不进行干预以限制殖民者的要求。

　　1843 年的怀劳争端（Wairau dispute of 1843）成为了一个催化剂。到 1842 年为止，尼科尔森港土地的缺乏促使新西兰公司的殖民地扩张至旺加努伊、新普利茅斯以及纳尔逊（Nelson），所有这些都成为毛利人—白种人关系中的导火索。争端源于纳尔逊殖民地要求获取乡村土地，特别是获取适合于发展畜牧业的草场。纳提托阿族人的特·诺帕拉哈（Te Rauparaha）和特·朗吉西阿塔（Te Rangihaeata）向由政府任命前来调查土地销售情况的专员威廉·斯佩因（William Spain）抗议说，他们并没有将怀劳河谷出售给韦克菲尔德上校。他们声称拥有南岛顶端的主张是让人生疑的，而且继续引起争议。然而，纳尔逊的治安法官亨利·汤普逊（Henry Thompson）却鲁莽地决定前往怀劳拘捕纵火的酋长，因为纵火活动打断了正在进行的测量工作。由于这个十足的错误判断，汤普逊和纳尔逊定居点的头儿、韦克菲尔德兄妹中最受人尊敬的亚瑟·韦克菲尔德上尉及他们的随行人员都被杀死了。就在白种人开枪击中特·诺帕拉哈的女儿、也即特·朗吉西阿塔的妻子特·蓉枸（Te Rongo）后，特·朗吉西阿塔用他的玉石击倒了两人。怀劳给白种人及毛利人双方都留下了痛苦的回忆。　64

　　加深了死亡在纳尔逊殖民者中造成的震撼的是，霍布森的继任者、同样也是海军军官的罗伯特·菲茨罗伊（Robert Fitzroy）总督认定，在斯佩因专员（Commissioner Spain）调查双方对所有权各执一词的主张之前，殖民者便对其垂涎的怀劳河沿岸的草场进行勘测是错误的，这让殖民者深感愤怒。殖民者反对说，对"野蛮人"的绥靖促使毛利人相信他们确实拥有广袤的未开垦土地，从而加剧了双方的冲突。殖民者为流血事件及总督的回应所激怒，他们的态度变得更加强硬。后来成为殖民地总理的阿尔弗雷德·窦梅特（Alfred Domett）试图对怀劳事件进行报仇雪恨，后来，在19世纪60年代，他监管着对毛利人土地的征用活动。

在冲突结束之后，特·诺帕拉哈和特·朗吉西阿塔返回到了惠灵顿所在的库克海峡的那一边。有关他们与白种人间关系的线索可以从各种家族史中获得。查尔斯·哈特利（Charles Hartley）是一名来自于康沃尔（Cornwall）的年轻枪械匠。1840年1月，他和父母及妹妹一起来到了惠灵顿。他成为了玛纳瓦图河（Manawatu River）沿岸的一位卖货郎，后来又成为了土著土地法庭的翻译。当特·朗吉西阿塔重伤之后，查尔斯·哈特利和他年轻的妻子黛娜（Dinah）对他进行了照顾，因此，特·朗吉西阿塔多次提醒他们留心部族间紧张关系及部族与政府军队间紧张关系所造成的危险。同时，他还建议殖民者搬迁到惠灵顿。黛娜之所以被记住是因为她厨房的门后放了一把斧头，这不是要保护她自己免遭毛利保护者的侵犯，而是要保护自己免遭酒后变得狂暴的白人锯木工。在玛纳瓦图（Manawatu），新西兰公司声称已购买了25000英亩土地，不过，毛利人的土地所有者驳斥了这种主张。最终，公司得到允许而购买了900英亩土地。即便在这个以和谐的种族关系而闻名的地区，不正当的土地交易也是见惯不惊的。

在北方，围绕旗杆和界标问题也爆发了冲突。曾经领导签约活动的霍恩·赫克（Hone Heke）十分了解砍倒拉塞尔（Russell）的英国旗杆所具有的象征意义。在1844年和1845年，他和盟友四度砍倒了英国人的旗杆；而总督也十分了解他带来的挑战。结果，北方爆发了战争。战争在英国人与赫克的亲戚塔玛蒂·瓦卡·奈奈、赫克及年长的酋长卡维迪（kawiti）之间爆发。其中，英国人因从新南威尔士获得了军事援助而实力大增，而毛利人方面则得到了"他们的"白种人的支持。在这次战争之中，纳普西族人彼此也交战。拉塞尔的英国国教教堂现在都还留有交火时留下的创伤，而这要感谢赫克，因为他的缘故，庞帕利耶主教的房屋得以保存。赫克认为，《怀唐伊条约》在当时没有得到遵守。他

65

并非是和全体的白种人之间发生了争执，而是和以总督为化身的殖民政府之间就酋长的权威和土地被接管问题而发生了争执。1845 年，赫克写信给从南澳大利亚总督位置上调任前来的新总督乔治·格雷（George Grey）时说，"上帝使这个国家成为了我们的"。他同意与总督"保持一致"，但却不能处于隶属地位，他的酋长权威还是受到了限制。相反，其他一些北方酋长则支持条约，而且在 1858 年，当和平得以恢复之后，卡维迪的儿子帮助将旗杆重新竖立了起来。

总督格雷没有能够捕获或击溃赫克和卡维迪，从总的来说，他们在智计方面略胜一筹，他们拒绝在帝国军队面前表现出妥协或退让。相反，卡维迪通过成功地发动沟渠战而让政府军队大为吃惊。在 1845 年至 1847 年的战争中，澳大利亚提供了大多数的军队来镇压毛利人的抵抗。悉尼和霍巴特则为双方提供武器；澳大利亚驻防部队既提供了士兵，也提供了水手。然而，抵抗者们表明了谁控制着北方，而这并非仅仅通过军事战略。赫克和卡维迪首先与他们的同族奈奈讲和，之后，他们才开始与格雷讲和。

在惠灵顿殖民地周围，权力关系从毛利人的世界向殖民政府的控制方向倾斜。1846 年，关键的时刻终于到来，因为有传言说惠灵顿将受到袭击，总督格雷拘捕了特·诺帕拉哈，接着，在没有进行任何指控的情况下，总督便将他在海军的船只中监禁了 10 个月。直到 1848 年，特·诺帕拉哈才得到释放并返回到奥塔基他的人民之中。年长武士的被捕——当他公开表示在当地的战争中保持中立时——摧毁了他的权威，为政府通过征服作为船运、交通和商业高速公路的库克海峡周围地区从而取代纳提托阿族人酋长在其自诩的地盘上的权威提供了机会。

在南岛奥塔戈和坎特伯雷两大殖民地建立起来后，建立殖民国家的工作紧罗密鼓地开展起来。在 1841 年至 1853 年的直辖殖民地时期，总督及其行政委员会统治着殖民地。但这并不受殖民者们的欢迎，因为他们追求的是实现代议制而又负责任的政府。1846 年，负责殖民地事务的国务秘书格雷伯爵（Earl Grey）提出了一种国体形式，它创建

66

3.5 托玛斯·B. 科林斯：《霍泽之战》（Horsey's Battle），1847 年。亨德森上尉、E. 斯坦利上尉、R. N.、塔玛蒂·瓦卡·奈奈、特·韦罗韦罗·波塔陶（未来的毛利王）。这是发生在旺加努伊战争中的一次小冲突，在那里，奈奈和特·韦罗韦罗陪同总督格雷"前去鼓励传教团对敌对分子采取行动"。（詹姆斯·科万：《新西兰战争》，第一卷［1854—1864 年］，惠灵顿：政府印务局，1922 年，1983 年重印，第 141 页）

了两个省：新阿尔斯特省（New Ulster），包括北岛的大部分地区；新明斯特省（New Munster），则包括惠灵顿和南岛。然而，新近才被授予爵位的乔治·格雷爵士拒绝推行自治政策，同时他也拒绝赋予在人口中仅占少数的殖民者以权力，其理由就是这对毛利人来说是不公正的，因为他们被排除在外。尽管他也希望对酋长的权力加以限制，但他似乎要让毛利人参与到成立学校、医院及警局的活动中，并让他们成为治安法庭的助理，面粉厂及其设备的看护人员，或让他们负责防范殖民者盗用物资的行为。

根据 1853 年进行宣布的 1852 年宪法法案，新西兰建立了代议制政府。它的形式是，拥有一名总督，拥有效法威斯敏斯特而建立起来的议会两院以及一个由总督提名的立法委员会和经过选举而成立的众议院。同时，法案还创建了省政府体系，它建立了六个省：作为首都和非韦克菲尔德居点的奥克兰、惠灵顿、塔拉纳基（以新普利茅斯镇为中心）、纳尔逊、坎特伯雷（以克赖斯特彻奇镇为中心）及奥塔戈（以达尼丁镇为中心）。在 1853 年的第一次选举中，通过建立在财产基础之上的男性投票制，殖民者确保了代议制政府的安全。在理论上来讲，选举权问题不存在着种族差别。有财产的男人也将毛利男人包括在内的，当然前提是他们拥有永久性的或承租而来的个人化（欧洲的）地契，或者是生活在欧式的住所之中。例如在怀拉拉帕（Wairarapa），在 19 世纪 40 年代曾邀请了第一批畜牧业者前去放羊的特·玛尼西哈（Te Manihera）在 1853 年进行了投票，他还在自己家中主持了当地的选举会议。1853 年，爱德华·吉本·韦克菲尔德本人抱着这样的观念而来到了惠灵顿，即随着立宪政府的建立，他可以重新获得殖民地政治家的地位。可是，他却发现自己作为过去罪犯的污名如影随形。1856 年，随着大洋洲殖民地早期民主的兴起，向殖民者负责任的政府也跟着建立起来。

如果说其目的本来是为了实现融合的话，而现实的情况却是，在 1853 年殖民地的初次选举中，仅有一小批毛利人具有投票的资格。在同一时期，接受过布道团教育的（mission-educated）酋长们开始谈论论建立独立的毛利人议会，或是拥立毛利人的国王，这绝不是偶然的。宪法法案第七条第一款是"体现公正"的另一个事例，该条款允许创建土著人的行政区，这些行政区将与殖民者的省区分离开来，毛利人可以在其中按照习惯法生活。不过，这个条款从来就没有得到过实施。责任仍在总督那里，因为尽管——而且可能就是因为——建立了负责任的政府，土著人的事务依然是由总督负责。

到 19 世纪 50 年代后期，政府的土地购置活动及穷兵黩武的行径日益猖獗，毛利人也因此而越发地感到不安。以怀卡托为中心、泛部族的毛利王运动（Kingianga）因挑战而兴起，并推选特·韦罗韦罗·波塔陶（Te Wherowhero Potatau）为毛利人的第一位国王。（在插图 3.5 中，他站立在塔玛蒂·瓦卡·奈奈的旁边）早在十年之前，怀卡托的最高酋长便和帕图内（Patuone）一样同意为奥克兰的政府驻地提供保护。特·韦罗韦罗并不认为国王的身份会与女王发生什么抵触，而且，他还寻求与政府进行合作。然而，不断升级的土地争端迫使他反对总督，并对王室购买怀卡托土地的企图进行破坏，从而使其无法扩大殖民地，无法用公路和铁路将奥克兰和惠灵顿这些主要城镇连接起来。

在 19 世纪 50 年代，畜牧业主义预示了所有大洋洲殖民地的未来。到 1861 年，政府已经购买了整个新西兰三分之二的土地，它们主要集中在南岛。在南岛，格雷得到了大片大片的土地，例如，在 1848 年的坎普（Kemp）购置中，他便为坎特伯雷定居点购得了 2000 万英亩（800 万公顷）的土地。与此形成对照的是，到 1861 年，政府仅仅割占了不到四分之一的北岛土地，这远不能够满足政府和殖民者的渴求。面对挫折，总督托马斯·戈尔·布朗（Thomas Gore Browne）派出帝国的军队，强行索要在塔拉纳基的怀塔拉（Waitara）土地购置中存在争议的土地，因为这些土地是移居者垂涎已久的。然而，他们对土地的要求侵犯了威瑞姆·金吉（Wiremu Kingi）——他在 12 年前便回到了家乡——领导下的大多数特阿提阿瓦（Te Ati Awa）土地所有者的权利。他们反对索要土地的行为拉开了 19 世纪 60 年代新西兰战争的序幕。由于政府无视愿意出售土地的人没有出售土地的权利的抗议，毛利人感到十分地震惊。

在错误的怀塔拉土地购置和毛利王运动的兴起的交相影响之下，条约重新成为毛利人—白种人关系话题中的重要内容。人们争论的话题是，如何既能让毛利人运用其享有的权利，又不影响政府的权威。按照戈尔·布朗的逻辑，主权既不是建立在毛利人享有的权利基础之上，也不是建立于英国人所享有的权利之上，它是绝对的。他将怀塔拉及国王运动视为反叛行为，并寻求实行分而治之的策略。1860 年 7 月，戈尔·布朗劝说毛利世界的其余地区前往奥克兰附近的科西马拉玛（Kohimarama）出席在那里举行的为期一个月的酋长会议，他希望酋长们能够证实他们对王室的忠诚，并打垮毛利王运动所得到的支持。他重申人道主义观念将成为新西兰种族关系的中心信条，但这不是为了毛利人的福祉，而是为了维护主权：

> 新西兰是唯一一个土著人一直受到善待的殖民地。它是唯一邀请土
> 著人与殖民者实现统一并成为同一部法律治理下的同一个民族的殖民
> 地……正是女王陛下的接纳使你成为了她的臣民，这使毛利人不再被不
> 公正地剥夺土地或财产成为可能。每位毛利人都是英国的成员……

女王将毛利人视为"她特殊臣民的一部分"。不过，总督却补充 69
了一项威胁性的内容。如果他们违背了他们"对女王的忠诚"，他们
就会"丧失他们作为英国臣民所享有的权利和特权"。

虽然说《怀唐伊条约》中也可以解读出这样的潜台词，但条约却
没有包含这样的条款。唐纳德·麦克林（Donald McLean）主持了在科
西马拉玛召开的会议。唐纳德·麦克林身兼土著人秘书和土地购置专
员两种职务，他具体体现了在条约中以及在政府实际应对毛利人的过
程中所存在的矛盾。他寻求并如愿以偿地得到了酋长们同意忠诚王室
的表态，其中，在 1840 年没有签署条约的一些部落酋长也同意忠诚于
王室。对未来而言重要的是，他同时还运用毛利文对条约进行了重述，
他首次以毛利人的语言清楚地说明，《怀唐伊条约》的第二款规定了
他们拥有土地、森林和渔场的权利。

可是，酋长们却不同意政府针对怀塔拉和毛利王运动所采取的政
策。毛利人认为，毛利人和白种人应该分享女王治下的政府权力，团
结而平等，彼此特立独行。在当时，这种思想是通过宗教的术语表达
出来的，即"在上帝面前平等而团结"。基督教能够从政治方面赋予
人权威，因为它代表着更高的权力；基督教赋予了毛利人在以今天的
术语来说是"日渐跨文化的、全球化的世界"中的新的发言权。在怀
塔拉争端中，让毛利忠诚者震撼不已的是政府竟然在民事争端中使用
武力。他们认为，法律而非战争是解决问题的手段。在霍克斯湾的雷
纳塔·塔马基西库郎吉（Renata Tamakihikurangi）看来，英国借助于
暴力就违反了条约。条约是为和平而缔结的。

# 第四章　更为偏远的大洋洲(1861—1890年)

　　如果说1860年时总督决定在塔拉纳基就怀塔拉而发动的战争是鲁莽而咄咄逼人的，那么，1863年7月乔治·格雷爵士对怀卡托发动的侵略就等于是要明目张胆地获取权力。事实上，这次侵略是以数量优势而取得的险胜，它预示着殖民者将接管新西兰，而且他们将在数量上远远多于毛利人。从19世纪60年代开始，权力的天平向殖民社会倾斜，在一代人的时间内，毛利人从人口的绝大多数变成了人数稀少的少数民族。毛利人所拥有的土地本来就已经大为减少，然而在1860年至1891年间，它又减少了一半。不过，毛利人零星的抵抗培育出了毛利人对自己遗产的自豪感，在一个多世纪之后，它将使权力关系再次实现平衡。

## 新西兰战争

　　由于詹姆斯·贝利奇（James Belich）的研究，新西兰战争开始被看作是该国自身的内战，这次内战在界定白种人和毛利人为"我们"和"他们"方面发挥了重要作用，它还让这个国家负债累累。"新西兰战争"既可以用来囊括有限的北方战争，也可以用来包括库克海峡两岸的冲突，其中最为著名的就是19世纪40年代发生在马尔伯勒（Marlborough）的怀劳战争。不过，在经过十来年的和平之后，从1860年至

1872 年，战争本身又开始在整个北岛肆虐。这些冲突是由政府引发的，而且它们都是围绕土地和主权而展开的。权力、地理上的邻近以及财产等问题决定了战争将在北方激烈地爆发，其原因就在于，在 19 世纪 60 年代，各个部族仍然占据着北岛绝大部分的地盘。大多数的毛利人都生活在北岛。除了一些零落地分布于海岸的城镇之外，北岛仍然处于部族的控制之中。相比之下，南岛则已经落到了殖民者的手中。这为纳塔胡人留下了一项长期的任务，他们先是通过书面的形式为自己的主张而战斗，后来又在议会中为自己的主张而进行斗争。

　　1860 年 3 月，在发生了毛利人阻挠在怀塔拉街区勘测工作的事件之后，总督戈尔·布朗（Gore Browne）命令政府军队在塔拉纳基首先开枪。惊恐万分的殖民者纷纷前往新普利茅斯（New Plymouth）躲避抵抗者的反击，军队纵火烧毁了怀塔拉的村庄，一个个农场在大火中化为乌有。对威瑞姆·金吉这位受到冒犯的酋长来说，国王运动为他提供了获得支持的唯一机会。随后的结盟无疑导致了争端的进一步扩大，不过，在争端陷入僵局之后，有关各方都要求进行休战。英国政府对戈尔·布朗笨拙之举大为光火，并用乔治·格雷爵士（Sir George Grey）取代了他。1861 年，英国政府把乔治·格雷爵士从开普敦召回到奥克兰，并希望他恢复殖民地的和平。

　　事与愿违，格雷却带来了战争。自他在新西兰的第一次赴职之旅以来，格雷已经发生了变化；同时，殖民政府拥有了更大的权力，而且英国军队在殖民地还保留有 3000 名军人。格雷悄悄地在怀塔拉展开归还土地的活动，以便能够将注意力转向怀卡托。在怀卡托，珀塔托（Potatau）的继任者毛利王塔维奥（King Tawhiao）正在这里寻求获得支持。格雷发现，毛利王运动（Kingitanga）对总督权威所造成的挑战是不能容忍的。他误导政府说，他的准备工作是防御性的，是为了防范所谓的拥王分子（kingite）攻击奥克兰的阴谋。格雷向南修筑了一条军事公路，它从奥克兰一直通向今天的汉密尔顿（Hamilton）；他铺设了殖民地的第一条电报线，用于发送军事情报；此外，他还命令蒸汽船在怀卡托河上进行巡逻。毛利王运动则警告说，军事公路不得穿越其境边界；国王运动的报纸宣称，在拥王派的领土上，总督的权威是不可接受的。1863 年 7 月 11 日，格雷要求从奥克兰直至怀卡托河区域的毛利人宣布效忠。在 7 月 12 日先发制人的打击中，他命令卡梅伦中将（Lieutenant-General Cameron）渡过曼加塔维里河（Mangatawhiri stream），而这条线路正是独立运动声称政府军队不得越过的地方。入侵怀卡托的行动就这样开始了。

通过修筑现代山寨和实行袭击的策略，拥王派的军队（Kingite forces）一次又一次地阻止了英国军队向怀卡托的推进。1864 年 2 月，卡梅伦的部队遇到了一条防线，这一防线由军事酋长（warrior chief）雷维·玛尼阿珀托（Rewi Maniapot）修建，它由泥土修筑而成，其中还有一个现代化的大宅子。在 1864 年的鼎盛时期，帝国和殖民地的军队为 18000 人，而毛利人的军队则只有 5000 人；三分之一的英国军队是由志愿者和民兵组成的，而其中的一半，即 3000 名志愿者和军事殖民者，则来自澳大利亚殖民地。在最为著名的一次遭遇战中，即在奥拉考（Orakau）之战中，雷维·玛尼阿珀托（Rewi Maniapoto）决心进行最后的抵抗，这次战斗也以"雷维的最后抵抗"之名而载入史册。这一插曲体现了白种人对战争的总体理解，即，毛利人在进行了英勇却毫无意义的抵抗之后，最终还是不可避免地要为英国人所击败。当英军向雷维提供了一个机会以让进行投降时，他的回答是他将永远战斗下去。当卡梅伦要求妇女和儿童离开时，得到的答复却是他们将一同战死。英国人最后宣布在奥拉考获得了胜利，但雷维和他的人民却突破了英国人的警戒线，逃走了。

1864 年，战争蔓延到了丰盛湾的陶兰加（Tauranga），同时，塔拉纳基也再次爆发了战争。在塔拉纳基，英国军队面临的是新的敌人，他们是派·马里雷（Pai Marire，意思是"善与和平"）、也称为"豪豪"（Hauhau，意为"神之灵"，它被比喻为风）的信徒。这场先知运动融合了圣经和毛利文化的要素，并对殖民者征用土地的行为进行抵抗，它具体展示了当地居民适应殖民化的过程。该运动的领袖是特·乌阿·霍门讷（Te Ua Haumene），他因怀塔拉街区非法土地购置问题而成为政治人物。他成为了拥王派的支持者，并建立了"豪豪"教会。他认为，他的教会把基督教教义中传教士的错误清除了出去。在几次先知运动中，他首先起来反抗压迫和土地征用。

1863 年，殖民地议会通过了"新西兰殖民法案"（New Zealand Settlements Acts），该法案准许因公共目的而征用土地，并授权总督在北岛为殖民而建立殖民地。结果，在 1865 年，政府征用了 120 万英亩（48 万公顷）毛利王的土地，其中，仅有 31.4 万英亩（12.56 万公顷）后来被归还给了战争时期的中立者或者是"回心转意的反叛者"；军事殖民者则得到了土地馈赠的奖赏。征用土地对政府的抵抗者产生的影响是不尽相同的，它对怀卡托的各部族产生了严重的影响，而对雷维的人民、纳提马尼亚波托人（Ngati Maniapoto）则相对没有产生什么影响。这似乎证实了整个怀卡托战争的目的就是为了获取奥克兰最肥沃的腹地，并在那里建立殖民地。不过，国王运动却依然存在，它在北岛中部的国王乡（King Country）潜伏下来，在这里，毛利王有效地统治着一个国中之国。

不久，更糟糕的事发生了。1865 年，殖民政府成立了旨在摧毁传统土地权利的土著土地法庭（Native Land Court），结果，所有部族的资源都遭受到了最为严重的流失。毫无疑问，该法庭为自己赢得了"征地法庭"的当代头衔。成立法庭的目的在于，通过采取"让土地更加易于购买"的措施，从而将征用区外毛利人拥有的土地纳入"可以殖民的范围之内"；同时也是为了实现"解散土著人部落组织"、消灭"公社制度的原则"等目的，因为它们都是政治家眼中阻碍毛利人融入欧洲文化的"障碍"。通过将地产证（property title）个人化，土地法庭试图将各部族所拥有土地纳入到自由市场之中。这一努力取得了明显的成效。法庭无视有关酋长地位的制约性规定，从而一举推翻了《怀唐伊条约》。其原因在于，在将部族土地奖赏给个人的过程中，法庭以自己的权威取代了酋长的权威。

此外，一旦土著土地法庭规定了毛利人的不动产所有权之后，那他就只能要么出卖他的土地，要么出租土地。因此，他们不得不前往

73

法庭提出自己的要求权。这些必要条件往往让各个部族陷入漫长的诉讼进程之中。法庭庭审总是让人们陷入进退两难的境地：为了确保他们的土地权利，他们就必须要获得个人化的不动产所有权，这对传统的土地所有权（tenure）和部族的权威来说都是一种打击。即便是部族拒绝出售土地，它们也会丢失自己的土地，因为法庭将所有权限定在少数几位有名有姓的个人手上。最初，法庭采用了"十业主"（ten-owner）的规定，即，不管有多少人对土地提出申请，它都只对十名所有者进行登记。

与此同时，斗争在北岛的东部和西部海岸继续进行。1866 年，帝国军队进行了自己的最后一次战役。此后，与毛利"反叛者"作战的任务便由"友军"（Kupapa）及包括来自于澳大利亚各殖民地的殖民军队来完成。"友军"既可能是一些不拥护毛利王而拥护女王的友好势力，也有可能是用该称号来表明自身中立态度的势力。无论他们是哪一种，他们都是一些具有自主思维的势力。

19 世纪 60 年代后期，一位名叫提托科瓦努（Titokowaru）的新斗士为殖民政府咄咄逼人的策略及其征用大片土地的行径所激怒，他继承了特·乌阿在塔拉纳基的事业。1868 年，当提托科瓦努的据点受到殖民地森林骑兵（forest ranger）的攻击时，他面临的前景似乎一遍暗淡。森林骑兵是通过招募有丛林经验的青年人而组成的军队，这些青年人寻求一种"自由而激动人心的生活"，他们试图"让劫掠的土著人胆战心惊"。不过，提托科瓦努还是获得了巨大的胜利，但正史对他却不加记载，因为他改写了人们所希望的边疆冒险故事的结局。

另一方面，特·库提·阿里基兰吉·特·图努基（Te Kooti Arikirangi Te Turuki）却是作为一位对不公正行为进行蔑视的先知而为人们所怀念。自 1865 年起，他所属的部族纳提珀柔（Ngati Porou）分裂为支持政府的"友好"毛利人及派·马里雷的支持者。特·库提站在政府一边进行战斗，但却和数以百计的派·马里雷支持者一起被逮捕，并被当作一名间谍嫌犯，在没有受到任何审判的情况下便被监禁在查塔姆群岛之上。在这里，特·库提创立了自己的宗教"伦佳图"

（Ringatu）教，其意思是"高举的手"。1868 年，他策划了一个非凡的出逃计划，并与 300 名信徒成功地逃离到新西兰。在殖民地和"库帕帕"的军队对他进行搜捕的过程中，他逃进了偏远的乌雷威拉（Urewera）地区，并运用游击战来进行反击。最后，在 1872 年，他躲进了国王乡，但却成为了殖民地的头号通缉犯。特·库提是毛利版的内德·凯利（Ned Kelly），在当时，他也同样以其神出鬼没的能力而闻名。他所处的地位十分尴尬，既不是酋长，也不是部族领袖。因此，他一直过着流亡的生活，不过，与其他罪犯不同的是，他得到了宽宥。他成为了故事描述中的主题，在这些故事中，他甚至到死之前都骑着白马。1927 年，鲁多·海沃德（Rudall Hayward）拍摄了两部早期新西兰电影，它们即是《雷威的最后抵抗》（*Rewi's Last Stand*）与《特·库提小路》（*The Te Kooti Trail*）。

　　战争改变了北岛中部地区的殖民地模式。像特·库提一样，反对政府的人常常到内陆的崇山峻岭中去寻求庇护。战后的土地征用让毛利人怨声载道，他们的这种怨恨之声一直持续到了 20 世纪后期。在北岛的中央高原地区，政府把征用的土地——它们通常都是从前的敌人的领土——奖励给忠于政府的人，而这又产生了新的问题，因为，按照毛利人的"习俗"（tikanga），新来者在新到的地方居住几年之后便可以声称拥有权力。于是，较量的阵地转移到了"土著土地法庭"。在 1873 年之后，"土著土地法庭"要求对土地权益实行更加严格的个人化。在战后，"条约和土著不动产所有权原则都帮不了毛利人"。相反，宽容逐渐减少了。在"土著土地法庭"中没有了传统不动产所有权的保护，那就意味着在所有的法庭上都失去了保护。首席大法官詹姆斯·普兰德盖斯特（James Prendergast）在 1877 年做出了一个判决宣布条约"无效"，这是采取各种立法措施之后的自然结果。

　　由于战争没有任何的成效，先知特·维提（Te Whiti）开始出面领导塔拉纳基的人们进行新的、和平式的抵抗。1865 年，在新西兰殖民法案的名义之下，政府征用了塔拉纳基的土地，以作为对它的惩罚。1878 年，政府才开始丈量该省肥沃的平原。时间上的延迟具有重要意

75

义，因为在特·维提看来，总督本应该在征服当地之际就占领征用的土地。在这段时间里，特·维提所领导的人民重新占领了这些土地，并根据传统重申了他们对土地的所有权。特·维提及其支持者——其中包括提托科瓦努——在各处有争议的平原上进行耙犁耕种，他们给新勘测出来的道路设置路障，并用和平的方式弄走了勘测人员。为此，政府大为恼怒，它通过了特别立法，以便能够将成百上千的抗议者抓起来，并不用审判就可以将他们监禁在南岛的监狱中做两年苦工。之后，在 1881 年，当囚犯们回来后，政府又将位于帕里哈卡（Parihaka）的街区进行了拍卖。在此之前，特·维提已经在帕里哈卡建立起了模范的社区，而且该社区吸引了许多人前来追随。整个春季，毛利人除草、修造围栏并进行耕种。政府对此进行了回应，它派来了差不多 1600 名武装警察和志愿者组成的军队，而当地的年轻姑娘们却唱着歌跳着舞对他们的到来表示欢迎。土著事务大臣（Native Minister）约翰·布莱斯（John Bryce）下令逮捕特·维提和他的同事图胡·加加西；而他们却凛然不可侵犯地"步行前去接受拘捕"，他们在没有经过审判的情况下便遭到监禁，并被流放到南岛直至 1883 年。由于帕里哈卡的人们拒绝离开，布莱斯下令对它进行洗劫。

在一个多世纪之后，帕里哈卡（Parihaka）和国王运动得到了平反昭雪；而从 19 世纪 80 年代开始，二者都曾遭到征用，以为小农场主让路。政府在征用的区域内留出了土著保留地，但它接着却将这些保留地授予了公共信托机构（Public Trustee），而它又将这些保留地租赁给了殖民者，并只收取微不足道的租金；从 19 世纪 90 年代开始，它干脆就将这些地方永久性地租赁给了殖民者。土地虽然被划成了一小块、一小块的，但它的人民却对帕里哈卡进行了重建，他们继续自豪地插着象征性的头饰，即两根白色的信天翁（albatross）羽毛，对当局表现出不屑一顾的神情。和特·库提一样，特·维提及图胡仍然得到人们的追随；不仅他们的人民尊敬他们，而历史学家们自那时起也将他们描绘为逐渐形成的和平传统中的民族英雄。

毛利王塔维奥（King Tawhiao）最终在 1881 年进行了媾和。然而，

4.1 P. E. jnr，"为潜水者之缘故"，《惠灵顿广告增刊》，1881 年 11 月 19 日。布莱斯正在宰割抗议者，这位抗议者头戴着特·维提信徒的白色羽毛头饰，躺在地下进行消极抵抗。背景则是特·维提的农夫、武装警察的帐篷和塔拉纳基山。

纳提马尼亚波托人（Ngati Maniapoto）——由于殖民者并不需要他们所居住的这个崎岖地区，他们的土地因而躲过了被征用的劫难——却没有听从他的建议，他们与布莱斯及其继任者自由党的约翰·巴伦斯（John Ballance）进行谈判，允许为修建经过他们领土的主要铁路干线进行勘测。这同样也影响到了泛部族的国王运动中的其他部族，因为这些勘测活动将包括纳提图华雷图阿在内的五个主要的毛利王部落的边界划到了火山高原之上。不久，个人纷纷得到了不动产所有权，但他们又一点一点地把它卖掉了。国王乡有节制的开放很快就为政府政策所破坏。由于土地商人与个人进行交易，这加剧了毛利社会内部固有的竞争。在 19 世纪 80 年代，有组织的抗议活动日渐增多；毛利王塔维奥向英国女王递送了陈情书，"友军"酋长们要求遵守条约的呼声也日渐增高。

76

## 数量的力量

一旦毛利人的人口数量开始不断减少，并走上殖民化时期每个土著社会都会遭遇到的人口减少的老路，这样一些要求自然便会不断地增多。一些人认为这种结果是不可避免的，因为，欧洲人带来的植物和动物群落破坏了它们所侵入的生态环境。太平洋的各个岛屿是脆弱的，原因就在于它们远离地球演进的温室，而新西兰又是其中最为偏远的地方。新的疾病在人们中间肆虐，无论是对肺结核这一19世纪最大杀手、流行感冒还是通过性活动而传播的疾病而言，毛利人都没有遗传性的或获得性的免疫能力。婴儿和小孩特别容易为肠道和呼吸道疾病所感染，结果，举例来说，在罗托鲁阿地区的特阿拉瓦人中，19世纪后期出生的儿童只有半数活到了成年时期。与此形成对照的是，白种人的儿童成活率却相当的高。19世纪70年代开始，官方统计数据开始发表。至少从这一时期开始，婴儿的死亡率就下降了。在这一时期，用世界标准来说，婴儿的死亡率本身就已经非常低了，在1000名出生的婴儿中，只有100名在第一年中死去。殖民者家庭中的父母往往能看到五个孩子中有四个长大成人。

由于毛利人口的不断减少、移民的不断涌入以及儿童成活率的差异，到1860年，白种人在数量上已经超过了毛利人。1769年，库克船长猜测毛利人口有10万人，这种猜测大致是正确的。到1858年，毛利人的数量大致在56000人至62000人之间；白种人的数量则是59000人，它注定将使权力均势发生倾斜。在经过19世纪60年代和70年代的两次移民浪潮之后，到1878年，从人口数量的角度讲，毛利人已经完全处于受支配的地位，这时白种人和毛利人的数量之比已经是十比一。一言以蔽之，到19世纪90年代，毛利人的人口数量已经减少了半数以上，而这与整个太平洋地区土著居民人口减少的模式是一致的；与此同时，整船、整船的英国移民则纷纷来到新西兰。

从19世纪60年代开始，北岛的各个部落遭到了被剥夺土地的沉重打击，土地的丧失导致了人口的减少。与此相反的则是，在火枪战争的年代，人口减少和流离失所则会导致土地的丧失和权力被侵蚀。原因和结果往往是相互的。从19世纪60年代起，土著土地法庭出售土地与政府强制征收土地产生了同样严重的后果，它们使得毛利人在疾病面前脆弱不堪，许多人没有活到成年便夭折了。毛利社会丧失了资源基础，而保留下来的土地几乎不能维持生计，就更不要说进行发展了。持有土地的"哈普"也同样遭罪，因为，每块土地的面积都太下，并不足以为所有的人提供生计，而且它们常常是不能带来经济效益的。而即便是这样的土地，它们还属于无数个所有者。在新西兰战争中，特阿拉瓦人的军队在1872年对撤退中的特·库提进行了最后的一击，他作为政府的"友军"也表现得相对不错。然而，即便是他们也感受到了土著土地法庭的影响。到19世纪80年代，土地购置及土地法庭受理案件过程的没完没了所造成的后果便显现出来了，毛利人的健康状况下降了，死亡率也上升了。

## 4.1 人口趋势和毛利土地所有权

| 年度 | 估计中的毛利人口 | 非毛利人人口 | 毛利人拥有的土地：公顷 |
|---|---|---|---|
| 1800 | 150,000 | | |
| 1820 | | | |
| 1840 | 100,000 | 2,000 | 26,709,342 |
| 1852 | 59,700 | 55,762 | 13,770,000 |
| 1860 | | 79,000 | 8,667,000 |
| 1874 | 49,800 | 295,184 | |
| 1878 | 47,800 | 410,207 | |
| 1881 | 46,750 | 487,280 | |
| 1886 | 43,927 | 576,524 | |
| 1891 | 44,177 | 624,474 | 4,487,000 |
| 1896 | 42,113 | 701,101 | |
| 1901 | 43,143 | 772,719 | 2,890,000 |
| | | | （1911） |

来源：马森·杜里：《怀奥娜：毛利人健康发展》，第36页。

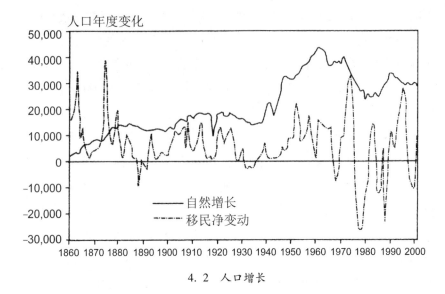

4．2　人口增长

　　然而，英国的移民浪潮淹没了毛利人，并为创建殖民者的社会提供了众多的人口。由于新西兰距离英国是如此的遥远，它是距离英国最为遥远的地方，距离的障碍和费用问题决定了移居者前往世界的另外一端要么必须具有冒险精神，要么就是因为他们获得了免费旅行或者是得到了路费资助的鼓励。大洋洲的移民本身就是 19 世纪欧洲人伟大"流散"进程中的一个微小部分，他们在四次主要的移民浪潮中乘船来到了新世界。在第一次移民浪潮中到来的是些罪犯，他们来到了澳大利亚东部。在第二次浪潮中前来的是整船整船的自由移民，其中包括 1 万名新西兰公司的殖民者。不过，事实表明，第三次和第四次移民浪潮在人数和实力方面最为重要。1850 年至 1870 年间，淘金者先是从加利福尼亚的金矿区冒险来到维多利亚，接着又来到了新西兰，最后他们又到了南太平洋的岛屿上。他们带来了繁荣时期、城镇的发展和淘金热。在这些淘金者之后，从 1860 年至 1890 年的这段时期是有计划、受到资助的移民活动的真正高潮。在在 19 世纪 70 年代的这次浪潮中，因为集商人政治家和总理身份于一身的朱利叶斯·福格尔（Julius Vogel）的远见卓识，10 万名移民被运送到了新西兰。

　　人口曲线图体现了移民是如何决定性地影响到 19 世纪下半叶白种

人的新西兰，并建立起殖民者的国家和社会的。从 19 世纪 80 年代直
至 20 世纪末，人口增长率主要是由人口的自然增长（出生人口减去死
亡人口）所致，它并非是由移民的净增长所造成的（参见插图 4. 2）。
殖民者所构成的新西兰年轻而具有活力，它猛然间便处于突出的地位。

一般来说，常常发生在边疆社会的男人过剩现象并没有持续多久。
（参见插图 4. 3）这里男人和女人间的不平衡程度也不足以和美国的
同类现象相匹敌。直到 19 世纪 70 年代，白种人人口中的男性（相对
于女性的）数量才开始凸显出来，人口的金字塔似乎成为了一个啤酒
桶。太平洋海岸的淘金热为这种人口暂时的不均衡状态提高了解释。
1852 年至 1853 年，通过提供奖赏的方式，奥克兰商人将淘金者引诱
到克罗曼多（Coromandel）；在随后的 1856 年至 1857 年，短暂的掘金
活动在黄金湾（Golden Bay）——因当地发现黄金而重新进行的命
名——开始。淘金者是从 1861 年开始真正从加利福尼亚和澳大利亚涌
入的。在这一年，一位名叫加布里埃尔·雷德（Gabriel Read）的塔斯
马尼亚矿工在奥塔戈（Otago）一个小峡谷里开采出了黄金。现在，这
条峡谷便使用他的名字来命名的。1861 年至 1863 年，奥塔戈是人们
发财的地方；而 1864 年至 1867 年，西海岸则成为了人们的致富之地。
在战争吸引了北岛注意力之际，淘金热则消耗掉了南岛的精力。

在 1861 年至 1864 年间，奥塔戈中部地区的欧洲人口迅速增长到 81
24000 人，一旦群聚的淘金者获悉崎岖的西海岸发现了黄金，这里的
欧洲人口便降低到原来的一半。第一批，也是最大的一批矿工来自于
澳大利亚的各殖民地，其中，这些矿工中有许多人是爱尔兰人。第二
批矿工则来自英国，他们主要来自于康沃尔郡（Cornwall）和德文郡
（Devon），而其中的苏格兰人则到新西兰各地去寻找机会。爱尔兰移
民也是通过取道澳大利亚殖民地进而抵达新西兰的，他们在澳大利亚
的产金区获得了生活经验，并与那里保持着密切的联系。在 1865 年至
1867 年间，大约有 37000 人来到了西海岸，他们都来自于澳大利亚。
总共有大约 195000 名淘金者在淘金潮中来到新西兰，他们中的三分之

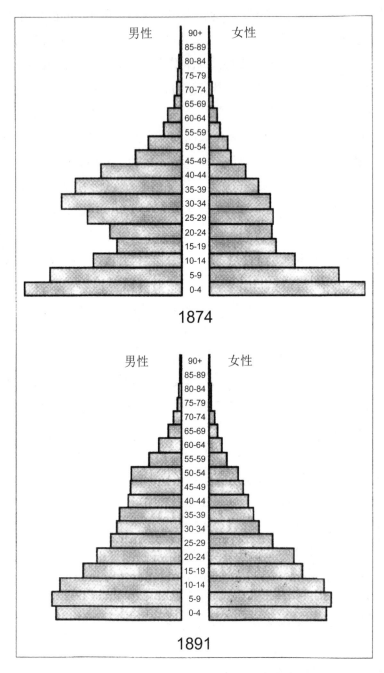

4. 3  1874 年、1891 年人口金字塔（仅指欧洲）

二来自于澳大利亚，其余的则来自于英国。不过，许多人继续进行迁徙，这使 19 世纪 60 年代新西兰的人口因淘金热而净增 114000 人。

黄金产生的地质条件塑造了淘金潮的模式，其原因在于掘金者偏爱各种连绵分布的金矿，这些金矿类型包括存在于南岛冰冷而湍急的河流中的冲积金矿、需要溜槽提金的海滩平地（beach leads）和海岸平台（costal terraces）以及蕴藏在石英暗礁中需要进行深井开挖的黄金。每种类型的金矿都创造出了一种独特的文化和社群，这其中既有象露营的游牧民族那样一旦无金可采就飘然离去的淘金者，也有地下采金阶段建立起来的永久性城镇，它们需要有资金和家庭生活来维系。矿工们挖起了一堆堆的矿渣，在西海岸的罗斯（Ross）和奥塔戈的圣巴森斯（St Bathans），他们在地上挖起了一个个的大洞。从文化的角度讲，淘金潮通过其对早期民主的推动而改变了地理景观。矿工们从维多利亚带来了矿工权利的概念及他们通过艰辛才获得的民主传统，新西兰采用了维多利亚产金区的管理制度。在对巴拉腊特（Ballarat）的犹雷卡起义（Eureka uprising）进行直接回应的过程中，新西兰政府将选举权扩展到了矿工身上，如果不是因为这个原因的话，这些矿工的绝大多数都会被排除在外，因为他们不能满足财产资格的要求。到 1865 年，掘金者的存在导致了 15 个新选区的出现。

淘金潮所产生的社群既有大都市的特性，又在人种方面具有独特性。语言学家发现，新西兰口音首先在南岛的采矿城镇及北岛的军事城镇出现，因为这些地方讲英语的人们来源各异。箭镇（Arrowtown）（坐落于女王镇［Queenstown］附近）的人口统计数字表明，来自于英格兰、爱尔兰、苏格兰和澳大利亚等地的人们数量大致相当。箭镇同时也有许多来人是自于澳大利亚各殖民地或经过这些地方来到那里的，这有可能对早期新西兰英语产生了影响。即便无法与"墨尔本奇迹"相提并论，达尼丁还是受到了开采黄金活动的刺激，它暂时取代了奥克兰作为新西兰最大城市的地位，并发展成为了银行业和商业的中心，它对淘金潮中建立起来的建筑感到十分骄傲。同样，黄金也把未来的总理和殖民地民主主义分子朱利叶斯·福格尔及理查德·塞登（Rich-

82

ard Seddon）从维多利亚引诱至此，前者创办了《奥塔戈每日时报》（*Otago Daily Times*），后者则在西海岸经营了一家酒馆。

正如塞登的情况一样，淘金潮同时也激起了针对华人的种族偏见。在高峰时期，奥塔戈有 4000 名华人，而在整个新西兰则有 5000 名华人，他们都来自于广东省。与 1880—1881 年在美国的 105000 名华人、澳大利亚的 38500 名华人相比，这个数量非常微小。大多数华人都只是暂时寄居于此，他们经受着坎坷的命运，汇钱回家，并最终返回了家乡。一些华人作为孑然一身的采矿工而继续留在这里，另外一些人则进入到了商业领域，他们花钱让老婆前来与他们相聚。新西兰的华人构成了 19 世纪 50、60 年代太平洋沿岸地区大流散的一部分。1865年，当掘金者蜂拥前往西海岸之际，达尼丁的商人邀请他们前来奥塔戈，他们用事实证明了自己是非常能干的淘金者。随着他们数量的增长，殖民者对他们的偏见也不断加深。1888 年，当没有能够获准进入澳大利亚的华人被转运至格雷默斯（Greymouth）和达尼丁之际，澳大利亚殖民地的反华煽动强化了这种偏见。殖民地政府也对此进行了回应，它将限制移民的政策从澳大利亚殖民地借用了过来。

华人一直是以跟在欧洲掘金者屁股后面翻废矿找金子的形象或者是作为小规模投机商的形象而留在人们的记忆之中的。不过，企业家徐肇开（Choie Sew Hoy）是挖掘船采金方面的杰出人物。正是他组建了"沙特欧瓦河大滩金矿开采公司"（Shotover Big Beach Gold Mining Company），并开启了 1889 年至 1891 年间挖掘船采金的最初高潮。他的挖掘船——这些挖掘船为新西兰多斗式挖掘船提供了原型——在女王镇附近的沙特欧瓦河的沙滩上进行开采。现在，旅游者可以前往那里乘坐喷射快艇或进行漂流。

到 19 世纪 90 年代，白种人人口金字塔中的"啤酒桶"现象很大程度上自行消失了。男人的数量仍然超过女人的数量，但是，随着年轻女孩进入成年，女人的数量开始赶了上来。（参见 4.3）然而，淘金热和与之相联系的"亢奋"所带来的危险（一种归咎于男人的情形）威胁到了新西兰作为理想社会的形象，因为在人们的想象中，贪婪、

83

4.4　徐肇开挖掘船采金。

极端男性化及边疆的混乱状况将会带来威胁。对财富的追求会释放出何种颠覆性的力量，何种力量又将打乱本来就难以维系的秩序呢？迈尔斯·费尔本（Miles Fairburn）认为，这些担忧是有道理的：1850 年至 1880 年间，由于移民潮和边疆"闪电般地扩张"，殖民地成为了一个"最没有组织的社会"。很多人孤寂无依，借酒浇愁，人与人之间的暴力冲突频频发生。所有这些都表明，这个社会的人们之间缺乏相互的理解，它没有社会凝聚力。它给人们的启迪便是，田园牧歌式的理想是一种"谬误"；一个个人主义的和谐社会并"不可能"仅仅建立"在物质极大丰富的基础上"。

不过，这样一些问题并非殖民地或英国的殖民边疆所独有。从国际范围来讲，从 19 世纪晚期至 20 世纪晚期，暴力、酗酒和民事诉讼等的发生率的高低状况呈现出宽口 U 形曲线的趋势。或许这也是为什么殖民者决心要恢复自耕农的理想，并将其作为想象中的田园牧歌式生活的核心。他们意识到了自己梦想的脆弱，作为战争、淘金热和经

84

济低迷的后果，它们有失败的危险。混乱的迹象只是加强了他们共同的决心，他们决心试验做事情的新方法，并对旧有的方法进行改善。

时人对想象中的危机做出了反应，他们建立了诸如警察部队这样的机构。其中，警察部队与金矿产区中半军事化的部队不同，从 1877 年开始，它便是一支民事和军事相结合的警察部队。在与身体和精神方面的紊乱进行斗争的过程中，卫生机构得到了发展。在 19 世纪 60 年代，有 14 家新医院在为黄金产区服务。为了收容精神病人，第一家疯人院出现了。疯人院和医院一样，也对陌生人进行照料，这些陌生人常常没有家庭，他们如没人照料就有可能已经被关进了监狱之中。

从更深的层面来讲，殖民者发展出了控制"进步"力量的宏大战略。其中一种战略就是帮助移民。奥塔戈省政府对淘金潮所做出的反应就是改变其移民政策，它开始只招募单身妇女，并在 1862 年输入了 1300 人。在 19 世纪 60 年代，坎特伯雷几乎将全部的移民基金花费在单身妇女身上，它力图改变"两性间的比例失调"，并希望借此保护其殖民神话。妇女再次被认为是对理想社会至关重要的，其重要性在于她们作为妻子、母亲和家务劳动者的身份；同时，妇女对奠定和提高这个社会的基础也至关重要的，而这个社会的基础则是由行为端庄的公民和安居乐业的家庭所构成了。

## 创建殖民国家和殖民社会

19 世纪 40 年代至 19 世纪 80 年代的这段时间被描绘为一个"循序渐进殖民化"的时代，在这一时期，新西兰的新不列颠人（neo-British）数量爆炸性地增长。在 40 年中，殖民者开采了 4000 万英镑的黄金，剪了 4000 万英镑的羊毛，并在英国市场上借了 7000 万英镑。然而，特别是在新西兰战争的灾难之后，为了让这一切都开始运行起来，要求建立一个可以被描绘为企业型的国家（entrepreneurial state）。这种国家发展模式要求殖民政府和商业之间建立密切的合作关系。为了商业的利益，政府进行借贷和支出，并以此来刺激经济的发展。

到 19 世纪 70 年代，殖民化的精神需要得到赖以实现的途径，在朱利叶斯·沃格尔担任殖民地财务总管之际，政府和公司进行合作以吸引资本和劳动力。与当时正统经济思想相反，沃格尔认定，政府企业能够更快地扩张经济，单就私人企业所能取得的任何成就而言，它们都是无法与其相比拟的。1876 年，为了在伦敦这个世界金融中心推销殖民化，沃格尔本人作为殖民地的总代理（高级专员）搬迁到了伦敦。到 1880 年，政府已经借用了 2000 万英镑，并又招募了 10 万名移民。（参见 4. 2 及表格 4. 1）不过，孤立仍然占统治地位。即便政府对殖民者从欧洲出发前往殖民地的旅行进行补贴，这也不足以劝说所需数量的人们为了前往新西兰而进行支出和长途跋涉。从 1873 年起，政府开始提供免费通行的服务，在这之后，农业劳动力便成群结队地进行迁徙。在 19 世纪 70 年代，受到帮助的移民大约有一半都是英格兰人；五分之一的人来自于英格兰西部，其中也包括康沃尔。大约有四分之一的人是苏格兰人。殖民地同样也指望从德意志和斯堪的纳维亚获得劳工，以开发北岛矮树丛生的殖民区。

通讯逐渐将各个孤立的殖民地连接起来，随着各地彼此间联系的加强，这使人们能够从国家的角度来进行思考。1876 年，一条由私人架设的电报线路将新西兰和澳大利亚连接在了一起。1855 年，一场大地震极大地抬升了惠灵顿的地面，消除了它修筑防波堤的必要性。这次地震还升高了佩托恩（Petone）镇的地势，为修筑一条通往该镇的公路腾出了地方。资金从奥克兰向南流动到惠灵顿为十数年之后中央集权的进程做好了准备。在南岛，主要的交通干线加强了经济和社会的一体化，并把远在南方的布拉夫（Bluff）港与克赖斯特彻奇连接在一起。在北岛，铁路也开始逐渐侵入了国王乡。在不动产所有权（title）经由土著土地法庭而个人化的过程中，殖民资本家争相购买部族土地，在这个过程中，他们或与政府进行合作、或与之相竞争。一个由商人政治家领导的财团在怀卡托购买了 86500 英亩（34600 公顷）征用土地来进行开发，并在伦敦市场上进行土地交易。"作为与沃格尔所领导的政府部门秘密谈判的结果"，这块广袤的土地落入到了托玛斯·拉塞尔（Thomas Russell）手中，而这也证明了非法出售土地是权宜之计。

　　尽管所有拥有负责任之政府的殖民地——未来英国的白人自治领——都采取了国家发展的企业模式，事实表明，这种模式在澳大利亚和新西兰体现得最为突出。商人政治家从新西兰公司的早期经历中吸取了经验，这即是，为了获得利润，殖民地的事业必须要获得资金，用以建造基础设施，改善外部条件。路途遥远、机构缺乏、孤立无援等问题促使政府和企业进行联手以减少费用、风险及不信任。反之，殖民地则依赖于作为英帝国之组成部分的全部金融和商业服务网络。

　　1876 年，随着省政府的终结，新西兰的政治机构呈现出与澳大利亚殖民地政治机构相似的特征：政府一元而集权，拥有两院，全体会议为下院，从 1879 年起按照一名男子一张选票的原则进行选举，上院由任命的业主（property owner）组成。为了消除毛利人的愤怒以避免发生战争，新西兰的毛利人较殖民者早 12 年获得了男性选举权。从 1867 年起，所有年满 21 岁或 21 岁以上的毛利男性，其中也包括"混血儿"（half castes），都可以投票选举议会中新增的四个代表席位。当时的指导思想就是将毛利人纳入政治进程之中，但却不能破坏殖民者的控制。殖民地政治家让毛利男性参加选举，但其条件是不得从事"叛国重罪或无耻的勾当"，因此，战争中的"反叛者"将不会得到政治公民权。唐纳德·麦克林（Donald McLean）提出了作为临时措施而设立四个毛利席位的主张，在毛利人被同化、部族土地转化为个人不动产所有权之前，这个临时措施都将持续有效，在此之后，毛利男子将能够和殖民者一样进行基于财产之上的投票。在北岛的政治家看来，这种做法是合时宜的，因为毛利人的四个席位对因淘金潮而造成的白人选民的增多起到了平衡作用。在 1870 年引入了无记名投票制度（secret ballot）之后，1879 年 12 月所有男性获得了选举权，这使得新西兰成为了一个早期民主国家。大众日渐增多的参与及全国性问题开始支配选举政治，而阶级和政党政治也在 19 世纪 80 年代后期开始萌生。

　　致力于自力更生的殖民者（虽然他们得到了英国资金的资助）期

望享有"一份合理的进步成果"。占殖民者主体的新教徒认为他们的殖民地从法律和民族精神方面来讲都是基督教的，尽管它没有既定的教会，没有对道德而言十分重要的、建立在圣经基础上的宗教。罗马天主教徒大约占整个人口的 12%，他们构成了人口中的少数民族，他们甚至比天主教徒在塔斯曼地区人口总数中所占的比例还要小。

事实表明，在教育领域，宗教方面的宗派主义对政治上的争论产　
生了影响。从 1883 年起，成立于澳大利亚南部的"圣约瑟夫女修会"（The Sisters of St Joseph）开始建立新西兰的学校网络；与此同时，天主教的主教们则和澳大利亚的同道进行密切合作以加强罗马天主教认同。对毛利人的怨恨之情抱同情态度的人来说，天主教教义提供了一种可供选择的政治。1883 年，法国籍修女苏珊娜·奥伯（Suzanne Aubert）（玛丽·约瑟夫修道院院长，Mother Mary Joseph）开始向旺加努伊河（Whanganui River）流域的毛利人传教。政府先是为毛利人建立了村小学，十年之后，它又建立了公立学校体系。从 1867 年起，各"土著学校"开始执行通过坚持使用英语从而实现融合的政策。毛利儿童所面临的选择是苛刻的：要么"接受最佳的欧洲习俗"，要么便是"注定灭绝"。如果说教师主要都是白种人的话，那么助理教师主要都是毛利人：一些十多岁的聪明活泼的姑娘，在主流的小学，情况普遍如此。渴望拥有学校的毛利人社群必须提供土地、一半的建筑费用及四分之一的教师工资。在中学的层次上，教会为毛利人建立了宗派性的寄宿学校。诸如英国国教会开办的特奥特学院（Te Aute College）这样一些学校则会培养出了毛利精英，这些毛利精英的英语和毛利语一样流畅，他们活动于两个世界之中。

虽然在国家立法要求强制实行义务教育之前，城镇中男、女基础教育已经十分普遍，新西兰还是和其他一些讲英语的国家一样，在 1877 年引入了小学阶段的世俗化免费义务教育。教育逐渐改变了儿童在家庭中的地位，他们从劳动力和经济资源转变成了学生，学生虽然珍贵，但对家庭收入却没有多少（如果说有的话）贡献。起初学生的缺勤率很高，因为农耕家庭对儿童劳动力的需求远比对他们学业的需

求要多。真正从国家的免费小学教育中受益的是工人阶段家的女孩。随着女孩子们越来越多地去上学，随后又在婚前找到了工作，她们的生活经历了比男孩子更加猛烈的变化。男孩和女孩都仍然按照"性别化的角色规定"（gendered script）而生活。1890 年，纳比尔（Napier）镇外的塔拉达尔学校（Taradale School）树起了一道铁篱笆，将男、女学生的活动场地分割开来。在主要的城镇，在与教会学校竞争的过程中，国家资助建立了独立的男、女中学，在这些学校中，聪明的孩子可以获得奖学金。早在 1856 年，纳尔逊学院（Nelson College）便建立起来了，与此同时，奥塔戈和克赖斯特彻奇的男子高中（Boys' High Schools）则成为了新成立的地方大学学院的预备学校，而这些地方大学的学院是按照议会法案的要求建立的。同时，奥塔戈和克赖斯特彻奇还建立了两所女子学校，其中奥塔戈的女子学校建立于 1869 年，而克赖斯特彻奇的女子高中（Girls' High School）则是在 1877 年建立的。

殖民地的第一所大学学院奥塔戈（1869）和第二所大学学院坎特伯雷（1873）分别成为了继悉尼和墨尔本之后大洋洲的第三所和第四所大学。坎特伯雷学院一开始起便以和男生同样的条件招收女生入校，因为做为建立该学院的教授之一的约翰·麦克米伦·布朗（John Macmillan Brown）坚持认为，"真正的民主"要求"最优秀的女性及最优秀的男性"在艺术和行政学方面占有恰当的地位。1881 年，海伦·康农（Helen Connon）在坎特伯雷学院以优异的英语和拉丁语成绩而获得了文学硕士学位，成为了英帝国内首位以优异成绩毕业的女性。约翰·麦克米伦·布朗教过海伦·康农，又娶了她。海伦·康农的朋友凯特·艾吉（Kate Edger）1877 年从奥克兰大学学院毕业，她则是首位获得学士学位的女毕业生。在 1993 年妇女选举权一百周年纪念之际，这些曾经被埋没了数十年的女性同道们被再次发现。

海伦·麦克米伦·布朗因为嫁给了自己的教授而成为早期各代女学生的行为榜样，她代表了新的都市女性，优雅、有学问而且漂亮。当时，批评女性接受高等教育的人们认为，过多地学习会损害母性。

海伦·麦克米伦·布朗则对这些主张进行了驳斥。她取得的最伟大的公共成就便是作为克赖斯特彻奇女子高中的第二任校长。她通过向大学培养输送女学生而为该学校建立了学术声誉。与此同时，她虽然已为人妻，并且是两个小女孩的母亲，但她却打破传统，进行全职工作。

事实表明，早期的女性毕业生也是其他方面的开路人。从人口学的角度来讲，她们引领着家庭规模的变化，而这改变了整个欧洲世界的家庭：在坎特伯雷大学最初 50 年的历史中，百分之五十五的女性毕业生都终生未婚，而即便是那些结了婚的女毕业生，她们组建的家庭规模也很小。这样一些统计数字似乎证实了有关"女性受教育越高就越不适合做母亲"的成见。但女性毕业生却认为高等教育让她们更好地具备了养育高素质子女的能力。

如果说殖民者都毫不例外地带来了这样一些为他们所继承的观念和文化实践的话，他们在其他一些方面则坚持进行创新。在导致生育力下降的自助和家庭责任等原则的激励之下，殖民者的新西兰开始了一些学者所诠释的殖民地福利试验，在这些试验中，自立和自愿占着统治地位。政府通过实行移民和土地开垦（land settlement）的政策而不是通过收入补助政策来对各个家庭进行帮助。殖民者决定不采用济贫法（Poor Law），因为他们认为，就定义来看，新世界比旧世界更好，因此济贫措施应该是不必要的。各个家庭应该自己照顾好自己，一个渴望安居乐业的社会应该选择自助，而不是对那些流浪者进行帮助，他们只是一些危及到事物本来的可贵秩序的"不中用"的流浪汉而已。

相反，新西兰从澳大利亚的殖民地借用了一些概念。1884 年，已婚妇女财产法案容许妻子拥有独立于丈夫的财产；1885 年，殖民地建立了全国性的医院和慈善救助体系，这些医院和慈善机构处于当地董事会的控制之中，从而形成了一种地方自治模式，它们的资金来源各异，救助也较为随意。在丧失了养家糊口男人的妇女当中，寡妇是优先救助的对象，而未婚母亲则是最后救济的对象。与此同时，失业而没有家庭的男人被认为是"不配做人的"，他们应该自己照料自己。直至 1939 年，医院一律实行"用者自付的原则"。

4.5　海伦·康农，1881 年荣誉硕士，坎特伯雷大学。

　　这些机构的发展反映了这样一种核心的信念，即在一个异常健康的国度，殖民者应该享受生活的乐趣。健康的户外生活——特别是儿童健康户外生活的形象不断地激励着新西兰的市场。在19世纪晚期，新西兰被宣传成了疗养胜地（health spa），它预示了"旅游和疗养地事务部"（Department of Tourist and Health Resorts）在1901年的设立，而这个部门本身也是世界上同类机构中的第一个。旅游和健康相结合是符合逻辑的，因为身体健康与新鲜空气、干净而没有受到破坏的环境是联系在一起的。

毛利人在疗养胜地、特别是在罗托鲁阿（Rotorua）周围的特阿拉瓦地热区疗养地的发展中起着重要作用。当作为艺术家和政治家的威廉·福克斯（William Fox）敦促政府在罗托鲁阿地区仿照黄石的模式建立一个国家公园之际，特阿拉瓦地区则提议建立一个环绕罗托鲁阿温泉的城镇，他们的想法就是为游客创建一个疗养地，在这个疗养地，来访者可以在温泉中浸泡，享受热水治疗。1881年，毛利人同意对当地的天然热喷泉区进行租借而非出售，他们同时还同意政府对为期99年的租借期进行拍卖。然而，按照1881年"温泉区法案"（Thermal Springs District Act），政府获得了购买和租借拥有温泉、湖泊和河流的广大地区的垄断权。结果，到该世纪末，罗托鲁阿地区的一半都给卖了出去，而"土著土地法庭"的审理则持续了一代人之久，这使特阿拉瓦地区的经济处于不稳定的状态之中。问题的症结在于，是政府而非"土著所有者"控制着这些地区的租借权。在19世纪80年代的经济萧条中，承租人不再履行自己的责任，而政府在这些困难年月中的管理不善则造成了它们被强制出售。

不过，通过把罗托鲁阿建立为旅游和疗养胜地的活动，特阿拉瓦开始在塑造种族关系及"别具风情"的毛利人形象方面发挥影响。通过乘坐汽船或火车，游客前往风景如画的地区进行体验变得越来越容易，于是，一系列关于"沸水翻腾之地"的旅行指南疾风骤雨般地问世了。到19世纪80年代，许多游客都从澳大利亚前来参观罗托鲁阿及其自然奇迹，这些自然奇迹包括粉红色和白色的台地，而它们却在1886年的火山爆发中被破坏了。

新西兰的第一个国家公园汤加里罗国家公园（Tongariro）之所以

91

能够出现，仅仅是因为纳提图华雷图阿族人的最高酋长特·胡胡·图基诺四世（Te Heuheu Tukino IV）在 1887 年将包括北岛中部的三座火山山峰——鲁阿佩胡山（Mt Ruapehu）是其中之一——的广大地区馈赠给了新西兰人民。其姿态似乎是一个具有很高地位的酋长在运用其权威；土著土地法庭对那里的土地进行了分割，并将汤加里罗山和鲁阿佩胡山的山顶奖励给了特·胡胡一个人。接着，他又根据政府的意愿，将两座山拿出来供人民（既指欧洲人，也指毛利人）建立国家公园。这一高尚的举动从政治的角度来讲同样是一种权宜之计，因为除了用来进行旅游外，火山用来进行农耕的价值并不大。白种人和毛利人逐渐开始认识到新西兰的漂亮，并开始考虑进行风景保护，当然，他们仅仅是在不利于采伐木材和种植牧草的地区才进行风景保护。

## 大洋洲联邦？

在 19 世纪晚期，家族纽带、文化和政策转移、贸易、旅行和通讯等将大洋洲联系在一起。在 19 世纪 60 年代，一位名叫查尔斯·赫斯特豪斯（Charles Hursthouse）的前殖民者提议建立一个新西兰和澳大利亚各殖民地的联邦，一个事实上的大洋洲共和国，当然，他将澳大利亚西部（这里重新引入了罪犯）排出在外。他推论说，这些地区土地、矿藏和农业资源的"深厚自然财富"（deep natural exchequer）将为英国货币市场上的信贷业务提供更好的保障。到 1890 年，大洋洲已经开始指称澳大利亚各殖民地、新西兰、斐济、"和任何其他大洋洲内的英国殖民地或领地"。在 1890 年墨尔本大洋洲联邦会议及 1891 年悉尼联邦大会上，新西兰代表、主张实行畜牧主义的政治家威廉·拉塞尔上尉（Captain William Russell）将该殖民地描绘为"大洋洲相当遥远的一个部分"，从而在"大洋洲更为遥远的殖民地"和"澳大利亚殖民地本身"之间进行了区分。拉塞尔的最大问题在于，大洋洲是否应该以英国在南太平洋的势力范围这样的身份而组成联邦。是大洋洲而非澳大利亚预示着一个新西兰可以归属于其中的共同体，也正是大洋洲为毛利人和白种人相互依存的特殊性质提供了空间。具有讽刺

92

意味的是，新西兰战争强化了人们对更好的种族关系的信念。在 1891 年，拉塞尔再次强调"土著不动产所有权"问题处于"非常严峻的时期"，白种人—毛利人关系"极端重要"。

新西兰人思考的不仅仅是与澳大利亚人间"亲缘关系的深红色纽带"（帝国血缘纽带）；政治家们仔细掂量着气候和环境对英国种族关系发展所造成的影响，并别出心裁地推想成为英国人会意味着什么。拉塞尔告诉澳大利亚人说，新西兰有可能发展出"一种不同的民族类型"。帝国主义和民族主义并不互相排斥；它们常常处于平衡状态，表现为一个问题的两个方面。事实上，帝国主义可以显示为民族主义，而民族主义也可以显示为帝国主义，二者的特性并非是泾渭分明的。1905 年，理查德·杰布（Richard Jebb）提出了"殖民地民族主义"这个有点似是而非的名称。对杰布而言，"帝国的灵魂""并非只有一个，而是两个"；一个是加拿大、澳大利亚、南非和新西兰日渐觉醒的爱国主义，另外一个则是英帝国传播文明的"终身使命"。新西兰的许多人都赞同他们国家的命运取决于"土生白人"（native-born），土生白人是殖民者用以指称他们自己的名称，而毛利人则被他们用来称呼土著居民。紧随澳大利亚白人之后，新西兰白人在寻求他们的认同的过程中逐渐开始内向，他们将自己的目标投向了原野—丛林—与未来，这种未来更多地是由陆地而非环绕的海洋所塑造的。许多人为随后大洋洲的"解体"所做的解释都将其归结为 1890 年前后文化、经济和政治制度方面发生的剧烈变动。

19 世纪 80 年代，经济泡沫破灭了。殖民地是否在 1885 年至 1895 年陷入了"长期萧条"的问题是有待加以讨论，因为"萧条"一词的含义已经发生了变化，而且经济学家认为实际上的收入达到了一个稳定的水平，而不是在下降。因此，相比于他们此前的经历，他们觉得自己生活条件变得更差了。历史学家之所以强调其是"大萧条"，原因在于其对人们所产生的影响：失业，家庭不和，小孩衣衫褴褛，女工受人剥削，经济全面崩溃、地产市场猛然下降，为期十年的信贷危机，频频发生的破现象产，政府的不稳定等等。他们指出了新出现的

93

阶段矛盾，以及因旧世界的痼疾——例如，服装工业中妇女和儿童的艰辛——在新世界的出现而引起的道德恐慌，这促使皇家委员会在1890年出台了一个报告。在劳动者的乐园中，一位精明远虑的丈夫和父亲将承担起养家糊口的责任。理想的社会难道已经倾覆了吗？移民的希望和神话难道仅仅是错觉而已？

19世纪80、90年代的新西兰和澳大利亚与20世纪80、90年代新西兰和澳大利亚有诸多相似之处：金融机构表现欠佳、大商人纷纷破产、政客卷入投机活动，而政府内部事务的情况也大致如此。"私人借贷的疯狂"凸显了银行透支借款而带来的问题，其中，银行经营着自己的借款开发项目，而这恰好与殖民地政府所进行的开发项目相类似。在这样一些情况之下，英国资金的急剧减少——伦敦借贷的枯竭——给环塔斯曼地区的金融结构造成了极大的压力。正如伦敦的借贷对19世纪70年代的繁荣起到了加油打气的作用一样，英国信贷的萎缩则进一步加剧了19世纪80年代和90年代初期经济的萧条。借贷枯竭并非仅仅因为外部原因，即：伦敦的金融家因殖民地获利的下降而感到惊恐。在19世纪80年代，新西兰的投资机会并不比塔斯曼海对岸更具吸引力，但那里的投资同样也迅速枯竭。教训便是发展需得产生足够多的出口收入，如若不然，伦敦就会加紧其对经济生活的控制。

虽然奥克兰较达尼丁和克赖斯特彻奇更晚经历艰难时刻，地方及中央政府大规模的公共开支、毫无前途的商业冒险以及过度的房屋建筑成为了各个主要城镇的特征。在19世纪80年代早期，奥克兰郊区建筑出现了繁荣，不过到了1886年，则出现了2000幢无人居住的房屋。低利贷款和房地产投机打倒了当地商界中的许多人。它可能同样也伤害了满怀热望的郊区居民，他们为抵押借款所苦，其梦想家园却无法出售。

时局的艰难，再加上英国人所树立的榜样，促进了环塔斯曼劳工运动中非熟练工人"新工会主义"的发展，这一运动主要出现在与出口相联系的行业之中，参与者主要是海员、码头工人、剪毛工人、煤矿工人及裁减女工。到 1890 年，各地劳工运动中一共出现了 200 个工会，并拥有 63000 名成员。工会和船主都发展起了各自的大洋洲联合会，海员和煤矿工人则组成了"海运理事会"，该机构在 1889 年成为"澳大利亚海运理事会"的隶属机构。位于达尼丁的"联合汽船公司"成为了海员和煤矿工人的主要敌人，因为它垄断着新西兰的煤矿产业及环塔斯曼的船运业。仅仅是建立工会的行为便被雇主认为是攻击性行为。就劳工运动而言，重要的是让工会获得承认，因为非熟练人员很容易就给取代了。新工会主义坚持要求获得某种形式的社会公民地位——"只雇用会员"（closed shop），以反对坚持"订约自由"的雇主所主张的市场自由主义。在经济萧条的背景下，矛盾的不断加深引发了海员罢工，这次罢工发生在 1890 年 9 月，它由悉尼蔓延而来，至少有 5 万名澳大利亚工人及 8000 名新西兰工人都参与其中。

海员罢工并没导致有关方面出面进行仲裁，不过，罢工还是让人们将注意力集中到了这种观念之上。萧条和冲突引起的各种危机共同促使人们对整个建国计划进行重新思考，从而推动了重新规划政府各种职能的计划，其中，政府的职能主要体现在居间调停殖民者的新社会和全球压力间的紧张关系。正如我们已经观察到的一样，与世隔绝及领土狭小的状况迫使各级政府积极发挥自己的作用，它们决定了殖民地的条件，并产生了持久的影响。企业型国家（entrepreneurial state）的出现预示着一种新的国家发展模式即将出现。一系列的社会试验与经济结构的调整相伴发生。当澳大利亚和新西兰寻求在英国市场上的优势地位以便应对危机之际，在寻求出路走出困境的过程中，新西兰因冷冻技术的发展而得到了挽救。

# 第五章　应付全球化（1891—1913 年）

在危机的氛围中，人们对全球化的态度出现了变化：现在日益出现了一种要求对它加以控制的趋势。大洋洲的各个殖民地决心抓住机会开发用以出口的新商品，同时通过建筑一个进步的自由主义"国家试验"大厦而控制其社会后果。1891 年至 1912 年，在自由主义政府统治期间，主张改革的政治家和公务人员致力于将新西兰创建成一个民主的社会实验室。在这个过程中，他们开创了一个大洋洲的国家发展模式。

政治学家阐明了澳大利亚的制度是如何借助殖民地的民主公民权来干预全球化的。"澳大利亚殖民地"似乎是建立在联邦制的基础之上，它具有五条政纲：白人的澳大利亚、关联而有限制的移民；仲裁；保护；"国家温情主义"（state paternalism）；"帝国的仁慈"。事实上，它是大洋洲的：它是澳大利亚和新西兰殖民地居民为了加强"内部防御"以应付一系列想象和现实的共同外部威胁而做出的非同寻常的反应。

对全球性力量所产生的社会后果的关注对大洋洲所有殖民地的管理都产生了影响，它还推动了新自由主义思想的发展。威廉·彭伯·里夫斯（William Pember Reeves）是一家报纸的编辑和一名自由党的政治家，他帮助塑造了这种国家发展的地区模式；同时，作为一名历史学家，他将这种模式写入了新西兰的历史之中。他概要指出，"国家试验"要求澳大利亚和新西兰在追求自由主义理想的过程中有国家干预。作为民选和民治的政党，自由党推动了民粹主义思想的发展。他们的目标是利用国家干预以使其更容易"开展"，并创建一个文明社会。大洋洲的试验包括：企业型国家，妇女选举权和酒业法，用于发展的廉价土地，控制资本主义和竞争（即全球化）给劳工所带来的后果，给予老迈的拓荒者老年津贴，排斥外国人及不需要的人员。政治学家将 19 世纪 90 年代的各种国家试验描绘为社会自由主义，而历史学家则将它们视为实现白种人理想社会的基本思想、或者说是建立民主新世界的再次努力。

96

在这个时代中，支持进行排斥（exclusion）的各种力量与拥护包容（inclusion）的各种力量之间的矛盾显得十分突出，前者受帝国优越感观念影响，它倡议以牺牲非欧洲人为代价而促进殖民者之间的民族团结；后者源于启蒙思想中的人文主义思想，它让妇女从中得到了好处。毛利人则既是包容的对象，同时也是受排斥的对象。

后来，历史学家根据自身所处的时代和视角，而认定这些国家试验是一些不同的民族描述。如果说在 20 世纪 30 年代新西兰的自由党被视为是殖民地的实用主义者，在 20 世纪 60 年代他们被认为是一些激进分子和人文主义者，在 20 世纪 70 年代他们被认为是强制实施社会控制的技术专家的话，那么 20 世纪晚期的历史学家则将他们诠释为民粹分子和民族主义者。在他们的描述中，自由主义时代是中央集权和殖民地民族主义的时代，在这个时代中，现代新西兰国家得以成立。从 19 世纪 80 年代开始，当新西兰出生的白种人开始在数量上超过移民的数量时，社会开始安定下来。"土生欧洲人"对自己这种身份的自豪感体现在当地的各种结社、从毛利人的世界中借用而来的各种主题、有关新西兰是"毛利之乡"的各种冥想之中。随着这种民族认同感的增强，思想观念统一为新西兰是试验场、新西兰的人民习惯于获取"第一"和攀登新高峰。

另一方面，对新帝国主义史学家而言，在自由主义时代，一种新的体系从旧体系中发展起来。按照贝利奇（Belich）的观点，从 19 世纪 80 年代开始，新西兰加强了它与英国的联系，而不是努力争取民族独立。在经过"循序渐进的殖民化"时代之后，以冻肉、奶油和奶酪等的冷冻形式而体现出来的技术进步导致了"重新殖民"，它如桥梁一样有效地将新西兰和英帝国的中心伦敦联系在一起。与当时世界上最大的全球性贸易商英国之间的密切联系为一个偏远的殖民地提供了一种手段，以应对全球化，并在一个日趋全球化的市场上处理与帝国主义国家的关系。不过，这个论题存在的一个问题便是，它仅仅将自由主义时代描述为"循序渐进的殖民化"和"重新殖民化"间的"过渡"阶段。它并没有明确地将二者与全球化进程联系起来；尽管新西兰人含蓄地用与世界相处的一种方式来取代了另外一种方式。新西兰对英国以及它与英国之间联系的重视是以牺牲它与澳大利亚之间的思想和政策交流，牺牲澳大利亚和新西兰间共有的国家发展为代价的。然而，在 20 世纪的多数时间里，殖民地自由主义者为市民社会构建起来的制度都是大洋洲所共有的，也是其所特有的。而且，帝国主义激起了民族主义，而民族主义则强化了帝国主义。

为了写出一部平衡的新西兰历史，英国和澳大利亚这两个维度都是必要的。大洋洲的国家试验有助于向帝国主义世界推销这些殖民地。作为新西兰的总代理，里夫斯在伦敦写出了两卷本的《澳大利亚和新西兰国家试验》（*State Experiment in Australia and New Zealand*）并非偶然。英国是唯一一个严肃的全球性大国，伦敦则是世界金融的中心。随着交通方面的革新所带来的运输成本的急剧下降，英国在全球的经济迅速增长。虽然蒸汽船让大洋洲的殖民地能够向英国市场出口产品，但关键的技术进步还是制冷；新西兰在 1882 年首次运送了冻肉。制冷不仅导致了经济的革命性发展，而且也导致了新西兰文化的革命性发展。

当新西兰农业进行结构调整以向英国市场出口食物及纤维制品之际，它的政治经济发生了重大的变化。在英国资本的帮助之下，从 1895 年起，新西兰从经济停滞的局面中走了出来，这早于同样开始生产出口食品的澳大利亚东部殖民地。大洋洲各殖民地所面临的情况不同于欧洲和北美。由于国内市场狭小而分散，技术变革所需要的海外市场和资源遥远而脆弱，大洋洲发现进行工业化并非更为有效。而且，英国投资者也不会同意，他们和英国的殖民者一样，都相信大洋洲"自然资源的好处"。考虑到欧洲精神图谱的力量，当时并不存在另外一种可供选择的发展道路。新西兰经济的扩张注定要由家庭农场来完成，因为全球资本也接受田园牧歌式的神话。

98

　　旨在远距离管理出口经济的各种革新从政府扩展到了商业领域。股票和常驻代理（station agent）是大洋洲对孤立的地理和历史所做出的反应的具体体现，它们降低了长途销售的成本，传递了有关英国资本的信息，并通过殖民社会的网络而建立起了各种联系。由于国土狭小，新西兰便依靠此种创业精神（entrepreneurship）来驾驭不稳定的局势和股票。股票作为资本，常驻代理机构作为当地农场主和全球（英国）出口市场间的理想贸易商，它们一道成为了商界的主导因素。

　　由出口带动的经济加强了殖民地资本主义的经济依赖性。随着殖民地与英国双边贸易关系的日渐加强，以及殖民地对这种贸易关系的日渐依赖，不仅殖民地的经济进行了重组，而且它的地理、社会和文化景观都进行了重组。制冷产生了剧烈的生态效应，它同样提高了这样一批人的期望，对他们来说，田园牧歌就意味着进行小农场经营。事实上，羊肉和奶制品在国家政策中所扮演的角色影响到了社会和政治生活的形式。

　　为了平衡殖民地对全球关系的调整，自由主义政治家和公务人员决心创建一个社会试验室。这包含了政治学家所谓的社会契约：一种在人民中间做出的安排，其中，这些人民承认他们在创建一个民主社会并按照民主社会的要求来为人处世方面具有共同的利益。如同在澳大利亚的殖民地一样，在新西兰，自由主义党派在殖民资本主义和企业型国家之间设计了一种社会契约。在新西兰，这种社会契约是一种殖民契约（settler contract），它被包括在了其国家试验之中。在经过19 世纪 80 年代的困境之后，这种殖民契约通过重新致力于巩固理想社会来平衡新的出口经济。对同时代的人来说，"新世界"和"危机"

99 是一组对立的词语；就是"新"西兰的这一思想也要求避免旧世界的各种弊端。而且，他们希望让新西兰成为一个更加完美的"不列颠"。

## 殖民契约

殖民契约——从根本上来讲，它是一个关于土地和财产所有权的协定——在全球性的力量和殖民地团体政治（body politics）间起到了媒介的作用。殖民契约是为"自由的"殖民者和劳动者设计的，同时它也是建立在早期的民主基础之上的，尽管契约只是为白种人服务的。在自由党的领导之下，开垦土地开始被人们认为是解决都市问题的万灵药。乳品加工业日益机械化，而建立在其基础之上的新出口经济则复兴了有关建立更加密集的殖民地的计划。独立性——殖民者及其家人有一块供自己建立家园的土地——的思想开始为人们所接受。

在19世纪90年代，王室土地已经不能满足殖民者的需求。随着殖民者人数的不断增长，随着他们成为土地所有者愿望的日益强烈，新土地越来越稀少，而土地的价格也不断上涨。1891年，第一届自由党政府（百分之六十五都是移民）试图让殖民者能够获得土地，从而为他们提供一个更好的生活机会。这个目标预设了一个有关典型户外生活模式的集体观念，而且这个观念就具体体现在殖民契约之中：殖民者依靠农耕来实现家庭的独立，并享受物质上的安逸。要实现这个目标就意味着必须得到仍然为北岛毛利人所有的1100万英亩（440万公顷）最好的土地，而这对乳制品业的发展来说是最为理想的。它同样也意味着要在南岛购买大地产，并将它们划分为适合于种植谷物和放羊的小农场。毛利人拥有的土地多数都丛林密布。于是，在北岛，尽可能廉价地从毛利人手中购买土地，并用它们来为殖民者建立林产（bush property）便成为了首要目标。

事实表明，在1870年至1890年这段时期内，北岛中部各个部族丧失了其主要的土地。然而，在1892年至1899年间，政府又用775500百英镑来购买另外的270万英亩（108万公顷）土地，其中，每英亩的平均价格为5英镑9便士。这些土地都是通过"土著土地法庭”而夺得的。与此同时，政府为南岛欧洲人所拥有的地产每英亩支付了84便士。到1907年，殖民者又私下得到了另外的423000英亩（196200公顷）土地。因此，作为19世纪90年代开始的土地购置的结果，超过300万英亩（120万公顷）的毛利人土地被转移到了殖民者的手中。在随后的十年中，1890年毛利人仍然拥有的土地的百分之二十八都被殖民者巧取豪夺了。在这个过程中，大多数剩下的好土地都落入了殖民者手中；而且，在政府所策动的这种土地转让中，其价格都是极其低廉的。

通过贷款而提供的低廉借贷巩固了殖民契约。对那些手头并不怎么宽裕的人来说，政府则扮演了地主的角色。在1892年，为了向无钱购买永久产权土地的殖民者提供保障，政府推行了永租权（lease-in-perpetuity）（999年的租期）的政策。与此相对的则是，土地承租人将资本积攒来改善经营条件。不过，能够让人们最好地领悟殖民契约精神的自由主义法令是1894年的《殖民者贷款法案》（Advances to Settlers Act of 1894）。政府土地贷款仅仅适用于白种人。正如里夫斯（Reeves）所观察到的一样，这些贷款包含了另外一种地区性试验：在整个大洋洲的各个殖民地，政府向殖民者提供的贷款是对“地球另一端”的“事业”的“特别奖励”。随着商品价格的下降，以及利率的增加，殖民地农场主为了生存必须依靠利率更加低廉的资金。政府提供给殖民者的贷款同样减轻了英国投资者“对新西兰和澳大利亚农场业发展规模的疑虑”。能够获得资金的小农场主、农业劳动者及他们的家人成为赢家；他们是一群最能够进行自助的人，如果说最终的结果能够说明他们是胜利者的话，那他们确实是一些“值得帮助的人”。偏处一隅的巴兰斯（Ballance）丛林殖民地是政府贷款给殖民者所产生的结果。该殖民地是以第一任自由党总理约翰·巴兰斯（John Ballance）的名字来命名的，它位于帕希亚图阿（Pahiatua）和玛纳瓦图峡谷（Nanawatu Gorge）之间，是塔拉鲁阿（Tararua）山脉中的一个面积狭小的地区。

最重要的还在于，郊外的房舍和园地开始成为新世界的殖民契约、家庭土地理想以及家庭所有制的象征,它将"城市中的乡村"这一观念(the idea of the country in the city)从旧世界中照搬了过来。不过,与中世纪的欧洲前辈不同,这些人口密度很低的郊区房舍没有向天上发展,而是向外部扩展,结果形成了新西兰城镇的"新都市边疆"。标准的新西兰房屋源自于乡村房舍,而非西欧的联排式住宅(town-house)。它们是一些由四五间屋子所构成的平房或别墅;和澳大利亚和美国西部的城市一样,它们都具有相同的新世界理念、设计和布局。当地的木匠在修房屋时都利用澳大利亚和加利福尼亚书籍里面的建筑模型。普通的新西兰房屋不同于太平洋沿岸澳大利亚和加利福尼亚同类房舍之处在于,它们主要是由木材修建而成的。(地处极南端的奥塔戈则属例外)。

自新西兰的城镇建立之初开始,城郊理想便存在,它存在于建立韦克菲尔德殖民地的各种观念之中。这个理想以男人为中心,同时也以家庭为中心,它建立在熟练工人阶级的各种价值观念,即受人尊重、男女各司其职、节俭、节制和安全感等的基础之上。到1911年,百分之四十九的白种人居住在人口超过2500人的城镇地区,而澳大利亚的同类人口所占的比例为百分之五十五,美国则为百分之四十六。在这些白种人中,百分之三十一的人居住在4个主要的中心城镇,百分之十八的人居住在诸如北帕默斯顿(Palmerston North)(居住人口为1万人)这样的小城镇中。与此形成对照的则是,毛利人则主要生活在乡村。到1911年,澳大利亚和新西兰是世界上家庭所有制(family ownership)所占比例最高的两个国家,其比例占百分之五十,甚至更多。家庭所有制是新西兰殖民者建立起来的主要土地使用形式。

我们可以用"农场主是自由党首选的值得结盟的对象,他们代表的是一些后起之秀"这样一种观点来调和"自由党倡导熟练工人的价值观念"这一主张。殖民契约在奶牛场变为了现实,同时,在城郊地区,在普通的小型房舍及家庭园地中,它一样得到了体现。

### 妇女选举权

新西兰为自己很早就实现了妇女选取权——妇女选举权在1893年

5.1 克赖斯特彻奇比利街（Bealye）的房舍，可能是卡尔顿·米尔桥（Carlton Mill Bridge）附近明森（Minson）一家的祖居。这幢宽敞的别墅代表了多数新西兰人所向往的城郊房屋。摄于 1897 年。为了庆祝维多利亚女王登基六十周年，房主挂起了旗帜，而中国人时尚的灯笼也在走廊上挂了起来。同时请注意自行车（一个现代的象征）、巨朱蕉（本土植物）以及波纹状的铁栅栏。

得到许可——这样一种历史而感到自豪。然而，殖民地在进行婚姻改革方面却相对较晚。在 1898 年，继英国和澳大利亚各殖民地之后，它引入了有限制的离婚平等权利。在采取一种措施时间早而采取另一种措施则晚方面，新西兰并没有什么不一致的地方，因为它是一个"男人的国家"，在这个国家中，妇女因是妻子和母亲而受到重视。一方面，妇女因人数稀少而身价倍增，这为她们获得更多的机会和实现潜在的政治平等提供了空间；另一方面，这也强加了被女性主义学者视为是父权制约束的各种因素。因此，历史学家们就"早期妇女选举权是否承认了妇女在家庭和家人中的特殊作用，或者妇女地位的变化是否足以让政治家们信服并发起妇女争取公民政治权利的运动"等问题展开了争论。

这些互相矛盾的主张对新西兰妇女的不同形象进行了强调，它们具体体现了殖民地女权主义的两大主题：新妇女，她们起而争取获得脱离"无能状态"的自由，争取平等和进步；殖民帮手，她们象征的是社会道德守护人和"族群之母"。妇女选举权运动的全国领袖，克赖斯特彻奇的凯特·谢博德（Kate Sheppard）既体现了新型妇女的形象，也体现了殖民帮手的形象。1993 年，为纪念妇女选举权一百周年，女性历史学家重新发现了她。她被重新塑造为民族的偶像，她的肖像被印在了 10 元的新西兰纸币之上。凯特·谢博德虔诚、机敏而漂亮，但私生活却存在问题。她领导了一场悄然无声的运动，该运动赢得了广泛（cross-spectrum）的支持。

如果我们将选举权运动中的各种主张综合在一起进行考虑的话，那么，妇女运动实际上就是以差异为理由而追求平等权利，即，妇女的平等地位，其目的是为了公众的利益。参政扩大论者认为，选票将会让妇女将她们的母性技能扩展到公共领域，从而带来更大的公众福祉。在 1891 年"基督教妇女节欲联合会"（Women's Christian Temperance Union）提出的支持妇女选举权的诸多理由中，第一条便是："因为妇女选举权是一个事关公众福利的问题"，同时也"因为妇女的选票会为更为安定和负责的社群增加分量和实力"。作为"帮手"和"新型妇女"的参政扩大论者同样希望男人们发生变化，希望他们停止酗酒和家庭暴力。正如首席法官罗伯特·斯托特爵士（Sir Robert Stout）的妻子安娜·斯托特（Anna Stout）所解释的那样："我们的子女必须要有纯洁而节制的父亲"。

对包括新西兰在内的都市边疆（urban frontier）的妇女而言，选举权既是男性心情矛盾的馈赠，也是殖民地妇女运动斗争的结果。多数妇女主要生活在城镇之中，她们在城镇中的数量极为重要。男性殖民政治家需要她们的支持。选举权运动之所以取得成功，是因为议会中持同情态度的男性及议会之外的妇女运动彼此进行了合作。妇女们在大规模的请愿活动中收集签名，而坎特伯雷的牧场主、保守地支持妇女选举权运动的约翰·霍尔爵士（Sir John Hall）则确实将这些请愿书放到了议会的地面之上进行展示，而且在这个过程中，他还公开展现了一种强有力的姿态。

正如一位男人一张选票的政策也将毛利人包括在内一样，1893年，白人妇女和毛利妇女一起获得了选举权，她们正好适时地参与了当年选举中的投票活动。1902 年，按照"英联邦选举权法案"的规定，澳大利亚的白人妇女获得了联邦选举权，与此同时，澳大利亚的土著人则没有能够获得选举权。这一对照表明，与澳大利亚土著人不同，毛利人不仅包含在自由主义的"人民"概念之中的，同时也被包括在"大不列颠族群"的概念之中的。然而，现实却并非如此一目了然。各种按照性别进行的区分（gender divisions）仍没有能够被触动，还需要花费很长的时间来进行其它一些改革。从 1896 年开始，妇女已经能够加入"妇女议会"（women's parlement）这个非党派性的"全国妇女委员会"（National Council of Women）。如果她们希望加入到自由党的政治活动之中的话，那她们则仅能加入由威廉·彭伯·里夫斯的妻子莫德·里夫斯（Maud Reeves）所建立的"自由党联盟"（Liberal Association）妇女支部。直到 1933 年，在伊丽莎白·麦科姆斯（Elizabeth McCombs）的丈夫、一位工党政治家去世之后，她才作为议会的第一名女性成员而被选举出来。

从整个国际背景来看，在成年男性获得选举权相对较早的地区，妇女也较早地获得了选举权。它主要是由淘金热潮引起的。同时，从总体情况来看，在剥夺了土著居民土地的殖民地移民社会（colonial settler communities）中，索要土地成为政治活动的中心内容，在这样一些地区，妇女也较早地赢得了选举权。在这些男人的国度中，在改革家发起社会纯洁运动以反对给妇女和儿童带来不幸的"醉鬼"并努力建立新社会之际，妇女权利问题便涌现了出来。于是，新西兰成为第一个赋予女性选举权的自治国家，它希望藉此来发挥她们对粗野的男人们的平衡作用，并增强公共生活的社会地位。但它却不是世界上第一个采取此种举措的地区。这一殊荣应该属于皮特凯恩（Pitcairn）

104

105

5.2 "最后的高峰",《新西兰版图与妇女杂志》,1894 年,有男子气概的妇女在自由党党员(打扮为一名律师)的帮助之下达到顶峰。攀登新的高峰已经牢牢地嵌入了新西兰的精神之中。

这个偏远的岛屿,它在 1838 年便赋予了女性选举权;与此同时,还有三个中美洲国家早于新西兰。此外,在新西兰给予妇女选举权后不久,南澳大利亚和西澳大利亚的殖民地议会也分别 1894 年和 1899 年同意给予妇女选举权。不过,在新西兰,性别问题压倒了种族问题:人文主义将年龄为 21 岁或 21 岁以上的妇女作为妻子和母亲而囊括在了社会契约之中。

## 仲裁

新西兰和澳大利亚的民族叙述都分别称强制性仲裁是一项关键的

制度，它体现了国民的心态。这两个国家是强制实行产业协调和仲裁的先驱，而产业协调和仲裁则成为各种产业关系的支点，同时也成为了这两个国家后来实行福利国家政策的支点。在新西兰，劳工部长威廉·彭伯·里夫斯是 1894 年法案的设计师。他的部分思想来自于南澳大利亚自由党总理查尔斯·金斯敦（Charles Kingston）所起草的一个议案；还有一些思想则来自于新南威尔士和马萨诸塞。新西兰历史学家坚持认为，自由党—工党联盟产生了独特的制度。然而，新西兰的例子同样也可以证实这样一个论点，即：自由主义思想把强制性仲裁塑造成为了一种观念和一种制度。在自由党的思维中，仲裁的运作是为"人民的自由、繁荣和满意"。除了向殖民者提供的贷款之外，国家对工业争端进行的仲裁也构成了殖民契约的一部分，其目的是为了整个社会，而并非仅仅是为了劳工阶层。一如约翰·巴兰斯解释的那样，"和劳工阶层一样，资本家也必须同新西兰的进步和命运认同在一起，这是通过居住和履行一名殖民者的所有责任的方式来实现的"。

战略重点再次被放在了促进出口导向型经济的发展和增长；与此同时，努力实现工作场所的和谐，从而实现各种政治和社会目标。大洋洲的各殖民地都采用了这一战略，并将其作为应对全球化的另外一种方式，其原因在于它们都太小了，不足以对国际贸易周期施加影响；相反，在时局艰难之际，它们都会采取行动以避免发生争吵。这一制度旨在保持劳资双方间的平衡；在新西兰，它要求设立地方调解委员会和仲裁法庭。从理论上讲，它在不可预测的出口经济和工人的安全保障要求之间实现了平衡，因而确保了普通人能够获得人们后来所谓的"均等机会"。

一些历史学家暗示，这种地区模式是在金融危机和劳工纠纷的背景下发展出来的，它同时还结合了早期民主以及各种改良不列颠的思想。事实表明，各种长期的发展趋势更为重要，它们是殖民地模式的发展趋势，是允许中产阶级专业人作为政治家和公务人员开展社会工程的企业型国家的发展趋势。共同而类似的问题和政治机会产生了一种跨塔斯曼政策转移的模式。1894 年，大洋洲强制性仲裁的经典形式

106

在新西兰得到了采用，1900年，它被纳入了西澳大利亚的法令之中。虽然西澳大利亚在19世纪90年代因淘金热潮而出现了繁荣，不过，这一繁荣也让它同样依赖于出口。1901年，新南威尔士采纳了强制性仲裁的政策，此后，澳大利亚联邦在1904年、南澳大利亚和昆士兰（Queensland）在1912年都先后采取了此种政策。

反过来，新西兰则从澳大利亚那里获得了关于通过立法形式来进行仲裁的原创思想，以及稍后一个时期里关于工人福利附加政策（add-on policies of workers' welfare）的原创思想。仲裁成为保障工人生活水平的一种方法。移民们为追求更美好的生活而奔波于世界各地，与此同时，政府机构则宣传新西兰是"劳工的乐土"。通过援引1907年澳大利亚仲裁法庭所做出的著名的哈维斯特判决（Harvester Judgement），新西兰仲裁法庭采用了"生活工资"的原则，即，家庭工资应当足以维持一名养家糊口的男性、一名依靠男人的妻子及三个小孩的生活。家庭工资是以性别为基础的，它使妇女和儿童依附于为养家活口的男性而制订的劳工政策。它体现了这样一个原则，即：劳工阶级有权结婚和拥有一个家庭，有权挣得足够的工资以供养家人过"小康"生活。按照这种设想，家庭工资的功能是要成为抵御全球性市场的壁垒，因为它是建立在生活成本基础之上，而不是建立在市场价格基础之上的。

107　　然而，具有讽刺意味的是，尽管新西兰和澳大利亚共同拥有一个统一的劳动力市场，而且影响澳大利亚工资运动的因素也是和新西兰相同的，然而，在1890年至1913年间，新西兰雇佣劳动者的生活还是要比澳大利亚的工人更为艰辛。从人均国内生产总值的角度来看，到1913年，新西兰依然没有落后澳大利亚多远，而且，新西兰白种人享有世界上最高的人均寿命。1890年前，实际工资增长较生产力增长更为强劲。1890年之后，全球化提高了生产力并改善了贸易条件；然而，相对于1890年之后的产权收入而言，工人的工资却减少了。殖民契约的受益人是土地所有者，他们从技术进步——最为显著的便是制冷技术——中获得了最多的好处，因为冻肉和奶制品的出口增加了他们土地的相对价值。若非国家进行的仲裁试验，重新流入地产的收入还会多些。

当实际工资与工人的期望及工人阶级不断上升的社会地位不相一致时，劳工阶层的好战性不断增强就一点也不让人感到奇怪。1896 年首先利用仲裁的西海岸煤矿工人开始反对仲裁。1908 年，矿工号召在布莱克波（Blackball）的当地煤矿进行了一次名为"疲劳时刻"（tucker time）的罢工。他们的行动预示着以"新西兰劳工联盟"形式出现的、激进而反对仲裁的独立劳工的崛起。联盟的五名主要领导人中有四位是澳大利亚社会主义者和工联主义者，而其他一些人则有着在英国和美国的矿石工作的经历。他们献身于阶级斗争，这为他们赢得了"赤色联邦分子"（Red Feds）称号，他们从左翼发动了对仲裁制度的攻击。1912 年，金矿工人在怀希（Waihi）进行了罢工。社会动荡在 1913 年达到了高潮，各个矿山和港口出现了劳动争端。社会动荡不仅仅体现了意识形态上的社会主义信念及这种信念对行动的呼唤，它也反映了工作模式的全球性变化及思想的流动，思想的流动使得各种不同政见得以发生交流，从而对动荡起了煽风点火的作用。

"赤色联邦分子"为自己是"工人"而骄傲，他们在信奉工匠工艺联合主义的家庭男人——他们从仲裁制度从获得了最多的好处——中强化了一种竞争性的男子气概模式：一个吹嘘自己具有男人的独立，珍惜同事情谊和自己的汗水，控制着自己的工作场所及生活的"真正"男人。不过，"赤色联邦分子"的脱离反而有助于仲裁的继续存在。到 1912 年，殖民契约构成了政府的基础。小农场主成功地将新西兰转变成为了"帝国牛奶场"，他们按照自身的阶级利益需要来对自耕农神话进行驾驭，以便在奥克兰农场主比尔·梅西（Bill Massey）及新保守改革党的统治下获取政治权力。

## 毛利人土地的流失及抗议活动

在这一结构性变化中，最大的输家是毛利人。虽然《怀唐伊条约》规定各个部落拥有土地权力，但是，在白种人的叙述和殖民者的

108

议会中，条约不再起作用了。毛利人被完全排除在殖民契约之外，他们的财产遭到了剥夺，又不能获得用以发展农业的资金，结果便丧失了进行发展的资源基础。毛利人的土地被出售，却没有得到相应的价钱；他们被剥夺了最为肥美的土地，还不能获得低息贷款以发展余下的土地。剩下的土地几乎不能维持生计。在整个自由党统治时期，毛利人所拥有的土地急剧减少的趋势一直都没有发生变化。这一时期成为了"攫取毛利人土地的倒数第二个时期"。里夫斯在他的历史著作中并没有谈及这次土地再分配，毛利人之外的大多数新西兰人对此也毫不在意。然而，对19世纪90年代国家试验十分重要的殖民契约有赖于毛利人土地的流失。

于是，在为殖民者寻求社会公正的过程中，自由党再次侵犯了毛利人的一系列权益。在1892年至1896年间，自由党政府通过了一系列相互关联的议会法案，这些法案简化了夺取"哈普"土地的程序，并极大地恢复了王室的先占权。在"土地与勘测部"（Department of Lands and Survey）的管理之下，土地购置变得更为容易。然而，关于部族土地的立法越多，局势就越发的混乱，这为各种不同解释的出现提供了更多的机会，并增加了问题的模糊性。而律师和投机商则对这种形势加以利用。强制性的家长统治十分盛行；出售土地所得的半数收入都被交付给了"公共信托人"（Public Trustee）手中，表面上看来，这似乎是为毛利所有者进行托管。于是，毛利人便面临着土地销售价格低廉、资金为"公共信托局"所禁锢的双重负担，他们所得的利息也相当的低。1892年，自由党政府把"西海岸殖民保留地"纳入了"永久租借"的范围之内，而它所付出的租金却是微不足道的，这实际上相当于第二次土地征用。殖民者的需求压倒了毛利人从剩余土地中获取收入的权利及需要。此外，按照1895年"土著城镇法"的规定，在毛利人的土地上可以修建欧式城镇，这破坏了土著人的土地财产所有权，使毛利人的土地为殖民敞开了大门。通过这种方法，具有潜能的旅游城镇、北岛中部地区主要干线上的城镇纷纷建立起来。

在"肢解"大地产的过程中，土地出售者可以保留"自留地"；

然而，在"肢解"毛利人剩余土地的过程中，毛利人却没有能够获得同等的地位。相反，他们被限制在无法满足需求的狭小保留地中，至多可以拥有 25 英亩的上等土地。整个制度旨在迫使"哈普"出售土地。土地租赁价格微不足道（例如，一英亩一年半便士），这只是助长了土地的出售；与此同时，王室对土地购置的垄断则压低了土地的价格。如果毛利人出售土地，殖民者则支付修筑道路和进行勘测的费用；如果毛利只是租赁土地的话，那他们就得支付勘测的费用。通常，他们进行支付的唯一方式便是出售更多的土地。

只有殖民者才能成为成功农场主的假设使得毛利人无法获取用以发展的低息贷款。殖民者认为部族的土地是"荒废了的，没有收益的"。改革党的拥护者憎恨土地租赁，认为它是"不能容忍的"，他们要求获得"毛利人本身无法加以利用的土著土地"的永久业权。在"哈普"通过租赁而控制他们土地的地方，永久业权便日渐成为"永久租赁"，结果，他们的土地实际上是给剥夺了，但他们却几乎没有得到什么回报。到 19 世纪末叶，北岛大部分地区的控制权已经从毛利人手中转移到白种人手中。1891 年，240 万英亩（96 万公顷）毛利人的土地被租赁给欧洲人；到 1911 年，又有 100 万英亩（40 万公顷）土地被租赁出去。让在 1991 年，估计毛利人在北岛（包括租赁出去的大块土地）拥有的土地为 1080 万英亩（432 万公倾）。伊维越发感到艰难的是，人口最为稠密的地区所剩下的土地却最少。在陶波湖（Lake Taupo）沿岸地区，纳提图华雷图阿族人并不反对欧洲人的殖民，但他们却希望对它的进程加以控制。他们还希望从木材开采中获得收入，并从政府那里获得贷款以自行耕种土地。

各个部族对自身福祉所受到的无情损害进行了回击。在惠灵顿，议会中的四名毛利议员争论说，殖民契约违背了《怀唐伊条约》，从而引起了人们对"没有土地、需要有资源来帮助毛利人发展"等问题的关注。从 19 世纪 90 年代开始，部族领袖和部族组织纷纷要求自由党政府阻止购买毛利人土地的活动，处理各种棘手的地权问题，并让毛利人能够获得资金。

泛部族的"毛利议会"（Kotahitanga）（统一）运动成为这一进程的先锋；1895年，"毛利议会"组织了一次抵制"土著土地法庭"的全国性活动。从1897年开始，该运动创办了自己的报纸《特普克基西库兰击》（Te Puke Ki Hikurangi），它的名称指的是一个源于哈瓦基的故事，在这个故事中，人们在洪水中逃到山上从而得以幸存下来。这份报纸表达了一种新的泛部族意识，同时，它还展现了毛利人是拥抱文化的。通过反映诸如持续的土地割让、不断下降的人口及政府对人民福祉的漠视等集体性问题，该报纸对政治行动产生了影响。"毛利议会运动"寻求新的解决办法，它试图建立一个独立的毛利人议会，它声称这是《怀唐伊条约》所赋予的权利。同样，毛利王也建立了一个与其相竞争的议会。二者都向殖民政府提交了请愿书和法案草案，并寻求重新恢复毛利酋长对土地的权利。1897年，在维多利亚女王执政六十周年纪念之际，"毛利议会"向女王请愿，要求阻止殖民者购买毛利人的土地。

纳提珀柔族的阿皮拉纳·纳塔（Apirana Ngata）所领导的"青年毛利党"在这些要求公民权的运动中涌现了出来。纳塔在"特奥特学院"接受了中等教育之后，1894年又从坎特伯雷学院毕业，并成为了新西兰第一位毛利大学毕业生。纳塔的人民竭力让他受到白种人知识的教育，以便帮助他们面对殖民化的挑战。自1905年进入议会之后，纳塔无可非议地成为了20世纪毛利人最伟大的领袖；在去世后，他作为50元纸币上的民族偶像而返回到了流通领域。从19世纪90年代起，在更年长一些的跨文化政治家詹姆斯·卡罗尔（James Carroll）的支持之下，纳塔通过毛利人土地开发的活动来从事一项旨在激励毛利人民的任务。无论是纳塔还是卡罗尔，他们都和政府进行接触，并指望通过政府来补救人们对条约的不满（treaty grievance）。

这些努力产生了一些影响。1900年，政府建立了"毛利土地委员会"，并期望借此在伊维控制剩余土地的要求与殖民者获取用以建立殖民地之土地的要求间实现平衡。在一些地区，委员会（后来的理事会）减缓了土地流失的趋势。甚至毛利王运动都在短期内认可了新的

111

制度，然而，当政府认为委员会成为了殖民地的障碍后，它便丧失了自己的权威。1907 年，斯托特和纳塔领导的调查委员会进行了一次盘点，它证实了剩余的好土地究竟少到什么样的程度。在 1909 年"土著土地法"取消了出售土地的限制之后，土地流失的速度进一步加快。"土著居民"可以"按照与欧洲人相同的方式，放弃或处理土地……"；而毛利人的土地也可以依照"欧洲人处理土地的方式"来进行转让。这使得土地从毛利人那里转移到欧洲人手上变得更加地容易了。

## 既被接纳又受到排斥的毛利人

在毛利人的卫生史上，这是一个重要的时期，它的标志便是 19 世纪每况愈下的健康状况和不断减少的人口开始向人口数量、健康状况及希望不断恢复的方向转变。殖民地有关毛利人是一个垂死种族的观点继续影响着白种人的看法，而且继续将毛利人排斥在"人民"之外：如果说毛利人还能指望有任何前途的话，那便是他们的血液可能在将来人种混杂的新西兰人中留下永久的痕迹。"青年毛利党"的改革家们所体会到的使命感传播到了整个国家之中；他们将自己视为"一个种族的拯救者"，他们能够"用两个民族的眼力"来进行观察。毛依·波马尔博士（Dr. Maui Pomare）是 1901 年成立的"公众卫生部"（Department of Public Health）下属的一名土著卫生官员，他依靠零星的资金预算，经营着毛利人的医疗卫生服务。在他进行卫生宣传的过程中，他使用了投影仪讲解的最新技术，试图让人们对自己饮用的水产生恐惧。然而，资金的缺乏导致了希望的破灭。毛利社区常常为伤寒、痢疾、呼吸道疾病所苦，相对来说，他们的婴儿死亡率也很高。

通过后启蒙时期"雅利安毛利人"这一固定形象，毛利人同时也被纳入到了"人民"的范畴之中。"雅利安毛利人"的这个概念由政府工作人员爱德华·崔格尔（Edward Tregear）在《雅利安毛利人》一书中提出，这个概念"为毛利人和前往新西兰的白种人描绘了一个悠久而富有冒险精神的历史，这一历史将他们和远古的共同祖先联系起来"。（参见第一章）崔格尔是康沃尔人，他对古典神话和亚瑟王的传奇故事十分着迷。在试图理解毛利人世界的过程之中，他将自己的精神图谱强加在毛利人身上。在进行对比的过程中，崔格尔相信"西方的雅利安人接受东方海洋中的雅利安人"。对希望创建一个新社会的白人知识分子而言，这种对毛利人起源的探求同样也是他们寻找自我的体现。

大约从 1900 年开始，在新西兰与帝国主义国家英国关系发生变化的背景下，一揽子的自由国家试验需要为方兴未艾的殖民地民族主义构建一种历史。自新西兰公司殖民地开始进行其宣传以来，新西兰人便接受了这样一种神话，即：新西兰"更为优秀的大不列颠人"较澳大利亚的大不列颠人更为出色。新西兰人没有受到流放罪犯心态的影响，相反，他们受到充满活力而更为凉爽气候的影响，而且，与他们发生关系的是更为优秀的土著人。因此，将毛利人提升至荣誉白人的地位是展示新西兰白人较澳大利亚白人更为优秀的进一步举措，它同时也证实了存在着种族等级结构这样一个长期信念；其中，在这个种族等级结构中，毛利人较澳大利亚土著人更为优秀。

## 大洋洲走向何处？

1901 年 1 月 1 日，当澳大利亚各殖民地结成联邦之际，新西兰决定不加入澳大利亚联邦。在做出这一决定的过程中，上述的这样一些信念对新西兰的情感产生了影响。在人们普遍的冷漠中，绝大多数人的观点在插图 5. 3 中得到了体现。这些观点支撑着基斯·辛克莱（Keith Sinclair）的结论："大多数新西兰人并不希望成为澳大利亚人"。

1968 年，F. L. W. 武德（Wood）将"关于建立完美国家动听而不切实际的谈论"斥为"情感误区"，因为它扼杀了从经济和外交事务角度反对新西兰加入的各种"明智"主张。然而，一种持不同看法的观点，即"人们对'由地理所决定的种族偏见'的普遍信仰为新西兰决定不结成联邦提供了解释"，再次获得了市场。在塔斯曼海两岸，联邦更多地属于情感问题，而非实际需要。创建澳大利亚联邦的这一举动激励着新西兰人对自身及其国家独特而符合需要的各种特性进行想象。

HOW WE SEE IT

THE OGRE: "Come into these arms." NEW ZEALAND: "Nay sir, those arms bear chains."

The New South Wales Premier speaking at a Federal League meeting said that as the Colonies were on the eve of federation it was proper for Great Britain to defer linking the South Sea Islands to New Zealand. He also believed that the sentiment of the people of New Zealand would force that Government into the Australian Federation.

　　5.3　斯干兹，"我们如何看待"，《新西兰版画》，1900 年 10 月 20 日。布立吞里亚（Britannia）之女西兰狄娅（Zealandia）穿着本土的羽毛做成的披风，牵着高贵的野人。她挡开怪物一样的澳大利亚罪犯，以保护其本土的受保护者（被描绘为太平洋岛民而非毛利人），并因此而选择了一个太平洋上的不同命运。在背景中站立的是她的帝国姐妹澳大利亚。漫画暗示，要不是因为这头怪物，西兰狄娅本可以与澳大利亚走得更近，并且可能传授给她的姐一些有关殖民者与本土人之间关系的知识。

在 19 世纪 90 年代，新西兰较澳大利亚各殖民地更早地从经济困境中走了出来，并且它还将自己重组为英国的农场。如果对这样情况加以考虑的话，那么经济确实发挥了作用；对结成联邦最为热心的澳大利亚各殖民地——维多利亚、塔斯马尼亚及南澳大利亚——是最为114 萧条的地区。自 19 世纪 60 年代以来，跨越太平洋并经过苏伊士的各条不同的邮路凸显了大洋洲各殖民地地缘政治和战略利益的不同。不过，防务并非核心问题，因为大不列颠决定着它们的全球外交政策。思维和市场是联系在一起的，但思维却支配着市场。

在新西兰不进行合并的决定中，构建国家的政治家的虚荣心发挥了作用，这一如他们在澳大利亚做出合并决定的努力中发挥了作用一样。R. J. 瑟登（Sedon）（人们恰当地给他取了个绰号"狄克王"）耳听八方，他敏锐地注意到了人们的冷漠情绪，决心不让这种冷漠情绪破坏自己再次当选的机会，因此他鼓励人们对该主题加以讨论。作为重要性仅次于新南威尔士和维多利亚而位列第三的一个国家的总理，他也不能容忍自己声望的下降。相反，他采用"首相"的称号来取代"总理"的称号，其目的就是为了让自己和澳大利亚首相处于同等的地位。1901 年 1 月 1 日，作为一个在塔斯曼海两岸都受欢迎的人物，瑟登在毛利武士的陪同之下出席了在悉尼举行的联邦庆典。

澳大利亚对新西兰人民族认同的影响要较历史所承认的多。一个方面，联邦强化了新西兰人并非澳大利亚人的这样一个事实；与此同时，后者也通过共同的历史而对新西兰的认同产生了影响。"塔斯曼世界"并非在 1901 年便终结了。而且，大洋洲还扩展到了澳大利亚和新西兰之外的地区，并且，即便是它们集体性的名称逐渐废而不用了，它们依然还是作为一个地区而发挥作用。法国人在这里制造了一个麻烦，因为他们侵入了英国人主导的新喀里多尼亚（New Caledonia）和新赫布里底斯（New Hebrides）。德国人也在巴布亚新几内亚（Papua New Guinea）和萨摩亚（Samoa）制造了同样的麻烦。

澳大利亚白人区本身也对想象中的大洋洲的健康与安全制造了一个麻烦。正如澳大利亚第一任首相爱德蒙·巴顿（Edmund Barton）

1901 年 3 月告诉新西兰联邦委员会的那样：

> 就应该容许的移民特性问题，我认为新西兰和澳大利亚的观念和情感实际上是一致的。如果可以根据我和瑟登先生的谈话进行判断的话，我认为我们对外来种族的反对与新西兰所反对的东西实际上应该是一样的，而且，我们都希望保存种族的"欧洲"和"白人"特性。

问题在新西兰人看来就是哪个将取得胜利的问题：是自然法则呢，还是联邦法律？在澳大利亚北方的三分之一都位于热带的情况下，它将如何保持白色呢？澳大利亚北部有可能为"各亚细亚种族"所居住，而且昆士兰在其食糖业中使用了有色人（南海诸岛）劳动力。无论是否实行异族通婚，白人种族难道在热带不会退化，以致在数代人之后，昆士兰会像美国那样成为"浅色白人"的家园？白人澳大利亚政策的倡导者坚持认为，澳大利亚应该向世界表明，即便是自然法则也不能限制白人。然而，新西兰人却认为昆士兰是澳大利亚白人区的一个污点。

新西兰人同样也不能确定是陆地还是海洋界定了利益共同体（community of interest）。南太平洋的英属殖民地这样一个概念假定了一个在南方海洋共同进行扩张、由血缘联系在一起并得到英国海军保护的社群。然而，到联邦成立之际，灌木丛在澳大利亚大众文化中占据了主导地位；在这一时期，澳大利亚大众文化已经开始日益内向。同时，新西兰人也开始想象一种由他们的各个岛屿所塑造出的未来。人们普遍相信，新西兰将会产生一个更像英国人，而不那么像澳大利亚人的岛屿民族，因为新西兰受到与英伦诸岛一样的地形的影响。一如达尼丁的威廉·柯曾-西格尔斯牧师（Rev. William Curzon-Siggers）所宣称的那样，新西兰是"一个岛屿国家，澳大利亚是一个大陆国家。所有种族的历史表明，大陆种族与岛屿种族越来越分道扬镳"。一些人引证说，塔斯曼海 1200 英里的狂暴海洋是一个障碍。但这一经典之句的创造者约翰·霍尔爵士接着则说："这并不能阻碍我们之间

115

利益共同体的存在。"

新西兰的解决办法是通过互惠条约而非结成联邦的办法来维系由海洋和血缘所界定的利益共同体。互惠条约将让帝国统一——这对打破孤立而言十分重要——的愿望与迫使新西兰牺牲其独立的愿望二者间的紧张关系得到解决。到1901年，新西兰的舆论制造者已经将"更为密切的经济关系"这样一个措施的前身视为体现和发展各种跨塔斯曼纽带的最佳途径。（参见第九章）在1906年最后一次前往澳大利亚的旅程中，瑟登为即将与澳大利亚首相阿尔弗雷德·迪金缔结的一个条约敲定了这样一些词语，他还与迪金讨论了联合反对英、法两国在新赫布里底斯所做的交易。然而，瑟登在返程的途中去世了。当时和现在一样，新西兰发现与澳大利亚进行合并是可以接受的，但由澳大利亚接管新西兰则是不可接受的。

相反，1901年6月，新西兰通过兼并库克群岛和纽埃岛的行动而表达了自己在太平洋中的诉求。在设想了一个代表英国而统治波利尼西亚的命运之后，新西兰的梦想便是获取萨摩亚。然而，英国的战略利益致使其同意德国在1899年获取西萨摩亚，作为交换，英国则占领了德属新几内亚（这让澳大利亚松了一口气）。新西兰必须获取众多小岛屿：1887年，新西兰取得克马德克群岛（Kermadec Islands），之后，作为围绕萨摩亚所达成交易的补偿，它又得到了库克群岛和纽埃岛（Niue）（自1891年开始，新西兰就为库克岛上的英国居民提供补给）。毛利议员也因为波利尼西亚人间的亲缘联系而支持这种举动，与此同时，岛屿上的酋长也赞同进行合并，但其条件便是，尽管他们也会丧失对土地的控制，但土地的权利却应该得到保留。

## 种族忧虑

太平洋日渐被视为防止亚洲人入侵的缓冲地带。到20世纪早期，亚洲已经取代了欧洲而成为想象中军事威胁的源头，这加深了殖民者对新西兰地理位置偏远和人口稀少等状况的担忧。为了让新西兰成为一个白人国家，成为一个更为优秀的大不列颠族群的家园，就必须将

"异己的种族"排除在外。社会达尔文主义的话语及不断伸缩的优生学运动强化了"国内防御"的政策。在 19 世纪 90 年代，新西兰的反华政策进一步强硬。1896 年，对中国移民所征收的人头税从 10 英镑激增至 100 英镑，对人口数量的限制也由每进入一个中国人需要运进 100 吨货物翻倍至每进入一个中国人须得运入 200 吨货物。1895 年，日本击败中国，它日益觉醒的力量同样也让人感到恐惧。尽管华人是"典型的异己"，在 1899 年，自由党政府还是将各种移民限制政策扩展到了所有非欧洲人的身上。

此种排他性并非仅仅是一个雅利安主义的问题；新西兰和澳大利亚的政策因帝国对中国、印度和日本的政策而复杂化。1895 年，自由党试图将印度人排除在外的努力失败了，因为印度人是英国臣民；在此之后的 1896 年，它通过了同样针对日本人和中国人的"亚细亚限制法案"（Asiatic Restriction Bill）。1896 年法案没有得到王室的认可，因为它与 1894 年的《英日商业条约》——该条约曾让昆士兰极为愤怒——相冲突。在此种背景之下，华人就可以被看作是 1896 年新西兰对所有"亚细亚人"实施无差别限制政策失败后的替罪羊。在面临伦敦非难的情况之下，大洋洲各殖民地不情愿地同意了帝国的一个妥协方案，同意通过使用听写测试的模式来将异己和"不受欢迎的人"排除在外。纳塔尔（Natal）就使用了这样的测试来限制印度契约劳工，殖民局的约瑟夫·张伯伦（Joseph Chamberlain）则建议使用此种设计来作为大洋洲将其共同的担忧与英国对外政策进行协调的手段。

因此，新西兰 1899 年的"移民限制法案"禁止不能通过英语语言测试的非英国或爱尔兰出身的移民进入新西兰。从公开的角度来讲，这种替代性政策较少冒犯日本和帝国王冠上的珍珠印度。直至 1944 年，新西兰才取消了向华人移民征收的人头税。从 1907 年开始，华人移民同样必须通过由海关关员进行评估的 100 个英语单词的阅读测试。1908 年至 1952 年间，即便是得到许可在这个国家生活的人也被拒绝授予公民权。

5.4　约翰·C.布洛姆菲尔德，"他们仍然前来了"，《自由作家》，1905年1月17日。被描绘为苦力的华人或日本人（对惧外者来说，他们没有区别）撑竿进入了新西兰，越过了得到人头税（尽管它让理查德·塞登总理感到懊恼）之助的移民限制的壁垒。

英国的全球性支配对各种关于盎格鲁—凯尔特人优越性的信念起到了支撑作用。尽管中国和日本文化的某些方面受到了仰慕，甚至还很时尚（如插图5.1中华人的灯笼），然而帝国主义的傲慢同样也认定其自身的文化同样是优越的。殖民者认为亚洲人将不适合于他们信奉基督教的民主社会。相反，他们的聪明可能对民主、民族团结和文明构成威胁。中国人寓居的传统受到了负面的解释；华人"就是不会同殖民地发展的主流保持一致"。在社会凝聚力及构筑社会认同被认为是建设强盛而年轻的新国家的关键之际，新西兰和澳大利亚都关闭了它们曾向亚洲敞开的门户。一些历史学家认为，"理想社会是华人的真正敌人"。不过，真是的情况依然是，对大洋洲新的殖民社会而言，培育白人特性仍然是创建血统的关键特征。无论这个进程被解读为殖民地民族主义抑或是"再殖民"，同时代的言辞宣告说，纯洁的民族就必须是白人的民族。要高人一等，就必需成为白人。偏处一隅的新西兰所感到的恐惧和它抱有的梦想都要求它尽可能成为白人和大不列颠的国度。

与此同时，日益紧张的国际局势将各殖民地拖入了英国的战争之中。多数殖民者都觉得他们和出自英国而分布于全球的亲戚朋友是联系在一起的；战争加强了对帝国的感情。战争是光荣的，是检验和证明一个是否具有男子气概的手段。1899 年至 1902 年的布尔人战争（the Boer War）是新西兰参加第一次世界大战前的一次排练，是一次"向同属我族及同在亲爱的祖国中的人们证明我们准备不惜一切代价地帮助他们"的机会。对英国的忠诚是无可争议的，像反战主义者威廉敏娜·谢里夫·贝恩（Wilhelmina Sherriff Bain）这样一些少数的持不同政见者则没有受到重视。一些毛利人渴望参战，然而在英国的命令之下，他们被排除在外。相反，忠于英国的人们则用他们的英文姓名进行登记并自愿参军。对于颇受欢迎的一本新西兰人及布尔战争史的女作家而言，这种热情表明了勇武的毛利人是白种人的兄弟，她为之而感动，并反诘道："存在着任何这样的记录吗？即，别的任何土地上的白人和棕色人种能够像新西兰人这样拥有兄弟般的情谊。"殖民地派遣了十个志愿军分遣队前往南非。志愿兵和马匹最先动身出发，他们得到了 4 万名狂热者的欢送；接着出发的是各省的分遣队；最后出发的才是政府分遣队。20 名学校女教师随同前往世界上最早的集中营进行教学，她们被昵称为"博学的第十一分队"（the Learned Eleventh）。

正如在后来的一些情形中一样，"帝国情感……掩盖了对新西兰长期利益的关注"。布尔战争加深了人们对种族退化的担忧，而太平洋沿岸的殖民者则对英日同盟感到十分紧张。1905 年，日本海军在对马海峡击败俄国，这戳穿了欧洲种族理论的谎言；"黄祸"在军事方面得到了体现。1905 年得以再续的英日同盟唯一让人感到慰藉的地方便是，它改变了英国在远东的战略地位。与澳大利亚相比，新西兰更多地指望得到英国的保护。为了维持英国作为大国的地位，像其他三个白人自治领加拿大、澳大利亚和南非一样，新西兰在 1907 年取得了自治领的地位，并被授予了自治的权力。新西兰借钱购买了一艘战斗

119

巡洋舰，并将其捐赠给了皇家海军；造价为 170 万英镑的英国皇家海军舰艇"新西兰号"在 1911 年下水投入使用。同样，新西兰在防务问题方面与澳大利亚进行着更为密切的合作。

与此同时，日本人所引发的危险潜流也促使新西兰和澳大利亚改变了对美国的态度。1908 年，应首相阿尔弗雷德·迪金和约瑟夫·沃德的邀请，"大白舰队"——即美国大众口中的格兰德舰队——的来访象征两国加入美国总统罗斯福的行列，为的是表明"这些殖民地是白人的国家"。

## 作为最佳移民的婴儿

随着战争阴霾的不断汇聚，人口政策从排斥非英国人抑或"不需要"的移民扩展为促进在新西兰出生婴儿的增长。新西兰自治领和国际社会一起进行呼吁，要求提高白人出生率和降低死亡率，特别是降低儿童的死亡率，因为在公众的心目中，儿童对帝国和民族的未来具有新的重要作用。在 20 世纪初，"我们的人口得到了最佳的补充，我们的空旷空间为我们人口的自然增长所填充；换言之，新生的婴儿是我们最佳的移民"是不证自明的。尽管政府、教会和医务工作者都大讲人口增长的好处，然而白人父母却令人担忧地加入到缩小家庭规模的国际潮流之中。人口出生率的下降及死亡率的降低共同推动着人口和卫生状况的演变，而这场演变是与性革命及家庭革命相伴发生的。健康白人孩子的价值增加了，随之而提高的则是对母亲的要求以及母亲的地位。

人口出生率的下降并非仅仅是"母亲的反叛"。伦理学者将其归咎于妇女的解放和高等教育，部分而言，他们是正确的；人口统计学家发现，女孩呆在学校的时间越长，她们生育的孩子就越少。在缺乏有效之生育控制方法的情况下进行有效的生育控制需要男人进行合作。一对对的夫妻们实现了将白种人家庭的小孩数量从 19 世纪 80 年代的六个减半为 20 世纪 20 年代的二至三个。普通新西兰人的选择和行为与殖民地女性主义者的信念有着更多的相似之处，其中，这些女性主义者的信念是，与官府的宣传相比，帝国和国家将从数量更少但质量却更高的儿童中受益。

1904 年，在新南威尔士人口出生率调查报告的支持下，瑟登进行了回击。他在报刊上发表了一个保护儿童生命的备忘录，从而发起了挽救儿童的公众改革运动。从 1905 年开始，瑟登手下的女性公务人员领袖格瑞丝·尼尔（Grace Neill）利用这一时机，在各个主要城镇建立起了一系列的"圣海伦斯医院"（St Helens Hospital）。她非常机灵地用瑟登出生地的名称来命名这些国有产妇医院。圣海伦斯医院既是按照 1904 年"接生员法案"的规定进行登记的新受训接生员的培训学校，也是值得帮助的人及"劳动者受人尊重的妻子"的妇产医院。受人尊重的工人阶级价值观念——它们受到了优生学影响——决定了包容的条件。1904 年，集医生和政治家于一身的 W. A. 查普尔（Chapple）发表了他的《不适合者的生育力》（*Fertility of the Unfit*）一书，在书中，他表达了对"不适合者"——穷人和堕落者——繁殖速度超过"适合者"的担忧。然而，就出生率而言，改革家们除了发表言论之外几乎无计可施，他们便立志于降低婴儿的死亡率。

当时，人们并不知道毛利人的婴儿死亡率要比白种人婴儿死亡率高三至四倍，因为 20 世纪 30 年代前毛利人的人口统计是不完整的。改革家们也不承认白种人的婴儿死亡率已经在降低了。当白种人的婴儿死亡率处于世界最低水平的时候，他们却强调死亡率太高了，似乎是要表明白人婴儿是多么的重要。1907 年，新西兰的志愿儿童福利社团首先在达尼丁出现；1908 年，又在克赖斯特彻奇和奥克兰出现。它象征着欧洲人健康的转变。虽然从理论上来讲毛利人可以加入普朗凯特协会（Plunket），然而从实践上来讲则是不可能的，因为它的中心主要在城镇，这让毛利人无法企及；与此同时，政府为毛利地区建立了独立的公共卫生护理机构。普朗凯特协会是在经济条件宽裕的人们中特别具有魅力的一次妇女运动的成果，它的这个为人们所喜爱的名称源于普朗凯特女士，该组织第二重要

（vice-regal）的资助人。该协会家长式的名义领袖是弗雷德里克·特鲁比·金（Dr. Frederic Truby King），他是一位优生学倡导者和"斯克利夫精神病院"（Seacliff Mental Asylum）的院长。在妻子贝拉（Bella）的支持之下，他开始了"帮助母亲并挽救孩子"的任务，以此来阻止种族的退化。该协会的首要目标就是"支持人体的神性和健康义务，灌输关于母亲责任的高尚观点，及每位母亲让自己响应母亲身份之自然召唤的义务"。

普朗凯特协会是一个国际性运动在地方上的体现，不过，它却因其在儿童福利方面"系统地开拓了卫生教育使命"而获得了声誉。第一次世界大战之后，帝国的妇女让特鲁比·金在帝国的热心人中出了名，同时出名的还有：为他撰写报刊文章的妻子、把他的演说辞翻译成澳大利亚语的养女玛丽、普朗凯特女士和她的帝国姐妹、特鲁比·金的护士长、那些在帝国贸易航线上按照他的配方进行日常喂养的母亲。同时，特鲁比·金将他的使命带到了伦敦，这也使得普朗凯特婴儿出了名，结果，在那些看重英帝国认同的人当中，按照特鲁比·金的方式养育的婴儿成为了一个榜样。在 20 世纪，普朗凯特协会发展成为了全国的偶像，它成为了新西兰是一个养育儿童好地方的象征，其原因就在于，在全国的想象中，普朗凯特婴儿开始代表着更好类型的大不列颠人。

1905 年成立的"全黑队"具体体现了新西兰希望拥有的后代的类型："宽大的臀部、深陷的胸腔、方形的肩膀和发达的肌肉"。在这一全国性的塑身及建国进程中，瘦骨嶙峋的婴儿成为了童子军。建立童子军的运动从早期的自愿者和学生军训队中迅速发展起来。到 1908 年末，也即是罗伯特·巴登—鲍威尔爵士（Sir Robert Baden-Powell）出版《男孩的童子军运动》一书的时候，新西兰已经拥有36 支童子军，它们大多数都驻扎在坎特伯雷。戴维·科斯格罗夫（David Cossgrove）曾在南非战争中遇到过巴登—鲍威尔，在巴登—鲍威尔的支持之下，戴维·科斯格罗夫这位图阿西维学校（Tuahiwi School）的校长组织起了新西兰的童子军运动，这一运动的宗旨在于通过户外活动而教导男孩们"和平公民权"的问题。该运动同样也训练男孩们的军事技能。图阿西维是纳塔胡人的定居点，作为一名军官，科斯格罗夫认识到了毛利武士的成规与童子军运动是兼容的。科斯格罗夫夫人则确保了女孩子同样也有着自己的女子和平童子军运动。随着 1909 年"防御法案"对强制性的军事训练的引入以及本土防卫军的建立，新西兰对青年进行了钢铁般地打磨，并准备"培养能够捍卫英帝国的爱国者"。

# 第六章 "肉身如青草"（1914—1929 年）

"我们在新西兰比在世界上任何其他的国家都更能为《圣经》中的句子'所有的肉身都有如青草，而所有的善举则犹如田野盛开的鲜花'找到理由"，1940 年，为纪念新西兰成立一百周年，《缔造新西兰》这本绘画概览开篇便对草场进行了这样的论述。对新西兰人来说，圣经的这种说法有多重含义，它涉及"生态帝国主义"、为英国生产食物及在战争中牺牲最优秀的年轻人等问题。

在帝国的食物链中，英国的草料被进口到新西兰，作为冻肉和奶制品，它们又被重新出口。从圣经中引用的词句表明，新西兰确实是一个奶与蜜之地。这一借用的词句同样也成为了一首在澳新军团节（Anzac Day）庆典之际吟唱的赞歌。新西兰不仅仅把帝国的草种加工成为血与肉，在第一次世界大战的西线战场及加利波利，它的优秀男人还纷纷为国王及国家而捐躯。

在 4 月 25 日澳新军团节这一天，新西兰人和澳大利亚人都要佩戴着虞美人（Flanders poppy），以他们共有但却各有特色的澳新军团传说来纪念这些作为"战地之花"的最优秀、最英勇的年轻人。他们始终牢记《在佛兰德斯战场上》（*In Flanders Fields*）这首诗歌。1915年，加拿大医生约翰·麦克雷（John McCrae）创作了这首诗歌，而第一次世界大战中的盟军各国纷纷对其加以改造：

在佛兰德斯战场上，虞美人随风飘舞

在纵深的战壕间，一行又行

它的所在即我们的战场；

天空中，

云雀依然勇敢地飞翔、歌唱，

透过下面的枪炮声，依稀可闻。

对新西兰和澳大利亚来说，加利波利和西线的战场为英勇而富有 124
牺牲精神的平民军人的故事提供了原型。创造神话有助于让人们接受
所遭受的可怕损失，这些损失在国内所产生的影响如此巨大，至今都
无法衡量。毋庸置疑，第一次世界大战是"新西兰经历中创伤最为深
重的事件"，它在"一代男人们的身体和精神上都留下了伤痕"。战争
消灭了一大批个子最高、身体最健康的"$A_1$"型男人，这些男人被列
入适宜于服役的行列之中。大约有五分之一的新西兰男人被派遣前去
保卫帝国，他们占整个人口的百分之十。在服役的 117000 名新西兰人
中（101000 多人在海外服役），17000 人战死。另外还有 3300 人在英
国和澳大利亚的军队中服役。伤亡十分惨重：人数超过 59000，伤亡
率为百分之五十九。几乎所有早期应征入伍并活了下来的男性都受过
伤，因此悲痛和创伤是深重而持久的。

通过将第一次世界大战和战后影响新西兰食物、健康和发展的历
史联系起来，就同样可以获得对其国家认同的了解。1907 年 9 月，新
西兰的名称和地位都发生了变化，它由一个殖民地转变为自治领，这
让它受到鼓舞。和澳大利亚、加拿大和南非一样，它也成为了英帝国
中与自治的、杰出的"白人自治领"。人们并不觉得国家与帝国、新西
兰与"海外的大不列颠"是彼此冲突的，因为他们具有殖民地民族主
义思想。对这个巨大的帝国主义大家庭中所有的兄弟而言，伦敦继续
就战争、和平和对外政策做出决定是势所必然的。新西兰参与第一次
世界大战是遵照依赖大不列颠力量的防卫政策的必然结果。

1914 年 8 月，当英国对德宣战时，保守党的首相比尔·马西（Bill Massey）保证给予英国其所期望的忠诚和迅速的支持，新西兰人也纷纷进行响应，他们积极地参加志愿军。政府召集了四支远征军。第一支军队在三天之内就召集了起来，之后这支军队便起航向萨摩亚进发，并于 8 月 29 日在那里登陆，在没有受到任何抵抗的情况下，他们控制了德属萨摩亚。这一迅速的反应体现了殖民政府长期以来是多么地贪羡萨摩亚。同样，它也表明英国恢复了指挥权，因为海军部指导着国土防卫军的调动，它还组织"澳大利亚号"（*Australia*）战斗巡洋舰对其进行护航。8 月 28 日，8000 人的军队主力已经准备前往埃及。但是，由于没有海军的护卫，这支远征军——一度是曾经离开新西兰的人数最多的军队——不得不一直等到 10 月份。这时，他们加入到了离开西澳大利亚海岸的澳大利亚帝国军队的运兵船中，并在这年年末抵达了埃及。帝国当局将这两支分遣队组合成了新西兰和澳大利亚师，该师和澳大利亚第一师进行合并组成了澳新军团（Anzacs），即：澳大利亚和新西兰军团，1915 年 4 月，它在加利波利登陆。

加利波利成为了民族神话中的关键事件，它标志着澳新军团传统的开始，它与甚至更为出名的澳大利亚澳新军团传说相类似，但却有着自己的特色。然而，从 1916 年开始，人数最多的一个师——新西兰师——主要是在法国服役，它遭受的损失最为严重。在西线的索姆河沿岸、在佛兰德斯的默西讷（Messines）以及在著名的伊普尔河（Ypres）的帕森达勒（Passchendaele），新西兰损失了 13250 人，几乎是在加利波利战死的 2700 人的 5 倍，它比新西兰在整个第二次世界大战中损失的人员还要多。

1915 年，加利波利登陆成为新西兰和澳大利亚历史上的分水岭，因为它是两国"后起之秀"的代表经受首次全球性的考验并证明他们男人气概的所在地。澳新军团表现出了公民的最高境界，士兵们经受住了战争的考验。在帝国林立的时代，这样的考验来自于欧洲的战场之中；由于加利波利所在的位置，在加利波利登陆的男人们被比作了特洛伊英雄。这次战役让新西兰和澳大利亚成为了澳新军团中的邻居，它既让两国与大不列颠联系起来，同时也让它们有别于大不列颠。加利波利的澳新军团展现了英国人最优秀的品质是如何在大洋洲开花结果的；在加利波利，这些男人们证实了战争的残酷和毫无用处。在现实以及传说中，他们都英勇地坚守阵地，不过，该战役最终还是失败了。

由于这些男人们首先在加利波利撒下了热血，它便成为了一个神圣的场所。大多数战死的人们都没有确切的葬身之处；他们的尸骨仍然被掩埋在土耳其的土地上。在 1915 年 4 月 25 日登陆后的一周年之际，澳新军团日便成为了一个重要庆祝和哀悼的日子。在军人当中，军队错误地在那里进行登陆的一个小海湾很快便得到了澳新军团海滩或澳新军团湾的名称。1985 年，为纪念该战役进行七十周年，土耳其正式将其重新命名为阿里博努滩安扎克湾（Ari Burnu beach Anzac Cove）。在实施此举的过程中，土耳其承认了该地的神圣地位，以扩大前往该地朝圣的澳大利亚和新西兰人数；同时这也加强了土耳其和澳大利亚及新西兰不断发展的联系，因为，越来越多的年轻人追溯着"他们先辈的足迹，以期重申他们自身的部分遗产"。

为了纪念 1915 年 4 月 25 日这一天以及那些在随后的冲突中服役和牺牲的人们，一个如此强大的传统被创造了出来，一些人甚至愿意将 4 月 25 日作为新西兰的国庆节。作为对公众心声的回应，澳新军团日在 1922 年成为了一个和星期日一样的全民假日和"神圣的节日"。它成为了"一个表达哀思的方式，而非一个歌颂战争的机会"；与此同时，它也是澳新军团精神的体现，对于一些悼念者来说，这种精神便是国家的核心。

澳大利亚和新西兰各自的传说相似的重要主题是勇气、忍耐力、爱国、战友间的情谊、幽默及面临可怕事情时举止得体等，所有这些都为两国间所具有的共鸣及他们所受到的尊敬提供了解释。对于忠诚的公众而言，第一次世界大战象征的是一次为他们所知道的世界而进行的战斗，一次为英帝国的生存因而也是为了文明的生存而进行的抗争。征兵人员恳请首批澳新军团为了"最伟大的事业，为正义、公道和自由"而战。因此，即使加利波利战役是一次失败，但它仍然是一次豪壮之举。从一开始起，加利波利大灾难便意味着牺牲：它是由本土社群为了自己的利益而做出的牺牲，是为了国家也是为了捍卫帝国，是为了大不列颠族群也是为了整个帝国大家庭。新西兰人认为他们证明了自己是优秀的人，一些英国现在对他们欠了情的人。1915 年出版的《新西兰阵亡将士花名册》（New Zealand's Roll of Honour）用英王乔治五世对"新西兰军队在达达尼尔海峡所展现出来的壮举和英勇，他们确实证明了自己不愧为帝国子民"的祝贺来减轻 103 页阵亡者照片的影响。

127　　　与成为澳大利亚偶像的是穿制服的恶棍不同，由拓荒农民转变而来的新西兰士兵的典型则是绅士。至少有澳大利亚人在场的时候他们看起来像一名绅士，他的长官鼓励他"以整洁的着装和严肃的举止而表明两支军队间存在着巨大的差异"。他是奥蒙德·波顿（Ormond Burton）《沉默之师》（The Silent Division）中描绘的文静的新西兰人。作为澳新军团中人数较少的一个合作伙伴，新西兰人将自己界定为既不同于澳大利亚人也不同于都市英国人的战士。澳大利亚人和新西兰人共同的澳新军团认同又使他们在力量、主动性和足智多谋方面不同于英国的士兵和他们的长官。在法国的各条战壕中，澳新军团也开始将自己描绘为"挖掘兵"（digger）。"澳新军团"已经是一个更加正式、严肃和与众不同的称号，"挖掘兵"则是一个非正式的用语，它反映了新西兰先锋营和工程兵在挖掘战壕和隧道方面的技巧，同时也反映了着他们拥有共同的堑壕战经历和及共同的殖民遗产。"挖掘兵"是"战友"，一名在佛兰德斯的士兵写道：

> 挖掘兵和朋友，伙伴与密友——
> 谁说一个名称没有含义？

与此同时，在战争开始时期被称为"汤米·福恩里夫"（Tommy Fernleaf）的新西兰士兵到 1917 年已经被称为"几维"（Kiwi），这体

现了人们已经意识到了他的不同。一如澳大利亚学者肯·英格利斯
（Ken Inglis）解释的那样：

> 在整个澳新军团中，至少挖掘兵都分别被称为"澳洲人"
> （Aussies）和"几维"：战争赋予了这两个南方自治领的公民两个
> 不同的词语，这两个词语将他们与来自大都市的英国人区别开来，
> 这是显示两国具有不同民族性格的又一组信号。

在20世纪80年代，历史学家再次使用澳新军团传说，此种传说
与新西兰无核化立场保持了一致，但却对其美国盟友提出了挑战，而
且，它也体现了新西兰与其在"太平洋共同防卫组织"（Anzus）中的
另外一个伙伴澳大利亚的不同。在此种有意识地伸张一个国家独立立
场的背景下，对独特性的强调得到了市场。（参见第九章）历史学家
开始更加重视这些士兵的经历，并以此来纠正传说的官方版本，这种
版本对优秀的英国殖民地类型及伟大牺牲的荣耀进行了赞扬。澳新军
团的幸存者只是到了老年，在他们临死之前才讲述他们的经历；战场
上的杀戮是如此的可怖，他们试图将其终身禁锢在记忆之外。"大兵" 128
的叙述同样将笔墨集中在他们所做出的牺牲之上，不过他们的目的却
是全新的，他们希望借此来铭记士兵们所忍受的恐怖战争。军事史家
克里斯·帕格斯利（Chris Pugsley）和小说家摩里斯·夏德博特
（Maurice Shadbolt）都决定将发言权交给加利波利的老兵，让他们来讲
述那里究竟发生了什么事情。那就意味着要将1915年8月8日新西兰
人对乔鲁克拜尔（Chunuk Bair）实施的突袭置于"新西兰加利波利经
历的中心"这样一个位置。

在剧本《曾经登临的乔鲁克拜尔》（*Once on Chunuk Bair*）中，
夏德博特同样也为这些士兵创建了一个鲜活的丰碑，以铭记新西兰人
的经历，这种方式和彼得·威尔（Peter Weir）的电影《加利波利》
讲述澳大利亚人在"孤松"（Lone Pine）和尼克山谷（the Nek）的经
历一样。（夏德博特1982年的剧本在1991年被改编成了电影）它的主

旨就是要对澳新军团中的"新西兰人"("NZ")进行强调。在这种诠释中，澳新军团日是澳大利亚的重要日子，因为在 1915 年 4 月 25 日拂晓之前，澳大利亚人首先登陆，而新西兰人则是从上午 9 点开始进行登陆；"新西兰人发挥作用的时间要晚一些"。与此相反，夏德博特和帕格斯利声称 8 月 8 日才是新西兰人的重要日子，在这一天，他们丢弃了自己的懵懂无知。在乔鲁克拜尔之战后，新西兰士兵对形势和英国人感到大为失望，正是在此次交战之后，"几维"的战士们意识到了自己的不同。惠灵顿步兵营"无畏的丹"（Daredevil Dan）库哈姆（Curham）在 88 岁高龄时回忆说，当土耳其人重新占领乔鲁克拜尔峰时，"整个战事全完了。从那时起，我们便知道几乎没有希望在半岛上获得胜利，所有的辛苦都白费了"。

乔鲁克拜尔之战产生了它自己的英雄，那便是领导八月攻势的 W. G. 马隆上校（Colonel W. G. Malone）。通过拒绝执行他认为是自杀式的命令，运用所掌握的卫生知识治病救命以及覆盖战壕而从机枪的射击中挽救生命，马隆让他的战士受到了鼓舞。正是马隆率领惠灵顿营的 760 人及一些毛利人占领了乔鲁克拜尔，并在那里坚守了 36 个小时。惠灵顿营的战士们已经可以望见他们的最终目标达达尼尔海峡了，但英国人对他们的救援却为时太晚。新西兰人所不知道的是，马隆不是死于土耳其人的枪弹之下，而是死在盟国的炮火之中的。更为糟糕的是，他还成为了英国人的替罪羊。于是，乔鲁克拜尔的故事就等同于一份独立宣言。

十分具有说服力的便是，从 1916 年开始，新西兰师采用了"柠檬榨汁器"（Lemon Squeezer）形状的有边帽子，这种帽子在第二次世界大战中成为了标准的头饰。此前，新西兰人得到的训令是戴英式尖顶帽。"柠檬榨汁器"形军帽有四条独特的凹槽，这种设计是为了让雨水能够从帽子上滴落下来。它开始是作为惠灵顿军营马隆团第十一塔拉纳基步枪班的头饰。我们可以将这种军帽的使用解读为军服历史上的一个里程碑，它表明，在士兵的心目中，在这些人当中出现的新西兰认同确实是与马隆及乔鲁克拜尔联系在一起的。

作为第一毛利分遣队的成员，毛利武士的英雄在乔鲁克拜尔证明了自己；同样，他们在法国的突击中也证明了自己。同时，作为雅利安毛利人，他们代表的是大不列颠武士和具有骑士风范的基督教战士。不过，他们同时也沿用了战神图马陶文加（Tumatauenga）的传统。毛利人向英军最高司令部证明，作为战争中的作战部队，"土著人"也可以有不俗的表现；他们同时也向白种人表明他们是应该获得平等地位的。彼得·巴克博士（Dr Peter Buck）（即：特—兰治·希罗阿，Te Rangi Hiroa）、阿皮拉纳·纳塔（Apirana Ngata）、毛伊·波玛尔博士（Dr Maui Pomare）及塔埃尔·帕拉塔（Taare Parata）这四名议会中的毛利议员与詹姆斯·卡罗尔爵士（Sir James Carroll）一道，决心为此目的而训练毛利分遣队，他们通过模仿先辈武士而证明毛利人的平等地位。1915 年 7 月 3 日，毛利分遣队在安扎克海湾（Anzac Cove）进行登陆，巴克对此曾表达了与白种人相同的情感："我们的脚步踏上了一个遥远的地方，在这里，我们为自己所属帝国的事业而抛洒热血"。1917 年 9 月，尽管突击营的数量有所下降，它还是成为一个完整的毛利人单位，即，新西兰（毛利）先锋营，其中还包括 200 名纽埃岛居民（Niueans）及库克岛居民（Cook Islanders）。

## 在佛兰德斯战场上

西线是战死人数最多的地方，但它却不是传奇故事产生的地方。在这里，新西兰师的侧翼分别是英国和澳大利亚的部队，他们陷身于泥泞的法国和比利时，并经受了恐怖的沟壕战。在 1916 年 9 月的索姆河战役中，他们对德军的战壕发动了攻击并获得成功，不过，一些单位却损失了 80% 的人员。在得到志愿人员和应征入伍的士兵的补充后，1917年 6 月，新西兰师又在默西讷（Messines）进行战斗，并再次取得成功，但却同样损失惨重。1917 年帕斯尚尔战役（Passchendaele）的故事尤其重要，其原因在于，在这里，在 10 月 12 日这个 "黑色星期五"，W. K. 威尔逊（W. K. Wilson）中士在他的日记中记录道，"我们的伙计和澳洲人在 5 点 30 分便爬出了战壕，但实际上却

130

6.1 "一排接一排",利杰森托克(Lijssenthoek)军人公墓,比利时的第二大新西兰公墓,2004年6月6日。

被分割成一块一块的"。帕斯尚尔战役至今仍然是新西兰最为糟糕的军事灾难。戴维·加拉赫(David Gallaher)这位1905年全黑队的队长也在进攻中牺牲。尚在进攻开始之前,战士们便知道进攻毫无成功的希望,因为不仅铁丝网没有被剪开,而且他们还是在缺少炮火支持的情况下冒雨在泥泞中发动的进攻。高级指挥官们没有从早期取得的成果中吸取经验,那即是必需要为步兵提供压制德军机枪的炮火支持。

难怪新西兰师的士兵们将他们的弹仓(magazine)称为"炮弹振荡"(Shell-Shocks),而比利时境内的泰因河床(Tyne Cot)则成为"联邦战时墓葬委员会"(the Commonwealth War Commission)管理下的最大公墓。一方面,当战争造成的精神创伤让士兵们不再有能力谈论技术战争所造成的恐怖,以及战友受到轰炸、毒气攻击和陷入泥泞之中的恐怖,像插图6.2这样一些具有艺术倾向的揭示性漫画则表明,士兵们幻想可以因轻伤而成为病人,从而来到英格兰,并受到新西兰

131

6.2 A. 茹尔：《"置身英国本土"，我们幻想的一件事情》。

护士的照料。与认为压制他们的经历不利于健康的心理分析观点相反，现代精神病学的观点认为，澳新军团对炮弹振荡的治疗方法，即，休养、酒精或毒品与继续战斗相结合，有助于减缓士兵受伤之后的压力。1916 年 9 月，当 23 岁的上尉 H. S. 特里梅万（H. S. Tremewan）在索姆河战役中被击中后，他的连长写信给他的母亲说：

> "他决心实践的那个高标准永远都不会降低，积极而艰辛的军旅生活不仅对他毫无损伤，实际上，这只会更加坚定他过正直而受人尊敬生活的决心，如果你知道这些，那您就会感到巨大的安慰"。

文本的潜台词所暗示的不是压制，而是坚韧、过"受人尊敬的生活"并蔑视艰难困苦。

6. 3. 1　P. P. 塔希维上尉，斯
林军营，1916 年 7 月。

6. 3. 2　"青年基督教会"的
M. 米尔雷夫人和 H. S. 特里梅万上
尉，斯林军营，1916 年 7 月。

132　## 国内战线

对成千上万像玛丽·特里梅万这样的妇女来说，战争就意味着要做出牺牲，意味着要献出自己儿子的生命。在她儿子的葬礼上，牧师安慰她说："他的生命是一位信奉基督教的母亲的宝贵遗产"。一些母亲失去了不止一个孩子，一些母亲则失去了所有的孩子；人们认为伟大的牺牲应该包括母性的英勇牺牲。战争的支持者（大多数人）将士兵的母亲比作莎士比亚戏剧《科里奥兰纳斯》（*Coriolanus*）中的佛露尼娅（Volumnia），佛露尼娅表示，如果她拥有 12 个孩子的话，她"宁愿 11 个孩子都壮烈地为国牺牲，而不愿让一个孩子过骄奢淫逸、饱食终日而无所用心的生活"。作为一个来源于有关耶稣之母玛丽亚的古典神话的理想，它灌输了一种信念，即：所有母亲的儿子都应该经受对男子汉的同样考验，所有的家庭都应该分担悲痛的重负。因此，

大多数新西兰妇女都支持征兵制度，以确保所有的人都做出同等的牺牲，并分担痛苦，这样，一个家庭中所有儿子都牺牲或身受重伤而另外一个家庭则没有一个孩子死亡或受伤的情况则不会出现。事实上，几乎每个家庭都遭受了损失。

与澳大利亚人不同，新西兰在1916年11月便实行了征兵制，目的是为了重建索姆河战役之后实力遭到严重削弱的新西兰师。自此以后，新西兰师的增援部队都是由志愿兵和应征入伍士兵混合而成的。澳新军团中的澳大利亚军队在整个战争中依靠的都是志愿兵。澳新军团中新西兰部队和澳大利亚部队间的这种对照对他们各自传说的主旨都产生了影响。由于没有应征入伍的士兵，澳大利亚人的传说更多地是歌功颂德，并更具有军国主义的倾向。另外一方面，通过推行英国模式的征兵制，新西兰则表现得对帝国更为忠诚；与此同时，它的传说则拥有一种更加悲伤和抑郁的情调，它更为强调对战争中死亡人员的悼念。征兵制在国内战线中同样产生了各种不同的结果。征兵制促使新西兰工党在1916年诞生，而在澳大利亚，对征兵制的否决则导致了工党的分裂。

反对征兵制并不等于是一种反战情绪，虽然这两种不同的情绪是彼此重叠的。少数拒服兵役者（conscientious objector）拒绝进行战斗，他们宁愿蹲监狱，其原因就在于，他们拒斥战争和杀戮，认为那是不道德的。他们信奉的主要是一些爱尔兰的、社会主义的、教友派的或基督教原教旨主义的忠诚观念。在提倡各个阶级做出同等程度牺牲的西海岸矿工和赤色邦联主义者（Red Feds）中，不同意见是好斗的。一个激进的左翼和平传统的代表们包括了在工党组建过程中发挥了关键作用的工联主义者以及工党政治的领袖，如，未来的首相，来自维多利亚的M. J.（米奇）萨维奇（M. J. Savage）以及苏格兰移民彼得·弗雷泽（Peter Fraser）（参见第七章）。阿奇柏德·巴克斯特（Archibald Baxter）是诗人詹姆斯·K. 巴克斯特（James K. Baxter）的父亲，他同时也是海伦·康农（参见第四章）的女婿。在妻子的鼓励之下，他撰写了《我们决不停息》（*We will Not Cease*）一书，在20

世纪 60 年代该书重新发行之际，它才开始出名，在这一时期，该书所宣扬和和平主义思想吸引了一代反对越南战争的抗议者。

特定的伊维和哈普忠诚确保了一些毛利人是和平主义者。19 世纪的新西兰战争造成了为支持王室而战的各部族与为反对王室而战的各部族间的分裂。尽管像特阿拉瓦和纳提珀柔这样的友好部族为先锋营提供了志愿兵，而毛利王运动则声称它的手下不应参见战争，而且，他们确实也没有参加战争。它的领袖毛利王塔维奥（King Tawhiao）的孙女特·普娥娅公主（Princess Te Puea）反对毛利议员支持战争。在对为国王和祖国而征兵的号召进行回应时，她驳斥说："我们已经有了国王，但我们却还不曾拥有祖国"，原因就在于，她的泰努伊族邦联被不公正地没收了大部分土地。1917 年，政府实施了惩罚性的征兵制，并只把泰努伊族包括在其适用范围之内，而没有包括其他伊维，然而，怀卡托人却对此进行了抵制并取得了成功。同样，在偏远的乌雷威拉（Urewera），特·库提虔诚的继承人先知鲁阿·柯纳那（Rua Kenana）反对志愿兵制。他遭到了逮捕，开始受到非法贩酒的指控，接着又被控以莫须有的煽动罪。因为蔑视政府，他一直被监禁到1918 年。

与拒服兵役者意气相投的女性和平活动家们借用对母亲职责的信念来进行抗议，她们声明，母亲们给这个世界带来生命，其目的并不是要为资本家提供炮灰。她们的任务是促进和平与仲裁。她们养育儿子的目的不是要让他们杀戮其他母亲的儿子。1916 年成立于克赖斯特彻奇的"国际妇女和平与自由联盟"（the Women's International League for Peace）主张，作为"世界之母"，她们担负着从事活动以结束武装冲突的全球责任。

一些妇女希望志愿前往海外服役。尽管有两名女医生穿上了军装，她们分别是爱格妮思·班尼特（Agnes）和伊丽莎白·古娜（Elizabeth Gunn），但多数冒险到最靠近前线地方的女性都是护士，其中，600 多人在海外的战地医院和医疗船上服役。克赖斯特彻奇医院的纪念性小教堂是新西兰唯一的一座一战护士纪念堂，它的建立是为了纪念 1915

年10月"马凯特号"（*Marquette*）沉没时遇难的3名当地护士。在这次灾难中，10名新西兰护士遇难，同时遇难的还有19名医生和23名澳大利亚护士。妇女们将自己的任务限制在非战斗性的母性角色范围之内，她们加入了各种爱国组织，通过各种展览会和音乐会筹集资金，并向战士们提供"慰藉"。在她们从事的所有爱国主义工作中，最具有象征性意义的就是针织活动；对妇女而言，一双双织针代替了刺刀。《女士针织手册》（*Her Excellency's Knitting Book*）声称："男人们出发前去参加战斗，妇女们则在家中等待并从事针织"。

总督的妻子利物浦女勋爵（Lady Liverpool）领导了妇女们在战时所从事的各项努力，她担任着各种妇女慈善组织的领导人和资助人的社会角色。在一个体现国内战线也存在平等的姿态中，利物浦女勋爵和毛伊·波玛尔博士（Dr. Maui Pomare）（爵士）的妻子、毛利人征兵委员会主席米利娅·波玛尔（Miria Pomare）（后来的波玛尔夫人）共同建立了"利物浦女勋爵和波玛尔夫人毛利士兵基金"（Lady Liverpool and Mrs Pomare's Maori Soldiers' Fund），并向新西兰（毛利）突击营发送包裹。

作为母亲，妇女在私人和公开的纪念活动中作为送丧人而发挥了特殊的作用。1925年，《新西兰先驱报》（*New Zealand Herald*）在追悼战争死亡人员的时候，对"那些在新建战时纪念碑前放置花圈的家庭'让他们自己的战士不断地受到纪念"的行为大加赞赏。作为唯一载有地区阵亡战士名字的地点，地方战时纪念碑成为城镇或地区悼念人们失去儿子的地方，他们葬身于如此遥远的地方，许多人的坟穴甚至不为人们所知。由于新西兰社会的流动性，一个人的姓名可能会出现在他出生地和地区主要城镇的多个纪念碑上，这加深了社会对他们的纪念。一项调查表明，一共存在366个这样的城市纪念碑。

多数澳新军团纪念碑都是由石头修建而成的。它们通常位于橄榄球场，大约百分之三十五的纪念碑都仅仅是一些方尖石碑，而百分之十七的纪念碑则为拱门或门柱。在百分之十的纪念碑顶部则镌刻着"挖掘兵"的徽章。除了个别的例外情况外，纪念碑上仅仅镌刻阵亡

135

者的名字，这不同于澳大利亚的纪念碑，因为澳大利亚的纪念碑不仅纪念阵亡的人们，它们对仍然活着的人们也加以纪念。在奥马努（Oamaru），居民们从1919年开始种植纪念性的橡树，以让他们对孩子们的纪念犹如绿树一样常青。橡树是一种帝国的象征，但它又具有个人的性质，而且是与道德品质和道德的再生相联系的，它把各个地区的孩子们当作"战地之花"而加以纪念。无论是以石头还是以橡树作为纪念，它们所乞灵的想象共同体仍然都是帝国和国家。

## 修复战争损耗

战争不可避免地强化了人们对生命神圣性的强调；众多新西兰青年人的英年早逝和普遍存在的悲伤再次证实了生育以及健康的价值，并让小孩和母亲受到了更多的关注。1919年，特鲁比·金博士（Dr Truby King）在从伦敦返家的途中，应澳大利亚总督的妻子、普朗凯特女勋爵（Lady Plunket）的妹妹芒罗·弗格森（Lady Munro Ferguson）女勋爵之邀前往澳大利亚，他发表演说指出，"战争造成的男人和女人的巨大损耗以及婴儿生命的损耗都必须得到弥补"。他以帝国主义性质的言辞抑扬顿挫地指出，作为母亲，妇女担负着"修复战时损耗的"公共职能，那就是生育更多的婴儿，并防止婴儿死亡。对妇女而言，爱国主义就等同于为母之道。战争同样也让优生学所担心的种族退化问题再次成为迫切的事情，因为军队体检暴露出新西兰人身体不适的程度相当高。新兵受到评估，看他们是合于海外服役（$A_1$）呢，还是不适合于海外服役（$C_2$或$C_3$），这些指标为战后的优生学家提供了对孩子进行分类的范畴。

于是，第一次世界大战将母亲和婴儿推上了公共议程，并促进了"女孩和妇女对国家和帝国都拥有成为母亲的义务"这一观念的发展。普朗凯特协会完成了自己份内的事情：新西兰版本的国际婴儿福利运动制订了自己的健康使命，并在战后进入了扩展的时代；特鲁比·金博士和他的支持者夸耀说，他们促使婴儿的死亡率从本已很低的水平进一步降低。在婴儿福利方面，他们帮助新西兰成为了世界的榜样，原因就在于，新西兰拥有最低的（白人）婴儿死亡率，这为其他国家树立了仿效的榜样。在其他地方，我曾主张，在降低婴儿死亡率方面，母亲们应该受到更多的赞扬；更为准确的理解应该是，婴儿福利运动的兴起是对生育力下降和死亡率下降作出的回应，而不仅仅是它们的原因。同样，普朗凯特的研究者曾推断说，"到 20 世纪 20 年代，随着存活率提高，家庭规模变小，母亲们在抚养孩子方面投入了更多的时间和精力。她们是一些希望听取'现代'建议的'现代'妇女，她们转向护士寻求指导、支持和消除疑虑"。

事实上，特鲁比·金本人对婴儿知之甚少；正如他的对手敏锐地指出的那样，他是一名精神病学家，而不是一名儿科医生。1919 年至 1931 年间，他的十次（或更多）赴澳访问每次都引起了这样的批评。一位上了年纪但却拥有应付新闻采访天赋的新西兰医生挑起了澳大利亚人就婴儿喂养方法的各种爱国主义思想间的冲突，这表明，在第一次世界大战之后，白人婴儿在政治方面是多么的重要。在 20 世纪 20 年代，新西兰和澳大利亚相互角逐健康实验室的头衔，这一如他们在体育方面相互竞争一样，目的是为了显示他们拥有最高大和最为强健的澳新军团式的身躯。特鲁比·金的澳大利亚之行证实了他真正的历史意义在于他是一名宣传家。他将母亲和婴儿纳入到政治议程之中，这既是靠他的谩骂攻讦，同时也是他四处呼吁的结果，这提高了有关儿童对帝国和国家价值的政治和公众意识。这样一些热心的人物在成就事情方面往往能够发挥作用，不过前提是他们不逾越界限和发生两极分化或者是变得疏远起来。

为了要让人们看到它正在促进儿童生长，政府不得不改革公共卫生并扩大教育机会。战争的浩劫成为了一种催化剂，但这一催化剂并不足以撼动政治家。直至 1918 年，全球性的流感大流行才加速了新的《卫生法案》的通过。事实表明，这场流行感冒是新西兰最为严重的自然灾害。从世界范围来讲，这场流行病夺去了至少 2500 万人的生命，这是估计中战时死亡人数 1000 万的两倍多。十分具有悲剧意味的是，流感对年轻成人打击最为深重，其中，它对男性的打击又较女性

137

深重，而且它主要是在年龄为 25 岁到 45 岁的人们中间爆发。这是一群受战争伤害最深的人们。与此同时，白种人不知道的是，毛利人是世界上流行感冒死亡率最高的的人群之一，当时欧洲人的死亡率是千分之五点八，而毛利人的死亡率是他们的七倍。其中，新西兰管理下的西萨摩亚是死亡率最高的地区，这里五分之一的人口都死于这次流感之中。相比之下，美属萨摩亚则因为实施了严格的隔离措施而没有受到感染。

1920 年，新西兰因为战略方面的考虑而接受了国联对萨摩亚的委任统治。一如很少受到惠灵顿帮助的军事管理者们所建议的那样，萨摩亚在很大程度上继承了战前德国的政府体系。然而不幸的是，流感给新西兰在萨摩亚的统治带来了不胜任的声名，加上他们缺乏对当地的了解，而且还存在种族偏见，这加剧了当地人对他们的不信任。

显然，新西兰必须改革它对流行疾病的应对策略，而防止这些流行疾病是公共卫生的首要目的。公共卫生部（Department of Public Health）设立于 1900 年，在经过结构调整后，1920 年，它将工作重心由环境、污水处理和医疗卫生扩展到人以及个人健康服务等方面，其中，个人健康服务主要是以儿童这群未来的公民为对象。更名为卫生部后，这一现代化的部门拥有七个局（division），它们覆盖了儿童福利、学校、口腔卫生和毛利人卫生等领域。即将就任的儿童福利局局长特鲁比·金向卫生部部长建议说，他的使命至少包括"从生理、精神和道德方面改良种族"。

在 20 世纪 20 年代，"国民的健康就是国家的财富"成为人们熟悉的口号。特鲁比·金脾气暴躁，而且已经过了退休的年龄，他仅仅短时间地主管着儿童福利政策，此后，在 1925 年，儿童福利政策便被交回到了教育部。欧裔幼儿和学龄前儿童的健康仍然掌控在普朗凯特协会的手中。通过对出身中产阶级的正直人们的阶级吸引力，这个接受政府补贴的志愿组织发挥了广泛的影响，而他们对该组织的接受则常常因帝国信念而加深。在 20 世纪 20 年代，该组织赢得了商人妻子、市长夫人、多位首相和他们夫人的支持，其中就包括马西一家（the

Masseys）、J. G. 科茨和马乔里·科茨（Marjorie Coates）。与此不同，卫生部则将其注意力放在学龄儿童身上，它希望建立一个从入学之初至服役年龄阶段的完整健康记录。

20 世纪 20 年代，露天学校在新西兰经历了黄金时期。露天学习的概念源于德国，目的是让患有结核病的儿童接受阳光照射并吸收新鲜空气。实施证明，大风是一种挑战，例如坎特伯雷地区猛烈的西北风，而且在冬天，大风往往是冰冷刺骨的。在这一时期，穷孩子往往赤着脚步行或骑马上学，小男孩们没有袜子穿，也没有内裤穿。1912年，在教育部的主管之下，学校医疗检查才姗姗来到。1921 年，在校医转属卫生部之后，他们主要针对有毛病的牙齿和扁桃腺来检查儿童是否感染疾病。伊丽莎白·古娜博士胸前佩戴着一块块战时荣获的勋章，她吓唬所在地区的小孩子们说"给我们看看你的瓦罐"。操练使用牙刷成为这个时代军国主义思想的缩影。整个国际范围内都关注通过教育来防止疾病，并通过孩子来影响父母。然而，人们因新西兰可能存在着喂养不良、满口蛀牙的儿童而感到惊恐的状况却日益加剧。政府官员们不原意承认贫穷的存在。对"丰饶的自然资源"的信念要求展示新西兰儿童比英国儿童更为健康。在这样一个农业国家里，怎么可能发生儿童吃不到足够多的肉、蔬菜和奶制品的情况，又怎么可能出现儿童饮用的奶是常常是炼乳的情形呢？一些校医和教师已经开始在学校里试用牛奶。

瘦弱的儿童发现自己被送往保健营地（health camp）去增加体重，去批着防水油布进行阳光浴，为的是把皮肤晒黑。一个贴切的、与农业相关的比喻把握住了这场运动的目标，即"催肥人畜"。其优生学的含义是清楚的。1919 年 12 月，在旺加努依（Wanganui）附近的一家农场中，古娜（Gunn）这位直爽的优生学家用军队使用过的帐篷建立了第一个保健营地。1922 年，一份关于保健营地的描述说明了当代人的态度：一个当地的农场在"……催肥较其此前曾经催肥过的任何家畜都更为珍贵的动物……因为那里有 95 名男孩和女孩，他们生活在帐篷之下，享受着健康的生活和新鲜的空气……一些漂亮而又亲切的

139

6.4  饮用更多的奶，健康班，1926 年。

小男孩和小女孩，他们的胳膊和腿犹如火柴棍般纤细"。他们所有的人都体重过轻。然而，在经过保健营地的阳光浴后，"一些人看起来更像 $A_1$，而不像 $C_3$。他们脸色红润，皮肤晒得黑黑的"。

1927 年测量的学童要比英国儿童高和重，他们尤其要比澳大利亚儿童高和重。这为"新西兰应该成为英国族群完美的托儿所"这一信念增加了让人满意的内容。在 20 世纪 20 年代，当政府官员们将自治领作为英国农场而加以推销时，为了给这个国家赢得它是塑造强健身体的最佳地方的声誉，以保健运动来配合为向英国出口的主要产品所做的宣传是符合逻辑的。在国家神话中，塑造儿童、帝国和国家占据了中心地位，因为新西兰在为帝国防务而生产士兵、食物和服装以及原材料方面显示出了威力。

第一次世界大战之后，在对国家效力的关注中，产妇死亡成关注的中心，因为分娩时的死亡损害了人口需求的核心问题，即对更多婴儿的需求。起初，由于国际上发表的关于新西兰拥有继美国之后第二高的产妇死亡率的统计数字让新西兰感到惊恐，它在 20 世纪 20 年代发起了产妇安全运动。不用说，这种状况是让人尴尬的，而且是与让人引以为傲的世界最低婴儿死亡率（不包括毛利人）纪录不相称的。

140

1923 年，在奥克兰的一家私人妇产医院，五名妇女死于产后败血症（血中毒）。公众的抗议风暴迫使当局成立了一个调查委员会。受优生学运动的影响，人口政策为政府参与妇产事业提供了理由。

20 世纪 20 年代，围绕分娩管理的责任问题而在医生和接生婆间爆发的争论为研究国际趋势提供了又一个案例。在新西兰，接生员制度得到了部门医疗顾问的支持，这些顾问同样能够用统计数字来表明，接生员的接生更为安全。家庭开业医生日渐向家庭中刚出生的成员提供帮助，1924 年，卫生部发起的"安全分娩"运动促使普通的开业医生进行了制度化的回应，从 1927 年开始，与丈夫一起在塔拉纳基斯特拉特福德（Stratford）行医的桃瑞丝·戈登医生（Dr. Doris Gordon）将这些开业医生组织成为"妇产协会"（the Obstetrical Society）。普通的开业医生否认了是他们"爱管闲事的接生术"造成了产妇高死亡率的指控。相反，他们断言，文明使得分娩成为病理学的内容，分娩不再是一个应该留给接生员处理的正常进程，医生服务的质量更高，这正好是因为它们的服务更为昂贵、更加现代化和更科学。20 世纪 20 年代，随着新的公立妇产医院和病房的开业，新西兰的分娩地点由住宅转移到了医院。安全分娩运动实现了其让产妇死亡率与其他国家保持一致的目标，其手段是通过进行更好的照料和培训、严格的无菌操作，对众多同时开设产科和手术的私人混合医院进行改革。在 20 世纪 30 年代硫胺类药剂和 20 世纪 40 年代的抗生素出现之前，从 1927 年开始，产后败血症的发生率下降了。由于护理人员的素质在分娩的过程中至关重要，护理水平和清洁程度的提高便挽救了生命。

从 20 世纪 20 年代开始，"新西兰母亲协会"（the New Zealand Mum）得到了承认。从政治方面来讲，妇女运动获得了成功。酒馆六点钟打烊的习俗从 1917 年开始一直保持到了 1967 年。不管男人们是喝醉了还是在寻衅滋事，这种制度都能够确保他们回家吃晚饭。公众酒吧成为只有男人才能够进入的地方；酒吧女招待遭到禁止。来自复兴的"全国妇女理事会"（National Council of Women）的压力为妇女赢得了立法上的好处；1919 年，妇女得到了可以成为下院候选人的许可。不过，妇女仍然不能被任命到上院，即"立法委员会"（Legislative Council）。当健康成为审美目标，一个女人如要漂亮，她必须健康，并符合"健康"优生学和人种方面的理念，这即是将来成为妻子和母亲。1926 年，继"美国小姐"和"澳大利亚小姐"之后，"新西兰小姐"为健康丽人确立了标准。具有重要意义的是，已婚妇女也可以赢得"新西兰小姐"的头衔。

发展的当务之急为包括移民政策在内的所有团体政治（body politics）注入了活力。1920 年的一项修正法案确立了未经宣布的白人新西兰政策；任何非英国或爱尔兰血统或出身的人都被排除在外，而非任由海关部长处理。白人新西兰政策针对的是华人；他们是唯一一个受到系统排斥的群体，而且被认为是民主理想的威胁。已经来到新西兰的印度人——古吉拉特人（Gujarati）——的妻子和儿女获得了承认，这表明了婚姻对理想市民资格的重要性，这一市民资格得到延伸以接受包办婚姻，目的是为了获得这一廉价的殖民劳动力。英国移民是借"1922 年英国帝国定居法案"（the British 1922 Empire Settlement Act）而抵达新西兰的，该法案授权对前往白人自治领的旅程进行资助。该法案的目的群体是单身的农业劳动力、已婚夫妇、十多岁的年轻人和家庭佣工，在很大程度上，这是与 19 世纪 40 年代的情形相同的。

到 20 世纪 20 年代，新西兰人更多地居住在城镇而非乡村。在主要城镇的外围，郊区迅速地发展，公路上的汽车比以前多了一倍。加利福利亚式的平房作为人们所需要的低成本房舍而取代了城郊小屋：承建商对加利福利亚规划手册上的设计进行改造，并辅之以英国的艺术和工艺装饰。城郊地区进行扩张的驱动力来自于国家抵押贷款。马西的改革政府延续了自由党向劳动者贷款的政策，向劳工和退伍军人提供多达百分之九十五的家庭贷款，用以购买城郊房舍和地皮。电气照明、热水和室内盥洗室让那些能够买得起自置居所的人生活得更为轻松。电力照亮了房间，也让灰尘显露了出来，这致使消费社会的营销战略进入了家庭，家庭主妇和母亲成为其目标。人们收听无线电广播，蜂拥前往电影院观看无声电影。

6.5 加利福尼亚式平房，韦克菲尔德，纳尔逊。

## 帝国奶场

由于国民收入的很大一部分都依赖于英国经济，农场主反而成为了"国家的脊柱"。生活水平取决于初级产品的出口。延伸及退伍军人的殖民契约也有赖于此。一个复员方案把农场奖励给士兵（不包括毛利人）。通常，丈量给士兵的土地位于人烟稀少的腹地、偏远而灌木丛生的地区和山区。在这些地区，垦荒的军人（soldier settler）面临着各种环境障碍和因缺少资金而造成的经济障碍。

在各个自治领中，新西兰对英国这个最大的全球性大国最为依赖。平均来讲，在 20 世纪 20 年代，至少百分之七十五的新西兰出口产品都输往英国，而百分之五十的进口产品也是从英国购买的。从 1916 年到 1920 年，帝国政府对澳大利亚和新西兰年产羊毛的挪用加强了彼此的双边关系，但却导致了其储存的羊毛无法处理，直到 1924 年，随着战后需求的恢复，这些储存的羊毛才被处理完毕。战后的牛奶生产继续保持在超过英国人需求的水平上，由于新西兰产品的价格由海外决

143

定，它不得不再次面临出口收入不稳定的难题。

6.6 饮奶以增强臂力：铺渠工，克赖斯特彻奇，约20世纪20年代。挤牛奶做早茶。

从 20 世纪 20 年代至 20 世纪 60 年代，新西兰经历了"牧场革命"，在这段时间内，以草料为基础的生产增长了两倍。在很大程度上讲，此种扩张依赖于磷肥，作为从太平洋小岛瑙鲁（Nauru）上开采而来的肥料，它对在贫瘠的土壤上种植牧草来说十分重要。由于"湿润"地区的气候和土壤最利于提高奶牛的产奶量，奶牛养殖业便在这样一些地区得到了发展。于是，奶牛养殖业在怀卡托、玛纳瓦图（Manawatu）和塔拉纳基这样的森林和沼泽地地区发展了起来。全球性的消费主义促使森林转变成为了牧场，以便从事密集型农业，而且，这还被认为是现代化的，是通向未来的途径。奶牛养殖业代表着科学和进步。为了向英国消费者提供食物，奶牛养殖业用改良的英国牧草和欧洲家畜——弗里斯兰奶牛（Friesian cow）和泽西种奶牛（Jersey cow）——取代了当地的灌木林和蕨类植物，从而使整个地理景观呈现出单调的格局。在 20 世纪 20 年代，新西兰提供了英国所需奶酪的一半以及黄油的四分之一。

新西兰人将出口营销中使用的形象"帝国牛奶场"进行了内化，这一点也不让人感到奇怪。对于新西兰是一个"整洁而青翠"的地方、一个养育子女的健康之地以及文学中男性味十足的奶农等形象来说，牛奶至关重要。牛奶作为滋补食物代表了一种文化帝国主义形式，这种文化帝国主义并非源自于英国，而是源自于在新西兰境内所创立的帝国。医学主张帮助牛奶转变成为"重要的食品"、一个帝国健康的象征以及防止种族退化的良药。作为儿童的食品，它与健康和纯洁联系在一起。随着消费主义进入科学和民主的行列而成为新世界秩序的组成部分，牛奶这种食品则成为了母亲和祖国之养育的象征。而且，牛奶制品还获得了男性特质，与健康、力量与男子气概联系在一起。为了成为帝国的缔造者，牛奶必须展示其男性特性。

在 20 世纪 20 年代，1923 年建立的"奶制品出口管制委员会"摄制了六部影片来对牛奶制品进行营销，其中就包括《新西兰：帝国牛奶场》（New Zealand：The Empire's Dairy Farm）。所有六部影片都宣传"丰力富"（Fernleaf）是民族品牌，这类似于第一次世界大战中采 145

用凤尾竹（fernleaf）作为标志的士兵。这些影片以这样一些话作为自己的开场白："健康的家畜、沐浴在阳光下的牧场、流水潺潺的溪流——梦寐以求产品的保障"，这再次投射出了"丰饶的自然"的见解。所有的影片都以"在'如梦如画'的夕照中，一艘汽船运载着向英国输送的产品，航行在海洋上，最后消失于地平线的尽头"来作为自己的结尾。同样，新西兰最大的牛奶协作企业"新西兰协作牛奶公司"所采用的安佳商标则体现了其与皇家海军和英国船运业间的联系。

实际上，这些影片表明了英国牧草是如何出口到新西兰，并作为帝国牛奶制品而被重新进口的。其中，这些牛奶制品的质量证实了新西兰的繁荣和农业发展的成功。有关"作为帝国建造者的奶牛"的影片开篇便提及了自新西兰战争以来毛利人从武士转变为工人的想来"浪漫"的历史："在50年前毛利武士牵制英国军队的地方，现今，他们的后裔每天都会去兜个圈儿，不过为的却是收集牛奶罐！"显然，"为英国提供黄油导致了这一变化"，这一从"以前的荒野"向"今日繁荣的农场家园……以及欣欣向荣的农村城镇的发展局面"的变化。于是，荒野的开化和毛利人的文明是向英国人的饭桌生产辅助食品的结果。

这些影片是一个自觉运动的一部分，目的是为了向英国大众提供有关新西兰牛奶产业的信息。这些影片在伦敦、格拉斯哥（Glasgow）和利物浦（Liverpool）的展销会上进行播放，它们以女性消费者为宣传的对象，因为购买食物和照料家人生活是由妇女们负责的。随着战时征购在1921年的终结和自由市场的恢复，物价迅速下降。自治领的奶农没有办法再依靠英国政府，不得不亲自向英国消费者们宣传自己。新西兰试图建立一个统一的帝国，并在其境内推行特惠贸易，然而，由于英国反对帝国特惠制，新西兰的愿望落空了。作为替代性的措施，"奶制品委员会"（Dairy Board）转向于家庭帝国主义，因为家庭主妇掌握着"居家的开支"，它希望英国的家庭主妇能够优先购买"她们自己的海外帝国所生产的品质纯正的食品"。

## 经济的不安全与政治的不确定性

新西兰和澳大利亚都依赖于出口收入，因此，两国都经受不住外部的冲击；由于新西兰的经济更为开放，它就特别经受不住外部冲击。在 20 世纪 20 年代，"最大限度地增加农场收入是一个难以实现的目标"，因为英国的需求制约了发展。战后人们所期望的持续繁荣局面并没有实现。相反，通过建立肉类和乳制品营销委员会并向农场主提供国家财政资助，决策者努力控制收入不稳定的局面。1922 年成立的"肉类生产商委员会"（the Meat Producers' Board）是世界首个出口垄断委员会，它提高了国家试验的民族声誉。

自治领不仅依赖于同英国的贸易，甚至更加依赖于英国借款以供发展的能力。权力集中于一位精英的手中，这位精英承认与英国间联系的重要性，他同时也承认需要满足伦敦所制订的健全金融管理的标准。面对这样一种现实，新西兰对自己的金融体制与澳大利亚金融体制紧密地联系在一起的状况日益感到失望。伦敦没有能够将新西兰和澳大利亚区别开来；然而，澳大利亚却是伦敦最大的借款人，它谋求实现建立"无限澳大利亚"（Austrilia Unlimited）的宏伟目标。在 1929 年新西兰出口市场崩溃之际，虽然它逃脱了澳大利亚那样的严峻短期债务危机，然而，由于它背负着在第一次世界大战中举借的债务份额，新西兰发现自己因为贷款而越发地有求于伦敦了。

在这样的背景下，战后所有的希望都破灭了。在 20 世纪 20 年代，梦想破灭的选举人投票选举出了一系列保守党少数派政府。1922 年，改革党丧失了其多数党的地位。在实行简单多数投票制度的情况下，从 1912 年至 1928 年，政府中的改革党从来就没有赢得过半数以上的选票。工党仅仅在城市中才具有吸引力，在其抛弃社会化政纲、特别是土地国有化的政纲之前，它都没有能够获得社会主流的支持。正如迈克尔·金（Michael King）所观察到的那样，"不管人们的背景怎么样，他们很少希望'打碎'资本主义制度：多数人仅仅希望那一制度能够对他们的各种需求更加敏感"。在马西去世后——1926 年，北帕默斯顿新建的农业学院用他的名字进行命名——J. G. 科茨（J. G.
Coates）这位战时英雄成为了首相。J. G. 科茨也是一位奶农，他来自
于北部区的卡伊帕拉（Kaipara）。然而，年迈的约瑟夫·沃德爵士被
选举为复兴的自由党政府——后重新命名为联合政府（1928 年至 1931
年，由其执政）——领袖一事表明，人民仍然充满着恋旧情绪。从表
面上看，他们投票选举沃德则是因为一个错误的承诺：由于视力不佳，
同时又因患有糖尿病而突然出现眩晕，他引人注目地读错了演讲稿，
他许诺借款 7000 万英镑而非 700 万英镑以治愈国家的病症。随着世界
范围内萧条的来临，梦想和现实间的距离远得无法再远了。

## 毛利人的复兴

尽管 1918 年流行感冒肆虐，然而，与灾难预言者的预言相反，从
20 世纪初期开始，毛利人的健康状况和人数都得到了恢复。T. W. 拉
塔纳（T. W. Ratna）是一位在旺阿努伊（Wanganui）附近践行白种人
农耕方式的毛利农场主，当他的家人死于流感后，他在幻觉中见到了
圣灵（Holy Ghost），圣灵要他统一和拯救作为上帝选民的毛利人。作
为拉塔纳教会（Ratana Church）和政治运动的建立者，他发起了宗教
复兴运动，并以圣经和《怀唐伊条约》为自己的中心。他的信仰疗法
和他传递的信息在病人和穷困的人们中间、特别是在复员军人中吸引
了大量的追随者。拉塔纳的儿子曾在加利波利和法国服役，在法国，
他受到了毒气的严重伤害。为平等而战的先锋营军人们发现自己被排
除在士兵安置计划之外，该安置计划旨在帮助军人购买房舍和农场。
让他们进一步受到冒犯的是，毛利人还要为军人移民提供土地。在
1910 年至 1930 年间，又有 350 万英亩（140 万公顷）土地从毛利人的
手中流失了出去。对于普通的人们——也就是那些日益丧失部落特征
而且没有土地，勉强能够维持生计或做零工的人们——来说，拉塔纳
特别具有吸引力。尽管人们对"闲置"土地普遍存在偏见，然而，随
着人口的增加，毛利人几乎不再具有任何可供维持生计的土地了。

拉塔纳运动给部族权势集团带来了挑战。因为他们致力于和政府

进行合作，而且这种合作是在被信徒视为传统伊维领导权的"紧身衣"的范围内进行的。1925 年进行登记的拉塔纳教会对曾经组织先锋营的毛利王运动和信奉英国国教的部族领袖提出了挑战。事实上，这次运动促使英国国教会在 1928 年任命了奥特亚罗瓦的第一位毛利人主教，特阿拉瓦族的弗雷德里克·班尼特牧师（Rev. Frederick Bennett of Te Arawa）。拉塔纳鼓吹毛利民族认同。他希望《怀唐伊条约》得到立法的承认，以便条约能够得到实施，并"永远保持白种人和毛利人间兄弟般的联系"。

同样，像毛利王运动的特·普娥娅公主这样的部族领袖也决心为自己的人民而保留自己所享有的合法地位。为了这个目的，阿皮拉纳·纳塔爵士（Sir Apirana Ngata）（1927 年受封）在议会中就众多领域的问题进行了游说。1920 年，他帮助成立了"土著信托局"（Native Trust Office），用以监管租借毛利人保留地而获得的收入。与此同时，他的长期目标则是劝说政府同意一项毛利土地开发政策，该政策将能够赋予毛利人平等地位。战争期间，在马西的改革政府准备开发乌雷威拉（Urewera）这个北岛最后边疆的时候，纳塔就开始进行活动，他促使政府在 20 世纪 20 年代向当地居民图霍埃（Tuhoe）人发放了统一的新地契，以帮助他们自行开发土地。出售土地的活动继续存在。尽管如此，他并不气馁，而是对大量的合并计划进行监管，他希望通过创建出足够大的土地以发展奶牛养殖，从而尽量将伊维持有的剩余土地转变为经济发展的基础。

引人注目的是，正是纳塔将奶牛养殖业和新西兰是英国农场的观念移植进入了另外一种文化背景之中。在 20 世纪 20 年代，他将自己所属伊维纳提珀柔（Ngati Porou）现有的公共农场从绵羊养殖场改造成为奶牛养殖场。他建立起培训制度，派遣包括他的长子在内的年轻人前往新南威尔士的霍克斯伯里农业学院（Hawkesbury Agricultural College）学习最新的方法。到 1926 年，纳提珀柔便拥有了自己的合作性牛奶工厂。

在体育方面，乔治·尼皮亚（George Nepia）以自己的人格，悬空踢球、擒住并摔倒对方球员、接球等让人眩目的动作而叱咤于橄榄球场。作为"新西兰橄榄球的首位超级明星",他吸引了大量新西兰和澳大利亚观众。除了他的天赋之外,尼皮亚的成功是特奥特学院和纳塔经过深思熟虑后所采取政策的结果,其中,这一政策的目的是为了在橄榄球场宣传毛利人的勇猛,以消除人们的偏见。尼皮亚的名望提升了毛利人的自我形象。

从政治的角度来讲,纳塔的成功在很多程度上应归功于他与 J. G. 科茨的友谊,科茨从 1921 年开始任土著事务部部长,1925 年到 1928 年,他则出任首相。科茨是在毛利人中间长大成人的。在 20 世纪 20 年代,纳塔和科茨对早期解决《怀唐伊条约》怨情的各种努力共同进行着指导。1922 年的阿拉瓦湖协定(Arawa lakes agreement)承认了 1881 年法律所规定的伊维在温泉区对湖泊所享有的习惯权利,并每年向他们提供 6000 英镑的年金。1924 年接着成立了"阿拉瓦信托委员会"(Arawa Trust Board)。通过在罗托鲁阿(Rotorua)建立一所艺术和工艺学校,该委员会对纳塔所敦促的全国文化复兴进行着指导。1926 年,"图华雷图阿信托委员会"(Tuwharetoa Trust Board)建立起来,它从陶波湖的钓鱼许可证(以便钓引进的鳟鱼)收费和露营地租金中获得 3000 英镑的年金。在此之际,纳提图华雷图阿族人(Ngati Tuwharetoa)和科茨达成了协议。作为交换,图华雷图阿放弃了陶波湖湖床,以便可以把它作为公共保留地。同时,政府也开始倾听毛利王运动的呼声。自历次战争以来,因土地征用而陷入贫困的部族一直都要求进行调查。在 1927 年至 1928 年间,"西姆委员会"(Sim Commission)发现,借 1863 年《新西兰殖民法案》名义对塔拉纳基、怀卡托和丰盛湾等地的 300 万英亩(120 万公顷)土地进行征用的行为是不公正的。

但是,正是从 1928 年 9 月起就任联合政府——它在其他方面暗淡无光——土著事务部部长期间,纳塔实现了他指导政府政策的夙愿,他指导着政府由推行"剥夺毛利人土地来供白人农场主使用"的政策向"政府为毛利人提供贷款以供其开发自己的土地"的政策转变。

1929 年的法案授权他以土著事务部部长的身份发放贷款，以便更为有效地拓殖和利用毛利人的土地，并鼓励伊维从事农业，实现自助。最终，毛利人能够获得相当于他们土地价值的百分之六十的抵押贷款，尽管白人殖民者可以借到相当于其土地价值百分之九十的贷款。该法案同样也授权部长把用来进行开发的土地刊登在报刊之上。纳塔运用自己的各种权力，将土地置于部门的控制之下，并对土地进行丈量、排水、重新开垦和清除；在土地上种植牧草、施肥、修建围篱、修造房屋、购买装备和家畜并将它们交给毛利农场主。通过各种土地开发计划，他和部族领袖一道创建出了自给自足的毛利居民区。在全球性萧条来临之际，他的努力再及时不过了。

# 第七章　缔造新西兰（1930—1949 年）

　　20 世纪 30、40 年代是通过有意识地"缔造"新西兰的国家建设形成时期。与此同时，新西兰人必须"随机应变"以熬过萧条和另一场世界大战，而且，这些全球性的冲击还强化了国内外对安全的要求。随机应变和创建国家相辅相成，因为，正如民族认同感发展的通常情况一样，恐慌、危机、忧虑或决裂都会产生出用以进行安抚和解释的故事和仪式。正是在这一背景之下，第一届工党政府得以上台，它公开表示要拾起为 19 世纪 90 年代自由党政府发展模式所中断的那些东西。在这个时代，政治家们重新创造出了一个进步和体面社会的传统，它对普通的人们进行保护，以免他们遭受无情的国家竞争和冲突。1931 年纳皮尔（Napier）地震从地质学的角度提醒人们正生活在灾难的边缘，它只不过加剧了人们之间的嫌隙，并让他们倍感脆弱。这次地震是 20 世纪新西兰最为深重的环境灾难，它进一步强化了重建的迫切性。

## 萧条

　　甚至在 1929 年华尔街破产之前，全球性的萧条和失业就已经让这个自治领蒙上了阴影。出口价格的下降已经使依附性经济遭到了打击。仅仅两年之间，从 1928—1929 年度到 1930—1931 年度，出口收入几乎减少了一半。只是从 1936 年起，出口价值才恢复到萧条之前的水平。为了保持其在伦敦的资金，新西兰不得不采取平衡预算的通货紧缩政策。为了满足伦敦所坚持的削减成本的要求，乔治·福布斯（George Forbes）这位北坎特伯雷农场主领导下的联合政府采取了必要的经济措施。减少债务偿还是不可想象的，因为那将削弱借款的能力。因此，政府大幅度削减开支。教育领域的开支几乎消耗了年度公共开支的一半，因此，其削减的幅度特别大；其次便是卫生领域。

从 1931 年 9 月开始，保守派开始谋求团结以阻止"统一——改革联合政府"中的危机。在这一时期，该政府依然拒绝接受"劳工天堂"的核心观念。1931 年，仲裁法庭将法定最低工资水平降低了百分之十。在当时，公用事业的工资也被削减了百分之十；1932 年，它再度被削减百分之十。小额的家庭津贴（1926 年开始实施）以及寡妇和老年抚恤金也遭到了削减。虽然不断下降的价格起到了抵消作用，然而，抚恤金的削减激起了人们对政府似乎无视普通人们需求的愤怒。"不劳动就没有报酬"的原则导致了各种大规模公共建设工程方案的出现；同时，政府大幅度削减开支，解聘雇员，并以救济金水平的工资（relief rate）对他们进行重新聘用。在 1932 年，工业争端中的仲裁以及工会成员资格不再是强制性的，这给予了雇主更多的权力。对普通人和左翼历史感兴趣的社会历史对联合政府表现出了鄙视，这也体现出萧条时代的艰辛。

萧条给社会生活造成了深刻的影响，它对负债的人们以及因没有养家活口的男人而处于社会边缘或底层的人们进行了惩罚。强烈的工作责任感并没有让人们免除忧虑并免遭挫折。估计中的失业率介于百分之十二和十五之间（毛利人为的失业率为百分之四十）；然而，经济研究表明，直到 1933 年，几乎百分之三十的劳动力都没有得到正式的雇佣。在危机最为严峻的时刻，多达百分之四十的男性劳动力处于失业状态。大规模的失业让各种救济和救援委员会不知所措，大众的记忆中深深地烙下了施粥场（soup kitchen）的印象。普遍的不安全在各个地区所造成的影响各不相同；一项研究表明，坎特伯雷遭受的损失最为严重。

萧条时期的文献集中研究"工人",以及遭到救援工作侮辱的失
业人员的苦难。他们收入低微,被迫搬到乡村的救助营。1932 年,城
市中的穷困状况以街头暴力的形式爆发出来,而由失业者轮流工作一
些天以赚取一点可怜报酬的救援计划则成为了导火线。在南岛,失业
人员在恶劣的条件下用鹤嘴锄和铁锹艰辛地劳动,以打通从刘易斯关
(Lewis Pass) 通往米尔福德峡湾 (Milford Sound) 的道路,从而建立
了未来旅游业发展的基础设施;在北岛,工人们则修筑了东海岸铁路。
这样一种极端的措施使社会中的各个重要组成部分都具有了政治色彩;
受到社会不公正和不平等现象刺激的知识分子创造出了一种体现国际
社会现实主义风格的民族文学和艺术。约翰·马尔根 (John Mulgan)
是 1932 年暴乱期间的特种警察,在他的小说《孤立无助的男人》
(*Man Alone*) (1939) 中,他描绘了救助营中男性所感受到的极度忧
伤,这些男性信奉个人主义和平等主义思想,说话简练,但却固执而
又酗酒,他们所代表的是与澳大利亚"单枪匹马干事业的人"(lone
hand) 相同的角色。家族传说则回顾了另类的男性类型——即,居家
男人——所遭受的屈辱,这种男人因背负着不能养家的耻辱而意志
消沉。

到 20 世纪 80 年代,经济学家开始置疑萧条对人们所产生的影响,
并置疑当时的生活是否有如声称的那样艰难。由于一代代的人们倾向
于通过讲述故事而让他们的经历成为共同的东西,"萧条"神话不可
避免地出现了。萧条时期一元化的生活经历并不存在;存在的只是一
个抹平了艰难时期民族回忆粗糙边缘 (rough edge) 的一元化的故事。
在现实生活中,萧条是一种阶级性的经历,它在失业者和受聘人员之
间、在工人——特别是临时工——和特权阶级之间放置了一条鸿沟。
境况较好的人们曾随着消费主义的兴起而享受着相对繁荣的,然而,
衰退给他们带来了风险和失望,导致了他们不能偿还抵押贷款,投资
无利可图,受教育希望的减少。20 世纪 20 年代房产业迅速发展和萧
条的影响体现在自有住房的不断减少,租房的人数不断上升。在 1926

年的克赖斯特彻奇，百分之三十二的房屋是租借的，而到 1936 年，这一数字则为百分之四十六。非熟练工人和半熟练工人的比例上升了，最富有的人们与最穷的人们间的差距进一步扩大了。

在许多方面，妇女们首当其冲地遭受到了苦难，虽然，其中相当多的证据都是不那么明显的。一个有说服力的指标来自于 109 名已婚妇女。在 1931 年至 1935 年间，她们因在非法流产中受到感染而丧命。她们的丈夫要么是劳工，要么是司机，要么则是农场主，或者是农场工人，他们在店铺和易于受到经济衰退影响的行业中工作。官方的失业统计数据没有包括妇女、青年人和受土著事务部劳动计划雇用的毛利人。虽然从 1931 年起，妇女和青年便作为雇佣劳动者而开始支付失业税，但他们却没有资格获得救济金，其中重要的例外便是私人家庭服务行业中的一大群人。小说家露丝·帕克（Ruth Park）敏锐地观察到：“在过去，妇女不应该是养家糊口的人，因此，她们就不是养家糊口的人”。

然而，在黑暗之中也出现了变化的迹象。伊丽莎白·麦科姆斯（Elizabeth McCombs）的丈夫去世之前一直是当地工党的议员，在他去世之后，也即萧条最为严重的时期，利特尔顿（Lyttelton）的投票者在便将她选为议员，从而使她成为了新西兰的第一位女议员。伊丽莎

7.1 失业妇女组织：1932 年克赖斯特彻奇一小群妇女领导的失业妇女五一节游行。

白·麦科姆斯此前是一位主张妇女参政的人，年所遭受的"不公平征税"的不公待遇进行抵制，并将这一运动带进了议会。

在 1933 年，新西兰也开始主张独立的金融特性。在 1932 年的渥太华会议上，科茨促成了帝国特惠制的建立，该制度确保各自治领能够进入英国市场。为了帮助农场主，政府违背财政部的劝告，推行了货币贬值的政策。在英国专家的鼓励之下，它同样也建立了储备银行。

最近，出现了对科茨这样的评价，该评价把他描绘为一名面临应付全球性衰退这一不可能完成之任务的政治家，在当时，新西兰没有独立的货币政策，而借款又得也向英格兰银行负责的大洋洲私人银行的脸色。事实上，发展纲要的制订应归功于科茨，该纲要在首届工党政府执政时期得以实现。复兴的关键在于 1934 年建立了储备银行来对六家商业银行借出的贷款进行控制，在这六家银行中，仅有一家银行的总部位于新西兰。新的货币体制成功地将新西兰储备金与澳大利亚储备金以及新西兰与澳大利亚的银行制度区别开来，从而如愿以偿地实行了两国间的金融分离。

让人感到高兴的是，这一干预确保了新西兰异常迅速地从萧条中恢复过来；到 1938 年，它将实际人均国民收入提高了三分之一。通常，最佳的政策效果都是无心之举，而且具有讽刺意味的是，这样的成功是出人意料的。同样，直到工党上台，该项政策所获得的成功才得到了承认。在一系列幸运的事件中，在预算平衡时期强制实施的贷款紧缩政策导致了货币供应意外的增长，同时，由于货币的贬值以及储备银行所持有货币储存量的增加，这使改良主义的工党政府能够进行大规模的开支，并提高了国家的收入。

### 保障与复兴

在权威的解释中，当工党以压倒多数的选票赢得 1935 年选举后，第一届工党政府将新西兰从经济萧条中拉扯了出来。然而，现在清楚的是，在 1935 年已然建立的新货币体制为经济迅速复苏提供了途径。

随着信心的增长和精神的振奋，舆论发生了变化。随着工党对基督教和人文主义版的尊严和平等的彰显，社会的各项当务之急都发生了变化。失业者立即收到了圣诞节补助。终其一生，好心肠的首相迈克尔·J.萨维奇（Michael J. Savage）都是一个传奇人物。他当选时已经63岁，于1940年去世，他的画像悬挂于千家万户的起居室中。萨维奇成为首届工党政府所开创的社会保障计划的化身，该计划的目的是为了提高生活水平，并提供"从摇篮到坟墓"的保障和尊严。

萨维奇出生于维多利亚和新南威尔士的内德·凯利县（Ned Kelly country），他是一位爱尔兰裔天主教徒，和内德·凯利这位亡命之徒有着相似的背景。他同情穷人，并受到了他们的爱戴。不过，他曾开玩笑说他"并没有继承凯利的方法"。1935年工党的选举宣言宣布了自己的目标：运用"自治领令人羡慕的资源"以使"过去五年被剥夺了各种必需品的人们重新到达体面的生活水平"。宣言承诺对经济结构进行调整，以便养家糊口的男人和那些仰仗他的人都能达到普遍舒适的生活水平，而不是满足于最低限度的生活水平；宣言还承诺"采取一切必要的手段以最好地实现'家'和'家庭生活'这两个词的含义。换言之，工党决定恢复19世纪90年代确立起来的国家发展模式。只有在这一次，工党才部分地将毛利人纳入到自己的考虑之中。

对奶农而言，殖民契约得到了修改，以保障整日工作制，保障价格公平而合理，而其具体表现形式就是主要产品价格受到保障。在这一时期，养羊的农场主选择了继续置身自由市场之中。奶业委员会已经决定对营销进行控制，但政府在1936年还是接管了黄油和奶酪出口，以便为农场主提供以产品成本为基础的价格保障。对工人而言，工党恢复了强制仲裁的制度和工联主义，并取消了萧条时期削减奖金、工资和抚恤金的措施。1936年的"工业调解和仲裁修正案"（the Industiral Conciliation and Arbitraton Amendment Act）授权仲裁法庭将养家糊口者的基本工资确定在"足以养活由一名男人及其妻子和三个小孩组成的普通家庭"的水平之上，该修正案继续假定参加工作的妇女是单身的，没有子女或年长的父母需要她们养活。

营养调查表明，在萧条期间，儿童受到了损害。国联敦促其成员国着手进行营养调查，并促使人们采纳最为理想的儿童健康与发展新标准，为了达到这一标准，国联规定自两岁开始每日牛奶摄入量为1.5至2品脱（一升）。1937年，新西兰以"全国学校牛奶计划"对此进行了回应，随后在1939年，它又对普通工薪阶层的饮食进行了调查；20世纪40年代，毛利人的饮食也得到了调查。学校奶具有政治方面的吸引力，因为它的意图是既使奶农受益，又让作为未来公民的儿童受益。从1937年开始，只要在可以实行的情况下，政府都向小学和幼儿园所有孩子免费提供用巴氏法灭菌的半品脱瓶装奶。在30年中，一天提供一瓶半品脱的牛奶的政策和普朗凯特协会一道象征着新西兰是养育儿童的健康之地。

对城市工人以及奶农来说，工党相信普通新西兰人购买力的不断增长将会推动经济的发展，这确实如此。国家接管了储备银行以控制信贷，并为其推行的复兴和保障计划提供资金。这一从前的"赤色邦联分子"——他们曾一度让人们担心是社会主义者——的政府决心限制银行家的权力，并再次谋求建立普通人也能分享科学和教育之利的文明社会。实际上，工党引入了"全方位保护"的一个变体：实行经济管制以应付经济不稳定的核心问题，并捍卫理想社会。不过，这次采用的则是普遍福利国家的形式。

于是，从1938年起，新西兰恢复并延伸了它自己版本的大洋洲安置战略，其中，家庭收入恢复了自己在"工人福利国家"中的关键性地位。然而，这一战略包含的并不是"工人工资保障，而是公民的社会保障"。相反，它提供了以"不必摊付公积金的社会保障"作为辅助手段的工人保障（worker security），"不必摊付公积金的社会保障"取决于一个人是否拥有公民身份，而不取决于一个人的支付能力。新西兰使社会保障成为一种权利，它从税收中进行支付，目的是为了给予人们"他们应该拥有"的生活水平。

在1938年底，随着经济的复苏，工党作为保驾护航者，开始对进口和汇兑进行控制，以应对英国资本抽逃和进口需求迅速增长所导致的汇率危机。发放进口许可证同样达到了预期的保护工业的效果。1938 年新西兰最终采用了保护工业的措施，目的是确保工人得到保障。但与澳大利亚相比，它却落后了。一旦新西兰决定成为一个与澳大利亚不同的国家后，它便日渐加强了与英国——它坚持自由贸易，而并不鼓励发展制造业——之间的经济联系。新西兰确实采取了保护政策，这是 1938 年工人保护措施复兴的逻辑结果。对于新西兰成为帝国农场之外的任何东西的前景，英国都表示了强烈的不满。不过，大洋洲的国家发展模式保留了下来，因为英国不久便又需要新西兰所能生产的全部食物，以支撑其人民渡过另外一次世界大战。

157

1938 年的"社会保障法案"（Social Security Act）重新恢复了新西兰社会实验室的地位。从福利金的角度来讲，数量得到了增长的养老金（重新命名为退休金）和实施 65 岁普遍领取养老金的努力表明，消除工作年龄外的无保障状态仍然是当务之急。法案首次实施了男人失业补贴和单身妇女失业补贴，以应对工人丢失其有酬工作的情况。整个框架是对家庭工资的补充。它接受了单身妇女在毕业后至结婚前这段时间参加有酬工作的这一现实，但却确认了已婚妇女和儿童的依附地位。为了确保医疗平等，该法案以立法的形式要求建立惠及所有人的免费家庭医疗服务，建立免费的医院，并实行免费的孕妇保健，其费用由纳税人支付。第二项和第三项最终在 1939 年得以实现，而第一项最终则没有实现。

分娩时的免费医疗护理是一项显著的成就，它得以实现仅仅是因为多数医生、政治家和妇女的目标部分一致。政府不得不听医生的，因为它需要医生来实现免费医疗服务的目标。工党政治家真诚地相信，传统上仅有富人才能够获得的医生治疗是所有妇女的权利，妇女团体建议说"无痛分娩是每个妇女的权利"。1937 年至 1938 年的"分娩服务调查委员会"（the Committee of Inquiry into Maternity Service）包括卫生部长的妻子珍妮特·弗雷泽（Janet Fraser）。该委员会建议临盆的母亲应该获得"疼痛被减轻到最低程度的护理，以确保母婴安全"。于是，在工党统治之下，平均主义的信念加强了在医院由医生照管下进行分娩的趋势。此种人道主义同样也主张提高人口出生率，因为政治家们希望，妇女组织所倡导的财政资助、"现代的"疼痛缓解手段和医院中两个星期的休息将鼓励妇女生育更多的小孩。

158　　　然而，免费家庭医疗服务却是和医疗纠纷纠缠在一起的（参见插图7.2）。1941年最终实施的方案同意了专业人士收取诊治费用的要求；自此之后，在实践中，并不是所有的人都能够得到医生的出诊，而且医生的出诊不再普遍免费。高昂的诊治费用使这一方案降级为仅仅由国家对医疗进行补助。

同样，工党也让适合核心家庭模式的都市人能够实现到郊区生活的梦想。它认可了为萧条所侵蚀的居者有其屋的理想，但由于低薪家庭没有购置房舍的经济能力，焕然一新的企业型国家从1937年开始修建房屋，以供他们租用。在储备银行提供贷款资助的情况下，政府援建的房屋犹如雨后春笋般地在四个主要城市发展起来，它们小巧、坚

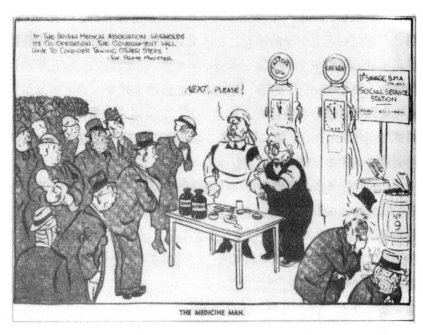

7.2　G.E.G.明尼克，"行医的男人"，《新西兰先驱报》，1938年8月18日。萨维奇需要靠自己来分发药物。

固而又舒适。一名富于创业精神的建筑商詹姆斯·弗莱彻（James Fletcher）按照合同承建了第一批房屋。虽然经济境况更好一些的工人继续得到政府资助以自置居所，这个方案也让普通的人们能够实现拥有一幢小小的新屋的理想。具有代表性的是，那些不符合该模式的家庭则被遗忘掉了。

方案并不是针对毛利人而制订的。毛利人依然是二等公民，他们 159 保持着在地理上的隔离状态。土地开发计划为各个部族在乡村地区提供了一些新建的粗制滥造的房屋。然而，即便是在那些没有丧失太多土地和资源的伊维中，多数人仍过着贫穷的乡村生活。酋长们的家庭可能生活在农场或城镇的平房之中，然而，毛利会堂（marae）建筑物的地面却是泥土铺成的，它的水源也不安全。

在工党与拉塔纳运动政治结盟期间，出于需要，它承诺给予毛利人平等的地位。理论上讲，毛利人是享有平等地位的公民，可在实践中他们得到的社会保障金大约比白种人要少百分之二十五，自 1898 年开始实施老年抚恤金政策之日起直到 1945 年，这种不平等的状况便一直存在。官僚们辩解说，哈普可以依靠土地过活，而事实上，许多哈普不仅没有土地，而且还丧失了传统的食物来源。不过，在工党执政之日，毛利人的福利得到了显著改善。萨维奇在继承科茨和纳塔政策的基础上对各项土地开发计划进行扩充；公众健康水平得到了改善，卫生部扩大了卫生服务的范围，并加紧对毛利人死亡率更高的原因进行调查。

社会保障与国家安全携手并进。从 1935 年至 1938 年，新西兰防务开支增长了 2.3 倍，而这一时期整个政府的开支则仅仅增长了 1.6 倍。它建立了一支人数不多的空军，并征募志愿兵进行国土防务。在它的战略思维中，国土防务包括太平洋岛屿的前沿防御。从国际关系的角度讲，工党政府提倡通过国联实现集体安全的原则。在各个自治领中，仅有新西兰对英国满足侵略者要求的行为进行批评。它反对英国在埃塞俄比亚、西班牙内战和日本侵略中国等问题上的立场。它尤其反对张伯伦对希特勒的绥靖。

就"新西兰的立场在多大程度上独立于英国的政策"问题存在着争论。新西兰的立场是出于道德的考虑，还是仅仅出于现实主义的需要？政府确实表现出了对英国的利益独立和"忠诚地反对"。新西兰的安全问题不仅需要本土防御，也需要对贸易航线进行保护，因此依靠孤立和地理位置的偏远并不足以完成这些任务。到1938年，新西兰便知道其安全取决于英国在欧洲的安全。事后看来，萨维奇对太平洋地区安全的担心以及对欧洲战争爆发之际英国舰队是否能够保卫澳大利亚和新西兰的担心是有道理的。同样，他有关"由于新西兰面积狭小并与世隔绝，其国家利益是与英国和帝国的利益相一致的"的看法也是正确的。

### 欧洲的战争

1939年9月3日，在英国对德宣战之际，新西兰在当天的晚些时候也做出了承诺，不过，这次却是独立地做出决定的。9月5日，生命垂危的萨维奇——"对他来说，战争如此让人失望"——在他的病床上广播了其著名的感想：

> 怀着对历史的感激和对将来无比的信心，我们毫不畏惧地站在英国的旁边。无论她走向哪里，我们都跟到那里；无论她站立在哪里，我们都站在那里。我们仅仅是一个年轻的小国，但我们却向……共同的命运迈进。

他确实是在代表国家进行讲话。与第一次大战时的情况相比，这次的反应经过了更多的权衡，而且从这种新的态度来看，无论是忠诚于英国的人还是不愿和英国站在一起的人都得到了安慰。萨维奇在1940年3月去世，彼得·弗雷泽作为战时首相而接任，他是一位精明的政治家和优秀的战略家。

一些历史学家对工党在两次世界大战中截然相反的态度进行了强调。这种相反的态度以弗雷泽本人和其他三位部长为代表，他们在第一次世界大战期间曾因反对征兵而遭到监禁，而在1940年6月新西兰仿效英国条例而实施征兵制时，他们却是内阁成员。持不同政见者成为了当权派。事实上，他们的思维遵循的更多是澳大利亚模式而非新西兰模式：第一次世界大战是一次帝国主义冲突，它迫使劳动者作为炮灰而付出了不平等的牺牲。相反，第二次世界大战则要求为正义的事业而战，要求在理性与纳粹军队和暴力之间进行一次较量。按照这种思维方式，只有胜利才能确保和平与民主新秩序。

从1935年末直至1949年，工党持续执政。在工党执政的情况之下，新西兰全身心地投入到战争时期的各种努力之中。总共有205000人进行了服役，大约为人口的八分之一，其中还包括1万多名妇女。为了向欧洲提供一个师——第二师，随后又为了向太平洋提供一个缩编的第三师，同时也为了提供水兵和空勤人员，自治领对百分之六十五以上年龄在18岁至45岁之间的男性进行了动员。作为帝国空军训练计划的组成部分，新西兰皇家空军（RNZAF）在训练飞行员方面发挥了重要作用；同样，在太平洋，"空军居于优先地位"。这次冲突中死亡的人员没有第一次世界大战多，它在民族心理中没有留下多少印迹。这次，有11671人被夺去生命，遭受损失最为惨重的是空军，在欧洲尤其是如此。士兵们同样也在希腊、克利特、北非沙漠以及意大利的前线战斗部队中服役。整个国家再次作为农场，首先向英国提供食品，其次则是在太平洋战争期间向美国海军士兵提供食品。

事态的迅速发展超过了帝国战略的估计。1940年，希特勒的闪电战横扫低地国家，使英国陷于孤军奋战，并处于欧洲沦陷区的进攻之中。在这样的背景之下，随着法国遭到蹂躏而意大利又加入了战争，新西兰实施了征兵制。德国人的推进迫使两支新西兰远征军（NZEF）中的第二飞行编队从1940年6月起被转移到英格兰进行训练，在这里，它的军队加入到了为德国入侵而作准备的部队之中。新西兰人同样也加入了英国皇家空军战斗机司令部和轰炸机司令部的战斗之中。另一方面，由军队志愿者组成的第一飞行编队则和第三飞行梯队一样到了北非。第三飞行编队抵达的时候，意大利军队刚好侵占了中立的埃及。事实表明，1941年4月英国（丘吉尔）派遣澳大利亚和新西兰各一个师前往希腊的决定是灾难性的。在匆忙的撤退中，澳新军团在夺取克里特的战斗中遭到了严重的失败，但其损失仅比对手稍稍严重一些。与此同时，在1941年6月希特勒入侵苏联之际，他重新犯了拿破仑开辟针对俄国的第二条战线的错误。

对新西兰和澳大利亚而言，1940年欧洲事态的转变对它们自身在太平洋的安全而言是不好的兆头。日本和中国交战了多年。新西兰派遣军人前往欧洲和地中海战场是基于这样一种明确无误的理解，即，如果日本向南方发动进攻，英国在新加坡的强大海军基地——它由新西兰帮助支付费用——将成为屏障。在亚洲和太平洋，整个帝国防御战略依赖于"如果日本发动进攻，英国舰队将保卫新加坡"这样一种假设。

162　　因此，在1940年6月，当澳大利亚和新西兰政府获悉英国不能承诺为新加坡提供舰队，而他们将不得不指望美国的消息后，感到十分震惊。外交史学者将此描述为"几乎是灾难性质"的"高昂学费"。弗雷泽的答复充满了轻描淡写的陈述；英国的建议"偏离了"有关派遣舰队前往新加坡的"反复而最为明白无误的担保"，而这"构成了自治领整个防卫准备的基础"。他要求派遣一名新西兰部长前往华盛顿。1942年1月，弗雷泽的副手沃尔特·纳什（Walter Nash）抵达华盛顿，事实上，他成为了自治领的第一位大使。那时，日本向美国发动的进攻已经将欧洲和地中海的战争转变为真正的全球冲突。从1942年起，很早以来就显露出苗头的两个问题凸现出来了：转向美国寻求保护；新西兰是否应该将第二师召回国以投入太平洋战争的问题。

## 太平洋战争

1941年12月7日，日本人对珍珠港的突袭成为了它同时发动的、让人吃惊的进攻的开始。到圣诞节时，日本军队已经将美国人驱赶出了菲律宾的大部分地区，并向南一直推进到新几内亚（New Guinea）的北部海岸和所罗门群岛（Solomon Islands）。在仅仅两个月多一点的时间里，日本人侵占了包括从缅甸到菲律宾，再到荷属东印度群岛的新几内亚在内的东南亚地区，它不仅控制了赤道以北的太平洋地区，而且还沿着从关岛（Guam）至腊包尔（Rabaul）和布干维尔岛（Bougainville）的方向向南推进，进入到大洋洲的广阔海域。

以新加坡海军基地——它曾被认为是固若金汤的——为中心的帝国战略竟然达到这样的程度：在日本人攻击珍珠港之际，英国的船只还离新加坡十万八千里呢。该岛屿也无法抵挡从西北方向发动的进攻。它的枪炮架设的方向也不对。1942 年 2 月新加坡的失陷对澳大利亚和新西兰来说十分重要，它致使澳大利亚和新西兰走上了截然不同的方向。驻扎在新加坡的澳大利亚第八师被摧毁了，几乎所有的士兵都成为了战俘。在布鲁姆（Broome）和达尔文（Darwin）受到袭击而在悉尼港又发现了日本小型潜艇的情况之下，澳大利亚突然成为了战争的最前沿。

从这一点来看，澳新军团没有了回头之日。澳大利亚从北非召回 163 了自己的第六师和第七师，目的是为了对付日本人的威胁，并将其战争时期的努力集中在太平洋，而新西兰的第二师却继续留在地中海。于是，澳大利亚的战争描述主要讲述战俘以及澳大利亚人与日本人在各个岛屿的战斗，而新西兰的战争描述则主要围绕（尽管并非全部）新西兰人与希特勒和墨索里尼间的斗争。澳新军团的这种差异对民族战争故事产生了三个影响。第一，它解释了新西兰士兵为什么要在第二次世界大战中采用"硬汉子"和"彪悍之人"的形象，而不采用绅士形象。既然澳大利亚人不再作为参照对象，新西兰人因此就可以采用传统的澳大利亚特性。第二，历史学家对盟国首先击败希特勒的大战略在多大程度上最符合于新西兰利益的问题进行了辩论。第三，他们也对留在欧洲的决定反应的是殖民还是"重新殖民"的关系进行了辩论。

新西兰的面积狭小是理解这些问题的重要因素。实事上，新西兰更大的邻国对军队进行了分割。澳大利亚第九师一直驻留在地中海，直到阿拉曼战役（El Alamein）胜利，而第六和第七师则回到了国内。

新西兰仅仅拥有一个整编师，这使得类似的战略成为不可能。不过，它还是尽可能地对自己所能够组织起来的军队进行分割使用。占领诸如斐济（Fiji）这样的太平洋岛屿前哨站的新西兰人最终组成了两个旅，它们隶属于太平洋中为人们所遗忘了的第三师。此外，随着1942年6月中途岛战役（Battle of Midway）的进行，入侵的危险消失了。从1942年开始，新西兰同意让第二师继续留在欧洲，前提条件就是：在必要的情况下，美国海军将保卫新西兰。6月，第一批美国人被运抵新西兰。同样，长期服役的人员以"休假"的名义回到了国内。鉴于澳大利亚和新西兰地缘战略的不同，两国分别对各自在英美大战略的全球棋盘中的地位做出了现实主义的评估。

事态的发展很快表明，由美国指挥并得到澳大利亚支持的太平洋战争最符合新西兰的利益。从1942年开始，太平洋两端的大、小两个殖民社会间出现了协调一致的局面，虽然其道路并不平坦。在30多年前亚洲人恐慌（the Asian Scare）期间，这样一种协调一致的局面曾经被提出来讨论过。1908年，"美国大舰队"（the American Grand Fleet）起航来到这里，以便表明合众国准备为白人捍卫这一广阔区域的安全。鉴于新西兰的面积和偏远位置，它只适合作为美国攻击所罗门群岛（the Solomons）和巴布亚新几内亚（Papua New Guinea）日本军队的后方基地而发挥配角的作用。仅仅是丘吉尔的看法并不具有说服力；因为帝国防卫战略的失败，罗斯福的观点对战时内阁产生了重大的影响便是可以理解的。从1942年起，澳大利亚和新西兰便开始和英国最重要的盟国美国荣辱与共。美国将大洋洲分割成太平洋沿岸的不同战区（它本身也是一个美国概念）。美国将澳大利亚及其军队纳入西南太平洋战区，并将其置于美国陆军麦克阿瑟将军的指挥之下；它同时将新西兰及其军队纳入南太平洋战区，并将其置于美国海军中将戈姆利（Ghormley）的指挥之下。

农场主、商界和劳工运动间异常的一致确保了新西兰能够最好地为盟国事业服务。在欧洲，它和英国一道继续着自己的主要工作；同时，它将太平洋留给美国，在这里，新西兰能够为美国军队提供补给。

对第二师的军人来说，实情并非是他们希望为英国而战，而是他们不希望在热带作战，而且他们还具有恐惧症，想把亚洲人挡在外面。战争的前线并不在新西兰，而是位于太平洋的岛屿之上，即大洋洲的"北部临近地区"（nearnorth）——它发挥着缓冲区的功能。日本人快速地进入到大洋洲的各个水域只不过是证实了这种思维。从 1942 年起，反日而亲英的情感、地理以及战略促使新西兰加快了自己的战争努力，以满足英国和美国对大国地位的要求，而这从总的来说决定了国家安全的形式。

## 战争前线与国内阵线

在国内，世界大战让该国 1940 年的百年纪念黯然失色，它庆祝的不是《怀唐伊条约》，而是"拓荒者"、"进步"及殖民地的历史。在 1934 年，总督布莱迪斯洛爵士（Lord Bledisloe）和他的妻子购买了巴斯比在怀唐伊的房舍和土地，并将它们赠给国家。在此之后，对条约的首次公开纪念得以发生。"旅游和公共信息部"（the Tourist and Publicity Department）为 1934 年的庆祝活动进行喝彩，同时，它又将新西兰"真正的殖民"追溯到"新西兰公司的成立……及 1840 年拓荒者的到来"。正是这一偏爱于韦克菲尔德之叙述的诠释占据了主导地位。1939 年 11 月，惠灵顿《晚报》（*Evening Post*）出版了第一百期，以便为"新西兰百年展览"的开幕打广告；在它的报道中，它优先报道了新西兰公司对惠灵顿的殖民。

展览在其题目中引用"1939—1940"而非 1940 为其日期，目的是为了纪念拓荒者。只是在纳塔的坚持之下，罗托鲁瓦艺术学校所创作的雕刻才得以进行陈列；毛利人总体上被当作了局外人。对条约签订一百周年的纪念很大程度上归功于纳塔的领导。2 月 6 日，在怀唐伊签署重新制定之条约的活动中，纳塔领头跳起了哈卡舞（Haka）。之后，总督打开了用雕刻加以装饰的正式会议厅。会议厅是特地为怀唐伊的百年纪念而修建的。在对过去一百年进行回顾的时候，纳塔表示，条约是一个"君子协定"，相对于其他地方的欧洲殖民而言，条约的遵守情况并不太糟糕。但是，他也有预见性地警告说，在土地流失、酋长权力消失和文化破裂的情况下，毛利人的土地要求必须得到解决，以便他们能够与欧洲人并肩前进；他还表明，"我们希望保持自己作为一个种族的个性"。

纳塔将他实现平等的希望寄托在二十八（毛利）营的身上，该营在部族的基础上进行组织，他们全部是志愿人员。来自北奥克兰的纳普希人主要在 A 连服役；来自温泉区的特阿拉瓦人则在 B 连；C 连主要是来自吉斯伯恩（Gisborne）的纳提珀柔人；D 连则包括来自其余地区的人。总部直属连（Headquarters Company）成为了"零碎之物"（Odds and Sods）。这一次，甚至怀卡托都因为特普娅与彼得·弗雷泽的友谊而支持战争努力；彼得·弗雷泽则承诺对 19 世纪的土地征用进行赔偿。在殖民者社会所确立的边界内，二十八（毛利）营通过在战争中的勇武而让他们的人民更加接近平等。他们在希腊和克里特作战，在各次沙漠战役中作战，在意大利作战，并作为民族英雄而凯旋。然而，直到战争后期，他们才被允许拥有自己的军官。

在国内，获取完全公民权和毛利人对毛利事务的领导权的驱动力促使"毛利战时努力组织"（Maori War Effort Organization）在 1942 年成立，它被安排进入协调全国范围内征兵、食品生产和劳动的部族委员会。在一些地区，如果没有该委员会的帮助，冷冻工作和奶制品工厂就无法运作。一旦毛利营的军官回到国内，他们的经历和希望再加上"毛利战时努力组织"的成功促使人们想象：该组织将如何能够演变成为在部族领导之下进行战后重建的和平机构。然而，事实表明，在战争期间运行如此有效的毛利自治仅仅在这个时期才是如此。

战争也为妇女提供了新的机会和冒险，但它几乎没有改变宣称妇女的位置在家中的性别限定（gender script）。与 1914 年的情况一样，妇女们自愿从事各种爱国工作，从事针织，为军人打包裹，加入急救队，充当司机。75000 多名妇女报名参加了"妇女战时服役后备人员"（Women's War Service Auxiliary），该组织由爱格妮思·班尼特博士（Dr Agnes Bennett）和珍妮特·弗雷泽（Janet Fraser）建立，目的是

7.3　"得到人手"。所有的士兵都是纪念品收集者。此处，来自于二十八（毛利）营的战士为他们的澳大利亚摄像师摆造型。毛利人"以他们的刺刀冲锋在德国丘八中打通了条条通道……这一位'得到了他的人手'，也得到了一个体面的纪念品，一枚德军的铁十字勋章"，亚历山大港，1941 年 6 月 1 日。

为了对"从事战争工作的少女"（maids of war work）进行协调和指导。一项主要的工作就是进行食品生产：志愿者们照管着家庭园地中一行行的蔬菜；在公园和校园周围，她们为草坪松土。2700 名"种地姑娘"（land girls）在农场中工作，这让妇女们从事的农业工作显而易见。太平洋战争最终促使当局同意妇女穿上军装进行服役。从 1942 年起，武装部队的女性后备人员超过了 1 万人。

战争同样要求女性劳动力数量的短期增长。事实上，在新加坡失陷之后，妇女们受到征募以弥补劳动力的短缺。在整个战争期间，没有年幼小孩的妇女步入了食品和服装制造行业、医院、政府机构、银行、邮电、铁路与电车等领域。她们充当文书助理和电车女郎，并大胆地穿起了长裤。然而，长裤并不表示受到分割的劳动力市场已经瓦解：妇女在获取报酬的劳动力中的出现是暂时的，而且处于依附地位。

长裤是战时取代长袜的节约措施；女学生穿的短袜也是如此。随着服装改造和回收利用以及无蛋薄饼食谱的流行，萧条时期"凑合着用"的风气达到了新的高度。战时定量配给恢复了对节俭的强调。从1939年至1950年，除了两次短暂的中断外，新西兰对汽油实行了定量配给。纸张、陨铁、酒、婴儿车和除草机、瓷器、丝袜、罐装食品以及毛线都消失了，毛线的消失促使人们能够巧妙地使用缝纫机；在厨房中，自己准备食物则受到鼓励。同时，各种物品的短缺赋予了家庭储存更多的含义。日本人对珍珠港的进攻导致人们惊慌地购买食糖和茶叶，从1942年起，它们便和黄油一道被当作日用必需品而进行定量配给；卫生部的首位营养学家穆里尔·贝尔博士（Dr. Muriel Bell）就如何制作野玫瑰果糖浆来向家人提供维生素 C 向母亲们提出了建议。当肉类和罐装蔬菜被定量供应给太平洋中的美国军队之际，黄油则被运送到英国，而且直到1950年，它都继续受到限制。

美国水兵改变了饮食习惯。从1943年起，他们的大量存在产生了一个新的市场，一个牛奶，特别是奶昔、可口可乐、牛排、汉堡包和蔬菜的市场。美国军队、英国市场及学校牛奶计划等的需求所产生的三重影响导致了1943年至1944年的牛奶调查，调查表明：当地饮用的、数量可怜的奶没有经过与出口奶制品一样的检查，它们有可能是劣质奶。在克赖斯特彻奇（不同于奥克兰），多数牛奶都没有经过巴氏杀菌法处理。

同样，美国人也让女性们春心荡漾，他们身着雅致的军服，洋溢着好莱坞式的浪漫。水兵们能够得到各种奢侈物品、名牌香烟、丝袜和巧克力。他们送礼物，送鲜花，他们和女人们聊天、享受着她们的陪伴。在最适合于婚配的男人们不在国内的情况下，他们乘虚而入。从他们驻扎地的新西兰人（Kiwi）和男性竞争者的观点来看，美国佬（Yanks）"薪水太高，性事过多、在这里的人太多"，他们是一些篡夺者，是当地男人的威胁。不过，在年轻女性中，美国人的存在促使女性理念发生了变化，它由高贵优雅转变为好莱坞电影所描绘的性感和性诱惑。在魅力四射而又富于冒险的阶段，拥有一名美国男朋友既提供了许多机会，同时也带来了风险。

## 战后重建的展望

外交关系明显受到美国人存在的考验。1944 年，历史学家 F. L. W. 武德得出结论说，日本人解决了新西兰"在地理上属于太平洋之一部分"的问题。日本的威胁加速了外交代表机构在华盛顿、随后在渥太华的设立，同时也对"外务部"（Department of External Affairs）的建立起到了刺激作用。它也为堪培拉和惠灵顿间经常而直接的接触提供了催化剂，双方的直接联系对两国与伦敦间直接联系的长期体制起到了补充作用，从而完成了英国—澳大利亚—新西兰的三角关系。1943 年，澳大利亚和新西兰分别在惠灵顿和堪培拉开设了高级专员公署（high commission），而此前新西兰在澳大利亚只设立了游客办公处。空中旅行也使决策者穿越塔斯曼海更为容易，这增多了政府与政府间的交往。

接着，双方在 1944 年 1 月缔结了一项"澳大利亚—新西兰协定"（"堪培拉协定"，Camberra Pact）。协定由澳大利亚人起草，它声称两个邻国长期以来一直相信，他们有权利参与所有事关西南太平洋和南太平洋问题的决定。尽管澳大利亚和新西兰对美国基地以及迅速发展的空中旅行在各岛屿上着陆权利的前途有一些敏感，他们还是意识到他们所在地区将来的安全取决于他们与美国之间的合作。最为重要的是，该协定预示了战后世界更加密切的跨塔斯曼关系。澳大利亚和新西兰同意不仅在外交政策方面进行合作，而且要在"商业发展"方面进行合作。此外，他们计划"在实现澳大利亚和新西兰的充分就业，在他们的边界内以及整个太平洋各个岛屿中实现最高水平的社会保障"方面进行合作，并就鼓励太平洋各岛屿和领土上的传教工作方面进行合作。

1944 年底，为了调查国联委任统治领土的托管权问题，弗雷泽对萨摩亚进行了访问。访问让他深受影响。他期望看到新西兰委任统治下所取得的进步，而殖民主义的程度——尤其在教育和卫生方面——以及对发展的忽视却让他感到震惊。他与澳大利亚外交部长H. V. 伊瓦特（H. V. Evatt）一道谋求向南太平洋承担不同于以前的义务。为了这一目标，"堪培拉协定"所预示的"南太平洋委员会"在 1947 年建立起来。从 1946 年末起，萨摩亚的地位发生了变化，成为了新西兰的托管领土；同时，新西兰采纳了一个让萨摩亚为自治而准备的计划。

在 1945 年设计联合国宪章的旧金山会议上，弗雷泽发挥了主导作用。澳大利亚和新西兰预先同意，首先，成员国的"领土完整和政治独立"应得受到保护，以反对威胁力量；其次便是委任统治的原则。新西兰致力于由联合国所体现出来的多边模式，这在一定意义上象征着英联邦传统的继续，而这一传统允许小国和其他弱国拥有发言权。从另一种意义上讲，它对工党的集体安全原则重新进行了改造。新西兰有效地利用其自治领的地位来主张建立一个捍卫战后世界新秩序的民主机构。新西兰生活的一个事实便是它不得不忍受大国支配。新西兰的代表一直留意处理大国和小国关系，他们所能做的全部事情就是对联合国宪章的起草施加影响，以反映人道主义的渴求，这种渴求可能会让全球权力政治更加和平的运作。

在国内，战争同样将民主原则加诸于机会均等的目标之上。从第二次世界大战起，工党政府相信教育是一种权力而非特权，这一信念包含了旨在促进个人充分发展的"新型"进步教育，它集中在儿童从学龄前开始的全方位发展。C. E. 毕比（C. E. Beeby）博士是一位心理学家。1939 年，他使用自认为正确地体现了当时的教育部长彼得·弗雷泽目标的语言，向弗雷泽总结了自己的教育思想。那时，他便制定了战后的蓝图。下面号召机会均等的陈述便构成了一代人教育政策的"天然磁石"：

> 宽泛地讲，政府的目标就是，每个人，无论其学术能力的高低，无论他富有还是贫穷，无论他居住在城镇还是乡村，作为公

民，他都拥有免费教育——一种他最适合且能最充分地发挥他的能力的教育——的权利。

这包括借助教育青年白人教师掌握毛利文化的方式来改善种族关系。1938 年至 1939 年，惠灵顿师范学院的校长弗兰克·罗普德尔（Frank Lopdell）任命金吉·塔希维（Kingi Tahiwi）向感兴趣的学生教授毛利语，其目的就是为了增进毛利人和白种人间的相互宽容。受国际观念的影响，为学龄前儿童开设的幼儿园和家长经营（parent-run）的游乐中心数量增加了。在新西兰，用来促进初学走路孩子运动神经发展的拖曳玩具以"嗡嗡小蜜蜂"的形式呈现出来，它刷着明亮的原色（primary colours）；这种玩具是在 1948 年根据手纸盒原理而发明出来的。中学改革、离校年龄的提高和资格条件的修订（revised qualification）让新西兰青年为将来的完全就业做好了准备。继澳大利亚之后，政府在 1945 年引入了普遍的家庭津贴，并按照一周每个孩子十先令的标准慷慨地向母亲发放津贴。教师们注意到，津贴改善了学校儿童的外貌和服饰。

战后重建主要集中在实现充分就业的目标之上。工党政府决心避 171 免第一次世界大战后士兵安置失败的局面，它为退伍的军人推出了范围广泛的复员计划。在为退伍军人开发农场的过程中，殖民契约继续有效。这些农场备有按照国家住宅计划而修建的房屋，而这些房屋还根据农场住宅功能的要求进行了改造，增加了放置长统靴和户外服装的门廊。在城市中，退伍军人享有获得政府住宅和工作的优先权，而师范院校和大学的"速成"课程（pressure cooker course）则为士兵们提供了战前无法获得的机会。

对毛利人来说，"复员"计划则意味着新的机会。在农场创收之前，政府向退伍军人支付薪金，"复兴部"坚持更为平等的供房标准。弗雷泽希望 1945 年的"毛利社会与经济进步法案"（the Maori Social and Economic Advancement Act）将最终带来平等。法案是"毛利人为战争所唤起的对完全公民权的期盼"与"白种人把持的'土著事务部’继续控制官方政策的决心”之间的一种妥协，在官方的用语中，法案以“毛利”一词取代了“土著”这个词语。不过，家长式统治继续存在，因为无论是政府还是一般公众都不理解毛利人需求的性质和真相。法案使发展的目标服从于对福利的强调，在这样的情况之下，二十八（毛利）营的军官，一些富有经验的领导者，回到了教师的工作岗位，或者是成为了重新命名的“毛利事务部”的福利官员。由于政府的变动，他们对毛利人关心的社会、经济和福利问题所行使的有限职权也受到了制约。

1944 年至 1946 年间，机会均等的目标同样推动了与伊维间条约的缔结，自 20 世纪 20 年代以来，这些伊维的不满情绪一直就十分突出。1944 年，议会通过了“怀卡托—玛尼阿珀托毛利要求解决法案”（Waikato-Maniapot Maori Claims Settlement Act），根据这一法案，泰努伊人（Tainui）得到了在随后 45 年中按年支付、总额为 10 万英镑的赔偿，以补偿 19 世纪大面积的土地征用。随后的解决办法是每年为征用的土地而向“塔拉纳基信托委员会”（Taranaki Trust Board）拨款 5000 英镑，并每年补偿纳塔胡人 1 万英镑，期限为 30 年。

自第二次世界大战之后，尽管毛利人更多地被纳入到了“人民”的概念之中，新西兰却继续以种族为理由而限制移民入境。1946 年，一个有关人口问题的委员会建议反对大规模的移民，这与澳大利亚的政策形成了对照。人们心目中的好移民仍然是白人和英国人。该委员会报告说，如果“其他欧洲类型”的移民受到鼓励的话，那他们应当“具有如此之特性，在相对较短的时间内，他们将完全同化”。那意味着，如果英国之外的移民想要被接受的话，他们应当来自于北欧国家。非毛利新西兰人占整个人口的百分之九十五，他们中的百分之九十六都仍然是英国人，并为此而骄傲。1948 年，与英联邦有关公民资格的协定相一致，新西兰不同民族在加拿大模式的基础上形成。英国的臣民首次成为了新西兰公民，并拥有了新西兰护照。不过，很少有英国移民申请新西兰公民权，因为他们仍然是英国臣民，这表明种族属性决定了他们的归宿。当时，在新西兰管理之下的土地上的太平洋岛屿居民没有被加以考虑，他们被默认为棕色新西兰人。

　　然而，到 20 世纪 40 年代末，一系列象征性的措施表明自治领已经成为了一个国家。作为对新加坡失陷的回应，澳大利亚获得了宪法上的独立；五年之后的 1947 年，新西兰最终批准了威斯敏斯特法令（the Statute of Westminster），并因此而获得了宪法独立。1945 年，"新西兰自治领"变成了"新西兰"，皇家盾形纹章从官方的信笺抬头中消失，并被代之以民族的盾形纹章，它上面包含有一名毛利武士和西兰狄娅（Zealandia）。事后看来，1930 年至 1949 年这段时期实际上是文化民族主义的一个时期。在长期执政的工党领导下，它得到国家的赞助，内容包括 1936 年公共电台的引入，国家赞助艺术、国家博物馆、美术馆和管弦乐团等。

　　到 1949 年，历史学家们已经在撰写各种关于一个正在崛起之国家的书籍。J. B. 康德利夫（J. B. Condeliffe）《形成中的新西兰》（*New Zealand in the Making*）对"通过小农场经济（small farming）和精耕细作（closer settlement）而实现经济发展的主题"进行了探讨，这包括 19 世纪 40 年代的韦克菲尔德计划及乳品制造业。到第二次世界大战，广受欢迎的历史调查绘画系列《缔造新西兰》——在随后的 30 年中，它一直为学童所使用——表明，国家的缔造在很大程度上正在进行之中。（见插图 7.4）战时出版的这些书籍和另外一些百年纪念时的出版物都试图在占人口多数的白种人中强化国家意识。

　　当时的假设是，缔造国家及其历史是殖民者的事业，它们通过殖民者的努力而实现。毛利人更多地属于历史，他们充当着新西兰历史及偶尔的支持行为的序曲。与此同时，在殖民者的新西兰，第四代和第五代移民正在成长，他们和自己的环境发生共鸣。在他特立独行的百年调查《今日新西兰》（*New Zealand Now*）中，奥利弗·达夫（Oliver Duff）这位直率的报纸和文学杂志编辑吸取了圣经式的意象，来解释适应的过程："当然，存在着这样一种意识，每个人都源于泥土。无论从字面上讲还是从象征意义的角度看，所有的肉体都有如青草。新西兰人是新西兰土地所养育的人"。肉身如青草的概念当然是在

173

7.4  《缔造新西兰》

新西兰形成的，它不再具有帝国主义的性质。在 1930 年，康德利夫从他作为居住在火奴鲁鲁的侨民这个新的有利地位出发，思考了孤立对帝国主义情感所产生的影响。奥利弗·达夫后来称为新西兰"知识停滞"的现象让他感到幻灭，他断定新西兰"恋母情结"的根本在于知识的不完善。地理位置的偏远排除了对事件的分析，并对在没有必要的学术研究的情况下便乞灵于帝国忠诚的做法起到了推波助澜的作用。

174    1943 年，武德在撰写自己的调查时回应说，20 世纪 20 年代，"新西兰所谓的恋母情结达到了高潮"。外交政策是"另外一个星球上上演的戏剧"，既然新西兰"几乎或根本就不能影响事态的发展"，就没有"理由"要"以任何要求国家地位的主张去蔑视人们的感受"。不过，那也可能发生变化；自从那时起，历史学家就一直争论，在日本进入战争——战争推动了政策的调整以适应对美国的"双重依赖"——之后，对英国的依赖在多大程度上发生了变化。就康德利夫和武德而言，新西兰的未来取决于环绕太平洋——"地球之眼"——的各个国家。

7.5　"不可战胜的全黑队"

　　在用面部素描的语言描绘 20 世纪 40 年代晚期新西兰人的文化和　175
教育时，广受欢迎的漫画家 G. E. G. 曼宁尼克（G. E. G. Minhin-
nick）阐明了各种日常行为是如何为这个国家的神话做出贡献的。他
捕捉到了一个有关"全黑队不可战胜"的关键性神话向母亲膝旁的小
男孩传递的过程。母亲，而非父亲，传递着信息，这表明了在认同的
形成中教育的重要性。整个国家对橄榄球的着迷可以解读为（他们）
继续在玩帝国游戏；然而，讲述游戏的故事并赋予其含义的过程则是
在新西兰的家庭中进行的，在家中，母亲们向孩子们传授着各种信仰

和价值观念。

从政治的角度讲，1949 年被证明是一个转折点，与管制和战时控制形成对照的私人企业和自由的原则将工党赶下了台。在 1936 年，作为对工党选举获胜的回应，保守党人重整旗鼓，组成了国民党（National Party）。冷战阴云促使人们在为和平时期征兵而进行的公民投票中投了赞成票，不过，投票率却很低。一个小国再次寻求新的途径以平衡国内和国外安全。

# 第八章 黄金时光（1950—1973 年）

直到 1950 年，战时控制才结束，这使新西兰人得以展望一个战后发展和变化的时代。20 世纪 50 年代和 60 年代常常被回忆作"黄金时代"。对于那些在生育高峰时期出生（1945 年至 1961 年出生）、没有受累于萧条和战争的人们以及负责养育他们的父母来说，它们在许多方面确实是黄金时代。然而，广泛地讲，太平洋地区的内部动力处于变化之中。布鲁斯·梅森（Bruce Mason）在《黄金时光的终结》（*The End of the Golden Weather* ）——一出关于一名男孩童年的一个夏天的生动的单独表演——中捕捉到了这种倾向。在青春期，他解释说，

> 这一陌生而具有魔力的光亮——这一黄金时光——开始发生变化，而且一个人灵魂中的一些困难时刻展现在他的面前；……他开始察觉到时光面貌的千变万化，为困惑和迷茫所触动，并为他以前从不知道的、可怕而深刻并且神秘莫测的经历而惶恐。

20 世纪 50 年代和 60 年代新西兰人的情况也是如此。殖民社会的不安宁已经开始，这种情况先出现在毛利人中，接着便出现在未来的太平洋岛屿移民中，最后则出现在白种人之中。

在一个日渐需要已婚妇女作为劳动力的经济中，对男人们来说，

这是充分就业的年代（直至 1967 年）。毛利人和白种人平均寿命的重大差距迅速缩小。随着毛利人大规模地向城市中迁移，新一轮的文化交流开始了。生育高峰时期出生的人们与他们父母——他们希望子女通过扩大受教育的机会而提高自我——间的代沟出现了。持续的发展使消费社会成为可能，也使相伴而来的礼节和社会规范的变化成为可能，（它们体现在）从帽子、手套到迷你裙和简略的行为（informality）等方面。通讯系统发生了变化，它们将新西兰和世界更加紧密地联系在一起。这是一个社会变化和新型相互依存的时代。

在艺术方面，耽于幻想的科林·麦卡宏（Colin McCahon）是作为一个创造性的人物而出现的，他因自己的文字绘画（word painting）和抽象的风景画——他的绘画常常是在画板上完成的——而受到公众的苛刻对待。暗度（darkness）是他艺术作品的根本；在麦卡宏风景画的黑色中，飞逝的时光和似乎永恒的大地形成了鲜明的对照。通过他的绘画，他竭力发明一种途径来观看"某些合乎逻辑、有秩序而且漂亮的事物，它们属于大地，却不属于大地上的人们"，这一见解（vision）直到他在 1987 年去世之际才为人们所理解和欣赏。

在政治方面，国民党至高无上。西德尼·霍兰德（Sidney Holland）政府主张"自由"和发展，它奉行机会均等的中间立场，支持殖民契约。从理论上讲，国民党接受了自由市场，而这仍然意味着对英国的依赖，而英国此时已然是一个衰落中的世界大国；在实践中，它继续大洋洲的国家发展模式，其核心任务包括在由美国主导并日渐不确定和混乱的战后世界中调控经济。霍兰德政府由新西兰出生并忠诚于英国的退伍军人所组成，它仅仅容纳了一名妇女，希尔达·罗斯（Hilda Ross）。1950 年，政府解散了立法委员会这个由任命而产生的上院，而它也容纳了一名妇女，即爱格妮思·路易莎·韦斯顿（Agnes Louisa Weston）。她是国民党首任主席的妻子。具有讽刺意味的是，在 20 世纪 40 年代，弗雷泽发现妇女不胜任，仅仅是为了要她们投票废除它，她们才成为被指定的"敢死队"（suicide squad）的成员。在此之际，路易莎·韦斯顿被选中。现在，新西兰拥有了一院制的政府体制。在 20 世纪晚期的社会敌对时期，就毫无拘束地运用行政权力而言，这种体制将产生意想不到的结果。

## 冷战和核试验场

20 世纪后期新西兰反核武器立场的起源在当时已经清晰可见。首 178先，这个国家面临着"澳新军团困境"：作为第二次世界大战的结果，它不得不竭力应付两个而非一个大国保护者的期望。让这一困境更加糟糕的是，并非首选的保护者美国现在成为了在太平洋占统治地位的国家，它取代了处于衰退并正在撤离的英国。澳大利亚和新西兰被用来影响英国的政策；密切的联系、经济依赖、信任和熟悉降低了交易成本，并减弱了战略上的失望。然而，美国却按照不同的规则行动，而这些规则尚不甚为新西兰人了解。"按照我们说的那样做"似乎成为了命令。

其次，两个西方大国都有着不同于偏远而狭小之新西兰的利益。该国的极端不重要引发了如何处理"顺从地与英国和美国利益保持一致的现实主义保守战略"和"通过集体安全以应付孤立从而关注自身利益的理想主义"二者间紧张的问题。从更为长远的角度来看，新西兰将选择由联合国提供的多边准则这种更为高尚的道德立场。

当时的首席外交官、儒雅的阿利斯特·麦金托什（Alister McIntosh）在回顾往事时谨慎地说，作为一种战略，固守与英国的联系"获得了成功"，但战后它却"或许被遵循得太久了"。战争本身已经表明，没有美国——它已经成为重要的"伟大而有影响的朋友"——的全力支持，将不会有安全。从 20 世纪 50 年代起，冷战的外部威胁塑造了防御政策。实际上，正如对种族退化的恐惧激励了它之前的防御政策一样，对共产主义的恐惧驱使新西兰与澳大利亚一道作为西方同盟中的一个小伙伴而加入了冷战。

让人高兴的是，冷战提供了促使美国继续对其主要游戏的外围地区感兴趣的新机遇之窗，同时又能维系英联邦的传统联系。澳大利亚和新西兰都对共产党在中国的胜利感到惋惜，并将台湾政权当作中国人的政府；两国都默认了美国拒绝给予荷兰西巴布亚的行动。随着

1950 年朝鲜战争的爆发，共产主义的威胁似乎成为现实，两个邻国都派出了军队，名义上是支持联合国，但从技术上讲，他们是英联邦军队的组成部分。实际上，新西兰和澳大利亚都支持美国，而美国则不希望孤身进入到朝鲜。与此同时，美国寻求与日本之间的"软和平"，以确保日本的友谊；同时，它对朝鲜和中国的共产主义威胁"进行遏制"。这种对最近战争中的敌人的接受要求澳大利亚和新西兰改变态度。事实证明，澳大利亚、新西兰和美国间的"太平洋共同防卫组织"（ANZUS）是它们获得的重大奖赏。

从 1950 年起，通过科伦坡计划（Colombo Plan），非军事影响与军事方面的影响同时在南亚和东南亚扩大。计划之目的是为了鼓励经济发展，并如希望的那样消除不稳定局面，这种不稳定的局面为共产主义者发挥影响提供了条件。科伦坡计划奖学金让新独立国家的学生前来澳大利亚和新西兰学习。从理想主义的角度看，目的是为了援助第三世界；而从现实主义的角度看，则是为了让美国负担资金并为地区安全承担义务。

从根本上来讲，在外交事务中寻求的任何自由都有赖于与美国之间的联盟。"太平洋共同防卫组织"协定起草于堪培拉，1951 年在旧金山签署，它是新西兰（或澳大利亚）在没有英国参与的情况下加入的第一个安全同盟。美国坚持三方协定，因为它不希望受到太平洋中的帝国主义国家法国和英国需要的制约。"太平洋共同防卫组织"承诺，但去没有保证，在受到来自亚洲威胁的情况下——以冷战新面纱进行装饰的昔日的恐惧——由美国提供支援。随着时间的推移，"太平洋共同防卫组织"的重要性不断增强，因为它提供了与华盛顿之间高水平的交流，并让新西兰能够轻松获得美国超强的军事情报，并使用其基础设施。

新西兰和澳大利亚对"亚洲威胁"仍旧疑心重重，它们卷入到了一系列小规模的战争之中。新西兰重整旗鼓，在马来亚帮助英国，并为 20 世纪 50 年代的"马来亚紧急事件"（the Malayan Emergency）作出了贡献；之后，在 20 世纪 60 年代，它又先后在泰国、马来西亚与印度尼西亚的冲突中承担义务。新西兰是作为 1954 年《东南亚集体防御条约》（the Southeast Asia Collective Defance Treaty）的签字国而参与到"马来亚紧急事件"之中的。该条约包括英国、法国及"太平洋共同防卫组织"的成员，同时也包括泰国、巴基斯坦和菲律宾。接着，新西兰跟随美国的领导，对 1966 年丧失权力的苏加诺（Sukarno）采取了敌对的态度。最后，新西兰不情愿地跟随澳大利亚而卷入到了越南战争。

越南战争是新西兰在没有英国的情况下参与的首次战争，它是外部压力的结果。为了防止"太平洋共同防卫组织"——官员们将它被视为外交政策的轴心——受到任何危险，新西兰的一支小分遣队加入到了澳大利亚的特遣部队中。1965 年，士兵们取代了已经置身于越南的工程师，接着，步兵作为澳大利亚营和医生的一部分也而被派遣前去。可是，首相基思·霍利约克（Keith Holyoake）却将军队的作用限制在最低水平。（头韵赋予霍利约克"基维基思"[Kiwi keith] 的绰号，以使他和同名的一位澳大利亚表兄区别开来，这个绰号很大程度上体现了新西兰认同。）在 1965 年至 1972 年间，仅有 3500 名新西兰人（在越南）服役，他们全部是志愿兵，其中 35 人牺牲。

在国内，冷战弥漫于生活之中。国民党成功地利用了冷战的国内影响，从而在整个 20 世纪 50 年代和 60 年代一直当权。1951 年激烈的码头纠纷（waterfront dispute）持续了 151 天，它使有关问题处于显要地位，打垮了强大的码头工人工会的脊梁，并使国民党越来越强大。在经济方面，由于繁荣依赖于出口导向型的经济，骚乱成为了标题新闻。在相对便宜的空中旅行普及之前，新西兰人依靠船运和港口来维持生活水平。可是，码头工作的组织是英国公司的独占领域，它们只关心公司迅速出现转机和削减成本，这导致了（它们）与码头工人的持续冲突。朝鲜战争期间，在初级产品价格打破纪录、特别是羊毛价格高昂之际，持续的纠纷打断了出口。

按照一种观点，冷战使劳工运动分裂为"劳工联盟"（the Federation of Labour）——它由弗雷泽以前的知己 F. P. 沃尔什（F. P.

180

Wash）领导，沃尔什是这个国家曾经有过的最接近于黑手党教父式的人物——和更加好战的"工会代表大会"（Trade Union Congress），它包括码头工人。好战分子犯了严重的错误，他们拒绝仲裁，不明智地对政府权力进行挑战，而政府则宣布了应急条例，并命令武装部队开进到各个码头。拒绝接受仲裁摧毁了工会，并损害了公众对工党的信任；而劳工联盟却站到了政府的一边，这对他们彼此都有好处。1951年，在以法律和秩序为中心的突然选举中，国民党获得了决定性的胜利。

181     关于纠纷的一个较新的观点认为，冷战并非真正的根本原因，真正的根本原因是"结构性的，而且嵌入到了劳工进程之中"。一部有关低工资、就业没有保障及工作中的种种危险的历史催生了敌对和暗中的抵抗，当经济好转后，这些战略则被用来影响雇主。资方拒绝承认合理的抗议，而政府也被迫顺从航运业的市场支配地位。雇主们挑起了纠纷，而后便又躲藏了起来，这使政府得以利用冷战的歇斯底里和民粹派法律与秩序的政纲。

    冷战的躁动进一步刺激了核武器计划，而反之亦然。在整个共产主义和资本主义的两极竞赛期间，美国、英国和法国将太平洋——这里人口稀少，而且几乎不需付出什么政治代价——视为他们的"核试验场"。紧接着第二次世界大战期间英美秘密的曼哈顿计划，英国寻求自己的核威慑。20世纪50年代，英国人返回到该地区，在澳大利亚西部海上无人居住的岛屿以及南澳大利亚内地进行核试验；1957年至1958年，他们又在吉尔伯特群岛（Gilbert Islands）（基里巴斯，Kiribati）上进行了氢弹试验。在1958年之前，美国在马歇尔群岛（Marshall Islands）上进行了核弹和氢弹的大气试验；1962年，美国顶着公众对核辐射微尘不断加深的担忧，进行了一系列最后的实验。美国人总共在太平洋爆炸了66枚核装置。

    然而，法国的核弹试验却激起了最为强烈的抗议，这既是因为他们在1966年违反1963年《部分禁试条约》（the Partial Test Ban Treaty）而开始试验，也是因为法国利用核试验来坚持其在波利尼西亚的殖民权力，而这种权力在新西兰长期遭到人们的憎恨。如果法属波利尼西亚已经独立的话，那法国就不可能在群岛上空和地下引爆核弹。随着核弹试验的扩散，和平运动聚集起了力量，它组织了一次要求仿效 1959 年英国模式而进行核裁军的游说活动。新西兰人憎恨在被他们视为后院的地区进行核弹试验。就核试验对库克群岛影响的担忧助长了反法情绪。有问题的是，核武器也成为了美国军事战略的一个关键特征。以这样一些有意无意的方式，冷战的紧张局势折射到了当地的政策和政治之中。

182

战争期间核武器的发展引起了对铀的需求，并激起了各种希望：即，一发现铀，便能进入核时代。战时秘密寻找铀毫无成果，但在 1955 年，公开发起的搜寻使得盖格计数器（Geiger Counter）在西海岸——在现在成为国家公园的一个地区——泛滥起来，这加速了寻铀热潮的到来，并不禁让人回想起一个世纪之前的淘金热潮。从那时以后，新西兰政府、英国核能当局和企业花费了 25 年的时间在西海岸寻找铀，但却没有找到可行的矿层。一个非常令人着急的难题保留了下来：在 20 世纪 50 年代，如果储量能够带来经济效益的铀矿被发现，那将会是怎样一种情况？新西兰政府会制订一个无核化的政策吗？如果确实找到了能够带来经济效益的铀矿层的位置，这个国家可能已走上了一条完全不同的道路。

在 20 世纪 50 年代，能源的未来指望着原子能。官员们一致同意需要核电站，但他们却就"如何对英国和美国间的竞争——它们源于两国向'自由世界'提供核装备的努力——进行回应"展开了争论。1956 年，在与美国签署一份协议（正如伊朗 1957 年所为）后，新西兰得以获得浓缩铀来作为研究反应堆和装备的燃料，并建立起了核科学研究所。1961 年，该协定被转交给了新成立的国际原子能机构。美国的"原子和平"（atoms for peace）计划也向坎特伯雷大学捐赠了一座亚临界（sub-critical）的反应堆，从 1961 年开始，该反应堆一直都在运行。

因为电力短缺困扰着战后的新西兰，核能被放上了议事日程。在 1955 年至 1964 年间，发电量增长了一倍，然而却几乎不能满足迅速

8.1　内维尔·S. 洛奇：《利多电力计划》，1963 或 1964 年。

增长的需求。作为回应，政府修建基础设施以供电，正如它对铁路采取的措施一样。在 20 世纪 50 年代，发电站项目控制了北岛的主要河流——怀卡托河——的水流；在 20 世纪 60 年代，它们则控制了南岛的威塔奇河（Waitaki River）。在 1950 年拟议而在 1964 年铺设的跨越库克海峡的电缆将南岛水力发电站的电能输送到急需电力的北岛。1958 年至 1965 年间修建班摩尔大坝（the Benmore dam）需要挖掘的土方规模是如此巨大，以致漫画家内维尔·洛奇（Nevile Lodge）暗示，有关哪个岛屿是"大陆"——南岛声称拥有这一头衔——的争论可以通过将两个岛屿移动到一起而加以解决。

### 让人们到新西兰居住

让一些人吃惊的是，战后的增长并没有像希望的那样需要许多非英国移民；这让这个国家不必去争夺他们。生育高峰期提高了出生率，而大量英国移民的到来则提供了长时期内新来者的三分之二。1947

年，受资助的移民活动以"十镑婆母思"（ten pound Poms）——他们发现搬迁要比在国内度假便宜——而恢复。在 1945 年至 1975 年间，荷兰人几乎占据了从欧洲大陆吸收的移民的一半；在新西兰的思维中，作为北欧人，他们最接近于理想的英国人。在 1945 年至 1971 年间，差不多有 77000 名新来者从英国抵达，同时，大约有 6200 人从荷兰迁徙而来。从 1949 年起，在总数为 9 万人的受资助欧洲移民中，仅仅有 4500 名难民和 1100 名匈牙利流亡者到来。直至 20 世纪 80 年代晚期，亲属移民（kin migration）按照其历史模式继续着；英国提供了差不多半数的永久抵达者（permanent arrival），澳大利亚紧接其后，提供了四分之一。战后的移民活动也产生了一个重要的荷兰社群，他们当中有德布利斯（de Bres）和博伦（Borren）家族，他们分别在社会公正问题和曲棍球方面出了名；还有伊尔科·博斯维克（Eelco Boswijk），他在 1961 年建立了"在伊尔科"（Chez Eelco）咖啡馆。

184

出于战后与太平洋沿岸地区发展关系的需要，针对"亚洲"的政策首先出现了放松。正如在加拿大一样，印度人能够以英国臣民（现在是英联邦公民）的身份而入境。1944 年，向中国移民征收的人头税被取消了；在 1952 年，华裔新西兰人重新获得了自 1908 年以来便遭到拒绝的归化权利，不过，仅仅有一名妇女符合条件，在接下来的两年中，又有 20 名男子满足了条件。作为对边境限制的全球性发展的回应，1961 年的"移民修正法案"（the Immigration Amendment Act）要求非新西兰公民拥有入境证。在实践中，华人和印度人除非拥有家庭联系，否则他们仍然难以获得入境许可。甚至英国人都需要许可证。澳大利亚人是例外，直到 1981 年，他们都不需要许可证，甚至不需要护照。

移民政策的变化与经济方面的变化一同发生。鉴于欧洲人在很大程度上满足了对熟练劳动力的需求，太平洋岛民和毛利人则提供了廉价的非熟练和半熟练劳动力。在战后最大的变化中，大洋洲的其余地区——棕色人以及白人——取代了英国而成为移民的主要来源地。随着太平洋各岛屿的非殖民化，"好移民"开始包括岛民。殖民社会的幻想持续到 20 世纪 70 年代，这种幻想即是：作为波利尼西亚人同族与非熟练劳动力，太平洋岛民和毛利人在国家中拥有一席之地；为了打破权力和特权结构，毛利人也"不再受到歧视"。

太平洋岛民的数量较少（在 1966 年尚不超过 26000 人），但从比例上来讲却具有重要意义。多数人来自于新西兰的属地：库克群岛、纽埃岛和托克劳群岛——1966 年，它们的人口在很大程度上都搬迁到了新西兰——和西萨摩亚，直到 1962 年，它都是联合国监管下的托管地。来自汤加、斐济和塔希提且数量更少的人们则声称拥有真实（和想象）的联系。白种人将岛民们视为既非英国人也非外国人，也不是种族上的异族，而是另外一种毛利人，而毛利人却并不这么看。与此同时，公众在很多程度上仍然对该国在太平洋的亚殖民主义遗产（legacy of subcolonialism）毫不在意。甚至政治家都不清楚，从新西兰属地而来的太平洋岛民属于新西兰公民。

与其他大国相比，新西兰在南太平洋推行非殖民化的时间更早，但却不那么彻底。在新西兰的托管之下，萨摩亚宪法定期得到修改，以便分阶段转交责任，从而为独立做准备。内务完全自治在 1959 年实现，独立则在 1962 年实现，在此之后，西萨摩亚人能够根据配额制而进入这个国家。

与库克岛之间达成的"自由联合"协定是世界首创，并与当时澳大利亚和美拉尼西亚人间的关系形成了鲜明对照。事件的顺序类似于西萨摩亚模式。1962 年，库克群岛被给予了统一、独立或在与新西兰"自由联合"的情况下自治的选择。库克岛选择了最后一项，并在 1965 年完全自治，而新西兰则负责外交事务。"自由联合"向这个微小而分散的岛屿群提供了"作为一个国家的自尊"的好处，却不必承受"独立的灾难"。从自己作为英国自治领而同时具有之依附和独立地位的经历中，新西兰非常精于如何成功处理两个截然不同的世界，同时，他将这种经历实践于太平洋的属地。到 1974 年，纽埃岛——一个单独的珊瑚礁——也沿着同样的道路而实现"自由联合"，微小的托克劳则仍然是新西兰的附属地。

虽然新西兰对太平洋岛民施加了影响，岛民也影响到了新西兰人对他们自身的认识。知识分子——从经济学家到诗人和艺术家——开始坚持太平洋认同。1959年，以太平洋为中心的观点出现在在民族历史学家基思·辛克莱（Keith Sinclair）——他出生于奥克兰，毕业于新西兰大学并获得了博士学位——的经典之作《新西兰史》中并非偶然。辛克莱将新西兰定位在太平洋及新世界中。他反对英国特性，他认为英国特性是南岛殖民神话的组成部分；而他的对手则嘲弄说，左翼的辛克莱流派将新西兰描绘为"长粉红云"。白种人—毛利人的关系，而非太平洋岛民，也非亚洲，更非妇女，在辛克莱的历史中起着重要作用。城市和乡村间新型的相互依存将毛利人在国家中的地位放了显著位置。

## 毛利人的城市化

从20世纪30年代起，在人口恢复和土地太少而不足以养活青年人这一状况的推动之下，毛利人为寻找工作而进行的迁徙增多了。与此同时，战后长期的繁荣也需要工人。第二次世界大战加速了毛利人"无声的迁徙"，从而引起了毛利人对工作和更美好生活的希望。在1945年至1976年间，毛利人口从主要生活在农村（百分之七十四）转变为居住在城镇（百分之七十七）。对毛利人和白种人来说，这都是一个剧烈的变化；从19世纪60年代至到第二次世界大战末期，他们在很大程度上都过着不同的生活。于是，战后的新西兰经历了又一轮的文化碰撞（culture encounter）。

在殖民神话中，殖民城镇曾经代表着荒野的文明。战后向城市和郊区的搬迁延伸了这一进程。例如，在1950年克赖斯特彻奇建城百年之前，在其城镇中心很少见到毛利人的面孔。在奥克兰，部族的定居点被湮没在绵延的郊区之中。白种人决策者将传统的寨子视为地理景观上的污点。"现代"毛利人必须成为城市人和郊区居民，其途径便是搬迁到20世纪贫民窟的镜像——郊区。在这样的背景下，1951年组成的"毛利妇女福利同盟"（the Maori Women's Welfare League）在1964年成功地将《寨子的洗濯日》（*Washday at the Pa*）这一小册子从学校中撤出，因为其对毛利人生活进行了前现代的描绘。

作为对人口迅速变化的回应，"融合"取代"同化"而成为首选的种族关系政策。对世纪早期的纳塔来说，毛利人属于新西兰乡村，归属于他们部族的领土。他的解决办法是将殖民契约延伸及毛利人，允许他们耕种和开发他们自己的土地。但是，第二次世界大战将毛利青年动员起来参加战争时期的各种努力，要么服役，要么进行生产；对许多人来说，这要求搬迁到城市。战后，这一迁徙受到了高度的协调。从充分就业的观点来看，国家将毛利青年视为"工业劳动力的储备"，他们应该从"没有经济收益的"区域迁徙到城镇。当时有两千多个职位空缺。1960 年至 1967 年间，当成本得到削减时，官方的迁徙计划为准备搬迁到城镇中心的家庭提供了资助。毛利妇女为廉价的膳食费用和优厚的报酬所吸引而进入酒店和医院，并进入教学和护理行业，而这些都被看作是对将来的妻子和母亲合乎时宜的训练。青年人大多来自于北岛东部海岸，他们为接受行业训练而迁徙到克赖斯特彻奇。1961 年至 1967 年间迁徙的差不多 2700 名青年中，百分之五十二的人都是作为学徒而迁居到克赖斯特彻奇。

1960 年的"胡恩报告"（Hunn Report）（1961 年公布）建议毛利人采取"现代的生活方式"。它制订了"融合"的目标："将毛利人和白种人的要素相结合（而非熔合）以组成一个国家，其中毛利人的文化仍保留其特色"。这意味着"毛利文化的某种延续"。然而，批评家却将这种政策斥为另外一种名称的同化。它假定国家的领导是一种给定的事物，而且还忽略了过去的教训，即毛利人的问题需要由毛利人自己来解决。为了"一个国家"的政策，政府到 1969 年终止了毛利学校体系。一些白种人的团体确实对土著文化更为感兴趣。重要的是，"融合"给予了毛利人谈判的空间，例如，为获取国家对修建城镇毛利会堂的支持。

融合和城市化的政策改变了毛利人的公民身份。从负面讲，人民因丧失土地而被连根拔起；从积极的方面讲，生活机会的迅速增多接替了 20 世纪初期人口的恢复。从 20 世纪 60 年代起，毛利人经历了健康的过渡时期，它体现在生育力和死亡率的下降方面。1901 年至 1961 年间，毛利妇女的预期寿命增长了一倍，与白种人间的差距开始弥合。由于向城市的迁居将亲缘网络由大家族重整为核心家庭，以分开的郊区房舍为象征的家园在培养理想的毛利人和欧裔公民方面越来越重要了。"毛利妇女福利同盟"宣称自己的中心是"母亲、孩子和家"，并将拥挤而未达到标准的住房问题作为靶子，在奥克兰尤其是如此。

## 郊区偶像

战后，政府培育起了由家庭理想、婚姻和家庭所构成的集体认同。分开的郊区房舍，经过修剪的屋前草坪，孩子们能够在其中玩耍更为悠闲的后院，旋转的晾衣绳，一畦菜地，给妈妈的花朵，给爸爸的小屋，开始成为一种据信是所有新西兰人都可以获得的民族生活方式的标志。在 20 世纪 60 年代，郊区房舍和工业的分散发展导致了郊区购物中心和超级市场的出现。1958 年，沃尔沃斯（Woolworth）从澳大利亚扩展到了新西兰；在同一年，陈麟智（Tom Ah Chee）和合伙人在奥塔拉（Otara）建立了"食乐园"（Foodtown）。在克赖斯特彻奇，海斯商场（Hay's）于 1960 年在"教堂拐角"（Church Corner）开业，"里卡顿购物商场"（Riccarton Mall）则在 1965 年开业。

1945 年至 1961 年，郊区随着生育高峰期（同样是国际性的）一起扩展。生育高峰期是由因萧条而推迟结婚的夫妇以及在战争期间和战争末期结婚的年轻成人所共同构成的结婚高峰造成的。到 1960 年，家庭规模由平均不超过两个孩子增长到四个孩子，他们先是让妇产医院人满为患，接着又使幼儿园和小学拥挤不堪。生育高峰期出生的人们助长了对家用电器尤其是洗衣机的需求，以减轻清洗尿片的工作。到 1960 年电视机新近抵达时，大部分家庭都拥有了洗衣机和冰箱。生育高峰期出生的人们刺激了儿童玩具市场的发展，并迫使父亲们修建采沙坑以鼓励蹒跚学步的孩子进行创造性的玩耍。随着人们过上更加健康和长寿的生活，养育孩子的规则也随着孩子经济和情感价值的变化而变化。事实上，更加健康的孩子允许了儿童保育规则从"性格"

向"人格"过渡,同样也从特鲁比·金博士过渡到斯波克博士(Dr. Spock)。

在经历了萧条、世界大战和住房短缺之后,新近成为父母的人们热切地希望拥有一幢郊区住房和一辆小车。可是,他们却对实现梦想而欠下的债务感到焦虑。地位日渐来自于自置居所,拥有而非租用的房舍比例迅速增长至百分之七十。冷战政治和自由企业精神结合在一起,推动了政府同意自置房舍,并向房客出售政府掌握的房舍。国民党政府增强了用于房屋建筑的国家贷款的供款能力。从1957年起短暂当权的工党增加了廉价的住房贷款和便利,以供父母们能够将他们孩子的家庭津贴用作住房押金。拥有财产的民主(property-owning democracy)理想再度涌现为防范冷战的壁垒,一种在任何第三次世界大战中的国内防御手段,一个抑制共产主义和社会反常的方法。

189

8.2 《沙坑中的蹒跚学步者》,北帕默斯顿,1959年:对被安置在新小区的新房屋里面不足五岁的孩子来说,沙坑要比在未经开发的后院中开辟一个园子要重要。

在郊区，巴芙洛娃蛋糕（pavlova）体现了女性的理想，它是一种松软的蛋白酥皮蛋糕，澳大利亚也同样声称它拥有民族食品的地位。纯粹、雪白而具有女性特质的巴芙洛娃蛋糕在烤制时具有危险，需要有铸铁炉才能成功地烤制出来。它和犹如羽毛般轻的奶油布丁（cream sponge）一道体现着女性厨师的文化价值以及她们对厨房的支配。20世纪 30 年代，巴芙洛娃蛋糕从大洋洲使用常用成分（就它的情况而言，主要成分是蛋和糖，并以奶油作为辅料）烘焙美味可口食物的传统中发展起来。一个早期出版的烹饪法来自于"朗基欧拉母亲联盟" 190（the Rangiora Mother's Union）《经过尝试和试验之食谱组成的烹饪大全》（*Cookery Book of Tried and Tested Recipes*），它由朗基欧拉英国国教教区的妇女在 1933 年萧条所导致的低沉而最为严重的时期捐献而成的。相比之下，20 世纪 50 年代和 60 年代是蛋类和农产品丰富的年代，而官方的营销，即"所有的食物加上奶油品味道更好"，让其得到美化。

另一方面，男人们的渴求开始为埃德蒙·希拉里爵士（Sir Edmund Hillary）体现出来。1953 年 5 月，作为英国探险队的的一员，他和夏尔巴人坦京·诺盖（Sherpa Tenzing Norgay）一起征服了珠穆朗玛峰，并立即获得了爵士的头衔。这一切铸就了他作为最伟大的新西兰英雄的地位。他恰好在伊丽莎白女王加冕之前获得成功，这给人们留下了他既是为了女王也是为了新西兰而攀登世界最高峰的印象。埃德·希拉里概括地体现了新西兰文化中颂扬的男性品质，他成为了这个国家最受宠爱的偶像，并被绘上了 5 元的纸币。希拉里是一位帝国的英雄和开辟者，他是首位也是最优秀的一位；他说话简洁而具有人道主义精神；他是一位粗犷的绅士，喜欢冒险但却讲求实际，在攀登上珠穆朗玛峰之后，他成为了一名居家男人。他大步穿越于山水之间，征服了从最高峰到南极的所有事物。

比较起来，女王（在撰写此书之际，她被印上 20 元的纸币而受到纪念）在 1953 年至 1954 年的夏天作为首位在位君主而访问新西兰和澳大利亚引起了极大的兴奋。女王的游历增强了爱国主义，而 1953 年圣诞节女王的在场安慰了受到自然灾难震动的社会。圣诞前夜，在北岛的邓基卫（Tangiwai），当来自火山高原的火山泥流冲走了一座铁路桥时，151人遇难。过了一会儿，从奥克兰开往惠灵顿的特快列车满载着为圣诞假期所限制的旅行者，坠入了下面涨了水的河流之中。年轻的女王母亲般地监护着这个国家。为了展示这个国家儿童的健康，在公众的坚持之下，一车车学生到场欢迎她。

尽管而且或许就是因为最受人喜欢的以儿童为中心的形象，焦虑加深了：青少年未曾遭受过战时约束之苦，而且，作为消费主义的后果，他们正在变得难以控制。20世纪50年代，青年文化引起了道德恐慌，一种对政府出资援建的郊区新私有房屋中青少年性行为的恐慌。为追踪报纸上猥亵的评论，"儿童及青少年道德错失特别委员会"1954年碰头进行质询，以调查惠灵顿和奥克兰郊区青年的行为。包括一所知名男校的校长、"全国妇女委员会"代表和"天主教妇女同盟"代表在内的名人委员会指责职业妇女和"性生活过度的"女孩子在奶品点心铺以及河堤上的"卖弄风情"（hanky-panky）。难怪青少年的犯罪率在20年中都保持不变。委员会的担心是有道理的，20世纪50年代预兆了一个新的时代，在这个新时代中，青少年将起来造反："代沟正在出现。委员会成员和一些目击者为可口可乐、摩托车以及穿牛仔裤的女孩感到担心"。由于青年人思想和行事的不同，新西兰文化中什么最佳的概念开始受到考验。

直道20世纪70年代，教育青年罪犯的弟弟妹妹——在生育高峰时期出生的孩子——使得公共资源捉襟见肘。小学搭起了（而且也忍受着）预制的教室，以应付学生人数的迅速增长；与此同时，随着更多的青少年留在学校之中，中学的入学人数在1945年至1959年间增长了一倍。高等教育（Tertiary education）在技术学院和大学中迅速增长。1961年，新西兰大学这一由省属学院组成的联合大学分裂成为了不同的大学。1964年，两所新大学——马西大学和怀卡托大学——成立；与此同时，坎特伯雷大学分阶段迁入了为工科和理科提供更多空间的城郊新校区。即便是在这个小社会中，一个青年革命、嬉皮士鲜花力量（hippie flower power）和抗议的时代也即将到来。由于全球性的影响，反叛"符合潮流"。

## 抗议运动

对母亲们来说，生活也正在发生变化。并非是避孕药丸（1962 年引入）改变了妇女的地位和社会对她们的看法，从而解除了道德准则：避孕药丸仅仅是突破了节育类型使用中的阶级壁垒，并使得避孕更为可靠。妇女较过去结婚更早，生育的孩子也更少，而且也更为长寿。这种人生历程的变化为已婚妇女留出了进入有偿工作的空间，而一旦她们的孩子开始上学，经济也需要她们。到 1966 年，几乎百分之二十的已婚白人妇女进入了雇佣劳动大军的行列，这与 1945 年的不到百分之八形成了对比。她们可以从事的工作范围狭窄，常常是一些非全日制的工作，这样，她们也能够继续做家庭主妇。公共机构专门寻求吸引有技能的妇女成为固定的教师，以缓解向生育高峰期出生的人们提供教师的压力。整个 20 世纪 50 年代和 60 年代，医院护士相对短缺的局面都一直存在。

具有讽刺意味的是，在倡导专心家务的同时，政府又带头促进已婚妇女从事有偿劳动。从 1960 年起，公共机构开始实行同工同酬。私营部门则又滞后了 12 年，直至 1972 年"同工同酬法案"（Equal Pay Act）的生效。在 20 世纪 60 年代晚期，蹒跚而行的强制仲裁制度——它为熟练男性工人确立了最高的工资率——为同工同酬的主张获得进展提供了机会。

1967 年，在经历了半个世纪之后，酒吧女服务员最终被允许回答酒店吧台后面，并且，六点钟打烊的做法也结束了。许可证法的放松让酒馆得以开放至晚上十点这一值得尊重的就寝时间。但是，在 1971 年，奥克兰、惠灵顿和克赖斯特彻奇首先发生了新一波愤怒青年女权主义者发起的"酒馆解放"，她们要求在公共酒馆饮酒——而且是饮用比那些接受妇女的高级酒吧便宜的酒水——的权利。对饮酒平等权的要求与第一波女权运动的节欲形成了鲜明的对比。

192

1970 年，妇女解放运动突然登上舞台。妇女们抗议自己像被判刑一样地被束缚在家务之上，她们将家务视为约束性的。作为典型的嬉皮士反文化，妇女解放论者故意挑战既定制度和社会规范。1972 年 3月，来访的知名女权主义者杰曼·格瑞尔（Germaine Greer）因在市政厅的公开演说中使用"胡说"（bullshit）一词而在奥克兰被逮捕。通过游行、剧院和公开抗议，妇女解放论者为法律改革——特别是关于非法流产和同工同酬——而战斗。

20 世纪晚期的女权运动是从国际公民权运动和反越战抗议中成长起来的，它特别利用了美国的影响。在生育高峰期出生且受过教育的都市青年是一些反法西斯主义者、反对性别歧视论者和社会主义者，他们为和平、环境以及包括性别角色在内的革命而参加运动。当青年女大学生发现性别歧视存在于和平与公民权运动中时，她们感到蒙受了屈辱。在这些运动中，青年男人在为解放被压迫者而战的同时，却希望他们的同龄人泡茶，并提供性安慰。对二等地位的此种切身经历让妇女解放论者下定决心要将各地妇女从性别歧视和父权制社会中解放出来。

反越战抗议揭示了政治中的阶级划分正在经历重新组合，因为生育高峰期出生的人们长大成人并加入到进步的"新左派"中产阶级的行列，他们热衷于结束保守势力的统治。和平抗议者构成了一个更为广泛的运动——它寻求从冷战的束缚中解放出来——的组成部分。在世界各地，正在兴起的以各种问题为基础的抗议浪潮预示着一种新政治的到来，这种新政治拒绝保守的社会规范和偏见，并拥抱新的、更加具有流动性的认同。从局部看，越战标志着外交事务上的一致的结束，它分裂了这个国家。受工党反越战立场的吸引，有教养的青年专业人士汇聚到工党而非国民党中。

与此同时，无论是英国还是美国都正在准备从东南亚脱身。在 20世纪 70 年代，英国完成了它在苏伊士以东地区的撤离工作，而美国则退却到菲律宾和冲绳岛（Okinawa），并将一股残余的澳大利亚和新西兰军队留在了新加坡。在这种大国退却的背景之下，到 1971 年晚期，新西兰便从越南撤离了出来，但却留下了两个训练小组，随后上台的工党政府将它们召了回来。

在 1974 年诺曼·科克（Norman Kirk）英年早逝前，在世界上表达道德呼声成为了他领导下的工党政府的特点。正如一首青年流行歌曲对他的亲切称呼一样，"大罗姆"（Big Norm）以前是一名火车司机，是一名自学成才的知识分子，他复兴了工党的传统，即，独立的、有意识体现理想主义的"道义"外交政策。随着冷战和越战的结束，他建立了与中国和苏联的关系。通过在世界舞台上阔步前进，他同样也解决了嬉皮士那代人让人讨厌的"文化盲从"问题，并将民族主义和国际主义结合起来。科克与把自己视为全球公民的青年革命拥护者非常投缘。他将国家的狭小和偏远当成一种机会，一个在小国和新西兰对其不构成威胁的超级大国间进行斡旋的机会，这在很大程度上正如彼得·弗雷泽在联合国的所为一样。

8. 3　艾里克·W. 希思：《"太平洋共同防卫组织"三巨头会议》，"先生们，我们不能全都支持无核区，有什么理由吗？"，1974 年 2 月 27 日。

194    进步青年为科克政府在南太平洋推动无核化区域而感到高兴。1973 年，一艘海军护卫舰搭载着一位内阁部长和一名"国家辐射实验室"（National Radiation Laboratory）的物理学家，启航前往穆鲁罗亚环礁（Moruroa atoll），去见证和监听法国的核试验。澳大利亚和新西兰还将法国告上了国际法院。

　　从哲学的角度看，对核试验的反对与环保运动的兴起是结合在一起的。南岛国家世界遗产公园建立于生育高峰期出生人们的童年时期（峡湾［Fiordland］和库克山在 1953 年建立）。随着更多的家庭坐车旅行和旅行度假，当他们呆在旅行车停车场或汽车旅馆时，他们对山水的民族情感增强了。交通的发展，例如从瓦纳卡（Wanaka）通往韦斯特兰（Westland）并经过哈斯特关（Haast Pass）的道路的竣工，助长了这种趋势。无需付费导游而"自由行走"于米佛步道（Mildford Pass）是在 1964 年才出现的。

195    但是，这些景色优美的奇迹和度假地——生育高峰期出生的人们在这里学会了探险——受到了怎样的保护？许多将来的风景遗产保存了下来纯属幸运。当各个家庭发现他们自己的国度后，对不考虑风景和保护价值的树木砍伐、矿藏开发以及猎獭的发展的担忧增加了。20 世纪 60 年代晚期和 70 年代早期的"拯救玛纳普里"（Save Manapouri）运动标志着公众态度从拓殖土地向保护自然资源的转变。从 1960 年起，历届政府都批准了与"科马尔科"（Comalco）——当时的一家英国—澳大利亚联合企业——的一项协议，从"峡湾国家公园"的玛纳普里湖向一座炼铝厂提供廉价的电力。最初的提议要求将湖面提高 30 米，而这将淹没湖里的大多数岛屿，并破坏邻近的蒂阿瑙湖（Lake Te Anau）。抗议运动提出了一些关键性的问题，即：保护还是发展、国内还是国外资金、跨国公司对主权的威胁、国家的角色、支持新西兰文化的价值标准等。在这种情况之下，公众压力解决了调查委员会不能解决的问题：1970 年，由"皇家森林和鸟类保护协会"（Royal Forest and Bird Protection Society）组织、得到 265000 人签字的请愿便做出了明确的陈述。

## 经济相互依存

然而，对环境的关注尚没有延伸到置疑第三轮草场革命的影响。到目前为止，尚没有成为牧场的山区被从空中施洒以从瑙鲁开采的磷肥，而没有考虑其对每一个地区的影响。新西兰飞行员作为空中施肥的先驱而征服了崎岖山区的最后边疆。使用放射性钴的研究同样揭露出土壤中钴的缺乏。用钴进行空中施撒将草场革命扩展到了北岛中部的浮石地区（pumice lands），并克服了绵羊的"丛林病"（bush sickness）问题。一旦空中运输模式开始出现，新型技术就反映了新型的相互依存。随着飞机在山区农业中的使用，绵羊的数量在 20 世纪 50 年代几乎增长了百分之四十。一位有远见的教师和作家 H. C. D. 萨默塞特（H. C. D. Somerset）引用一位农场主——他对这种"新型拓荒"和"新型农业"对土地尚不可知的影响表示了担忧——的话说："就我们所知道，即便我们尽力施肥，我们对它的利用也可能正在超出其所能够承受的限度"。掌握科学的农场主正在准备转变为环境保护论者。

飞机加速了全球化进程，而全球化则在全世界巩固了各种联系，并构筑起新的纽带。到 1970 年，空中旅行的成本降低到海上旅行成本的水平之上，结果，冒险家离家远行不再至少需要花费三个月的时间。20 世纪 60 年代，当政府全部买下"塔斯曼帝国航空有限公司"（Tasman Empire Airways Limited，TEAL）下属"澳洲航空"（Qantas）的股权后，发动机震耳欲聋的喷气式飞机开始投入运营。战争期间，这家公司在联合王国、新西兰和澳大利亚的政府监管下开始使用英国飞艇。澳大利亚和新西兰都选择在国际范围内飞行的本民族运输机来处理安全和地理位置偏远的问题。1965 年，"新西兰航空公司"（Air New Zealand）作为国家航空公司而出现，它使用的是美国道格拉斯飞机。1973 年前，它将自己的抱负局限在塔斯曼航线和太平洋，并飞往洛杉矶、香港和新加坡。

在经济方面，这个国家继续忠诚于昔日的英联邦俱乐部，因为那

196

提供了外部稳定的最佳保障。第二次时间大战之后，英联邦经济网络组成了牢固的英镑区。由于血缘纽带，成为一个家庭并不总是让人感到舒服，但"信任却让其得到润滑"。尽管美国无疑是强大的，而且越来越如此，但与防务方面不同，它在贸易方面并不是朋友。即便澳大利亚和新西兰离开了英镑区，它们仍然必需克服美国的农业保护主义，而这是不可能的。

与英国作为世界强国的衰落相一致，英镑区不可避免地开始分崩离析。尽管一直到1967年新西兰都还保持着肉类和奶制品免税，战时的大宗采购协定却在1954年就结束了。世界经济权力基地的此种变化迫使（新西兰）重新安排其与英国和其他国家间的关系。当人们的口味发生变化而不再喜欢黄油、奶酪以及冻羊羔的躯体和羊肉时，这也产生了同样的结果。新西兰对国际环境变化的适应要比澳大利亚艰难得多，澳大利亚可以通过开采各种矿石来实现多元化。

197　　朝鲜战争期间羊毛价格的突然增长最初掩盖了即将来临的困难，同时也导致输往英国出口产品比例的下跌，因为羊毛比乳脂更容易找到新的市场。高昂的羊毛价格也推动了牧场革命和通过空中施肥而实现的环境"过度扩展"。经济史学家认为，在1966年至1967年的交易季节期间，当羊毛价格迅速下跌而1952年建立的"羊毛委员会"又购买了拍卖羊毛的百分之八十多的时候，战后羊毛销售的繁荣结束了。

在许多方面，1967年确实预示着繁荣岁月的结束。在面临又一场收支危机的情况下，国民党政府以削减预算这种传统的"收放"（stop-go）方式来进行回应。1967年，应教育委员会的要求，不仅"六点钟饮用"校园奶不再实行了，而且"十点钟饮用"校园奶也不再实行。对讨厌喝热牛奶的学童来说，那是一种解脱。更让人紧张的（对成人而言，更是如此）是帝国度量衡转变为十进制和十进制算术。可爱的英国体系，即英镑、英尺、英里以及杆（perches）都被宣布作废了，而盛行的则是公尺、公顷以及公里。更加具有象征意义的是，在1967年，英镑、先令和便士作废了，而十进制货币则盛行起来，这体现了美国上升到全球性的金融支配地位。

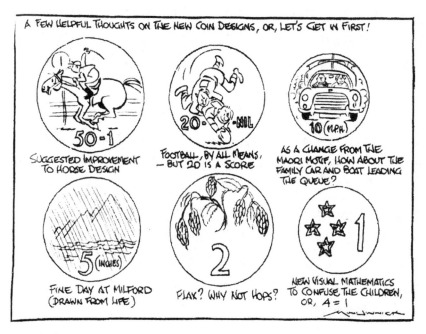

8.4　G. E. G. 明尼克，"遗失的硬币反面"，《新西兰先驱报》，1966 年 2 月 3 日。

1966 年，澳大利亚采取十进制货币的决定证明是脱离与英国联系的催化剂。而且，新元的概念颇受公众的欢迎。民主进程产生了一种独特的新西兰硬币。民粹主义的所有特点都汇聚于其中：库克船长的"努力号"横渡 50 分的硬币；民族的非正式象征鹬鸵栩栩如生地刻在 20 分的硬币之上，其背景则是蕨类植物；同时，凤尾竹则卷曲在 1 分硬币的四周。四翅槐树装饰着 2 分的硬币，大蜥蜴装则饰着 5 分硬币，10 分硬币上的提基神像（tiki）则是对昔日先令上受人欢迎的毛利武士的一种让人满意的替代。除大蜥蜴之外，所有这些形象都有着市场营销的渊源（marketing pedigree）：毛利主题、现役军人墓上银色蕨类植物、全黑队和运动衫以及黄油包装材料，而大蜥蜴则和古老的冈瓦纳古陆联系起来。所有这些符号都暗示了与环境的认同。

十进制货币同样也标志着（新西兰）致力于与澳大利亚建立更为密切的联系。新西兰元贬值了，但它却不是按照英式总量进行的贬值，198

而是几乎贬值了百分之二十。这使新西兰货币恢复了它与澳大利亚货币之间的平价地位，而这一地位曾在 1948 年被丢失。与澳大利亚元之间的平价地位增强了竞争力，并使商业在环塔斯曼地区进行竞争成为可能。

英国从英联邦转向欧洲致使澳大利亚和新西兰更加团结。1961 年出现了危急状况，当时，英国宣布了自己的决定：加入欧洲经济共同体（European Economic Community，EEC，现在的欧盟，EU），抛弃其食品产区的殖民体系而加入以前的敌人。要不是因为法国总统夏尔·戴高乐（Charles de Gaulle）否决了英国的加入，新西兰的出口经济将陷于混乱之中。随着进出口货价之间比率的下降，政府利用英国欧洲经济共同体谈判的破裂而带来的喘息空间，对它与澳大利亚之间的贸易关系进行了重新安排。决策者开始从更加自由的贸易、与亚洲（澳大利亚首先认识到这种前景）以及彼此之间更为密切的关系中看到了希望。

199　　自从 1956 年开始，当锡德·霍兰德（Sid Holland）为新西兰木材和新闻用纸出口进行谈判而获得了更大的准入权后，新西兰便研究了与澳大利亚之间更自由贸易的前景。纸浆和造纸工业是新西兰少数几个能够向澳大利亚扩大出口的行业之一。新西兰也成为了霍顿汽车（Holden Car）的重要市场。在 1960 年谈判之后，两国政府决心通过尽可能密切的合作以解决共同的问题。在英国期望进入欧洲经济共同体之际，他们同意合作应付丧失在英国的贸易特权这样一种前景。1960 年，澳大利亚—新西兰贸易咨询委员会成立，跟着在 1961 年召开了部长会议，并成立了审查自由贸易区提议的官方联合常设委员会。英国极力阻止双方达成任何协议，这增加了它的前殖民地的烦恼。

战后，向森林地带的推进为环塔斯曼地区关系的加强作出了贡献。从 20 世纪 40 年代开始，两次战争期间在北岛中部种植的大片、大片的辐射松（Radiata）已经可以收获了。国有凯恩加鲁阿森林（Kaingaroa Forest）及它所促成的"姆鲁帕拉计划"（Murupara project）旨在让出口经济多元化，并通过向澳大利亚和新西兰提供美国新闻用纸的替代品而节省数以百万计的美元。来自于伦敦和美国的贷款为该计划提供了资金。在国家的另一项企业性再运行（rerun）中，政府与企业建立了合资企业——"弗莱彻"（Fletchers）——以便创建商标经过仔细斟酌"塔斯曼纸浆与造纸公司"（Tasman Pulp and Paper Company）。到 20 世纪 50 年代后期，公司位于凯瓦劳（Kawerau）的制造厂进入鼎盛时期。一个新的城镇——姆鲁帕拉（Murupara）建立起来，以便为林业工人提供住处；同时，电力则来源于火山高原的地热资源。为了林业的腹地，一个新港口在陶兰加（Tauranga）建立起来。塔斯曼成为该国唯一最大的出口产品生产工厂，到 1965 年，它贡献了百分之五十的出口制成品，以及所有向澳大利亚出口产品的百分之四十五。

环塔斯曼社会对新西兰松树种植场和木质纸浆兴趣的不断增长影响了 1965 年新西兰—澳大利亚自由贸易协定的签署（New Zealand-Australia Free Trade Agreement，NAFTA），该协定仅仅部分支持自由贸易。从 1965—1966 年度到 1970—1971 年度的五年中，双向贸易增长了百分之五十多。到这个十年的末期，澳大利亚从新西兰那里满足了对新闻纸和纸浆的全部进口需求；出口新闻纸的百分之九十五都输往澳大利亚。

澳大利亚提供了战后的一种绝缘式发展的模式，而制造商则对这种模式加以改造和利用，以便为转向——这种方向则是建立在 19 世纪 90 年代以来国家发展的共同模式基础上——进行辩护。1959 年，伍尔夫·费舍尔爵士（Sir Woolf Fisher）（来自"费舍尔与派克白瓷公司"，Fisher & Paykel whiteware）率领一个贸易使团前往澳大利亚。经济民族主义者比尔·萨奇（Bill Sutch）和其他官员也采纳了澳大利亚的发展模式，并将其作为减少进口的方式。萨奇看到了扩大狭窄的经济结构的必要以及降低其易波动性的必要，按照他的理解，农业和金融部门是与殖民依附连接在一起的。

因此，各种趋势汇聚在一起，说服了澳大利亚和新西兰通过对它们自己地区以及对彼此表现出兴趣，从而采取驾驭他们在世界上发生了变化的地位的模式。因为太平洋共同防卫组织以及英国的撤退，两个邻国的行为更像他们占据了一个区域性的防御区。跨塔斯曼的空中旅行对大众文化产生了巨大的影响，增加了体育竞赛的频率，也增加了澳大利亚杂志的发行量和非正式的交往。

最后，事实证明，英国从帝国的撤退及转向欧洲是一种报应。联合王国的战略利益再也不能够与作为经济共同体的英联邦相调和。英国拥抱的结束产生了一个持久的、痛苦的"求生存的战斗"。许多年龄更长、境况更好的新西兰白种人认为1973年1月英国加入欧洲经济共同体是一种背叛。如果考虑到强制非殖民并非按照太平洋岛民确定的速度，而是以他们自己确定的速度化进行的，而且其前景也是扑朔迷离的，那个评判便是公正的。

# 第九章　最近的试验（1974—1996 年）

　　20 世纪的最后 30 年见证了殖民化与第一次世界大战以来最为剧烈的决裂。本章将对经济、防务和公共政策等方面的革命进行回顾。这些革命改变了这个小国与世界发生联系的方式，动摇了政治形势并促使其进入新的格局，而且还严重地扰乱了殖民社会。新西兰人发现他们自己因鱼缸换水而气喘吁吁，发现他们的生活方式遭到了连续的打击并发生了变化。突然之间——并非不可避免——政府推翻了曾经是他们显著特征的那些制度。似乎在一夜之间，每个人都生活在了另一个国度之中。

　　在萧条和战争中成长起来的那一代人感受到了"非殖民化的创伤"，对他们来说，大不列颠认同与忠诚曾经是重要的。假如在生育高峰期出生的人们受过良好教育，同时又没有在公众机构供职的话，他们就不会受到这种创伤的折磨；而且，在 1973 年，生育高峰期后期出生的人们尚在学校之中。从启示论的角度来看，英国转向欧洲是与抛弃大洋洲殖民地的思想相重叠的。以弥漫着阳刚之气的体育和政治领域中同伴之谊的语言来说，不仅游戏规则，而且游戏本身都发生了变化。这个团队不再需要工人和农场主（程度更轻微一些），特别是养羊的农场主。世界经济结构已经从农业和制造业占主导地位转变为战后对服务行业的强调。技术的变化创造出新的职业，并使老式的、不需要技能的工作过时了。

适合于工人阶级的传统工作消失了，这产生了男性就业水平低的新问题。在这样的背景下，殖民契约就没有地位了。

从 20 世纪 80 年代开始，新西兰用一系列崭新的试验——它们由受到反文化和学生激进主义影响的领导人设计——来面对世界经济结构的调整。这些新型的、朝气蓬勃的领导人接受了全球化。全球化可以定义为"整个世界经济中各种联系不断深化和变化的进程"以及资本主义经济关系的延伸。此处的重心是经济整合而非重新焕发活力的文化联系，那将在第十章得到讨论。

三件让人不安的事件标志着因英国的拥抱而带来的"黄金季节的终结"，并预示着全球环境的变化将导致一系列极端的反应。对一个已经满足于向英国餐桌提供食品的民族来说，1973 年英国加入欧洲经济共同体最具有象征意义。另一个事件就是固定汇率被普遍抛弃，在此之后，新西兰元和一篮子货币"挂起钩来"。当中东的石油生产国组成垄断集团并大幅度地提高价格时，第一次"石油危机"便造成了第三次剧烈的变化。尽管第一次石油危机（1979 年出现了第二次）事实上并不持久，但它却导致了收支平衡的剧烈动荡，造成了全国情绪的低落。

与此同时，警钟不断敲响：新西兰的经济表现和生活水平已经滑落到"经济合作与发展组"（Organisation for Economic Cooperation and Development，OECD）平均水平之下。正如该世纪早期健康统计数据所遇到的情况一样，在一个全球性的排行榜中不光彩的位置是与自然的丰饶这样一种民族自我形象相冲突的。随着全球对新西兰初级产品需求的减少，到 1980 年，它从"经济合作与发展组织"的前 5 名滑落到第 19 名。尤其让人烦恼的是其实际平均收入相对于澳大利亚的下降。让经济灾难更为深重的是，失业率的不断上涨与高通胀——它在 1976 年飞升至百分之十八——罕见的并存让经济学家和决策者困惑不已。像大部分国家一样，新西兰不得不调整其经济，并试图控制海外债务。这个国家痛苦地从英国的农场变身为太平洋地区及之外——特别是亚洲和澳大利亚——的出口商。

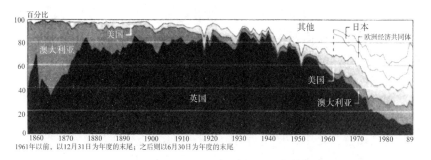

9.1 贸易伙伴：全部出口流向不同市场的比例，1860—1990 年。

实际上，如果说这一进程到 20 世纪 80 年代尚没有被纳入到民族 203
类型和神话之中的话，那它却已经固定了下来。输往英国、澳大利亚
和其它地方的出口产品比例的潜在趋势表明，自二战以来，出口市场
和产品多元化一直在稳步前进。（参见插图 9.1）20 世纪下半叶期间，
作为新西兰主要贸易伙伴的英国日渐衰退的这一潜在趋势十分惹人注
目。1973 年前后，变化的速度短暂地加快，但接着在 20 世纪 70 年代
剩余的时间及 20 世纪 80 年代里便慢了下来，这表明一个长期的进程
在发挥作用。

有一种观点认为，随着自治领制度（Dominionism）的终结以
及对英国再次依附的终结，1973 年成为民族生活关键时刻的标志。
对这一变化的"误诊"——因短视而没有将这一变化视为国家所
面临的核心问题——致使后来的政府沿着错误的道路走了下去。然
而，用以支撑这种观点的经济证据，如 9.1 所示，却并不支持这
种诠释。

常识表明，1973 年以及 1984 年（在第四届工党政府领导下立即
进行全球化的年度）是新西兰历史中的主要转折点。这两年都是出现
戏剧性变化的时刻。在当时，全球和区域压力让国内政治陷入混乱之
中。而且，这两年都暴露出了如何处置面积和偏远的潜在困境。20 世
纪 80 年代早期和 90 年代，新西兰和澳大利亚都经历了迅速而广泛的
经济自由化，这与中欧不无相同之处。新西兰提供了更为极端的例子，
因为它的改革更为迅速，而且范围也更广。此外，新西兰的改革发生 204

在通常与"大政府"联系在一起的年代之后。因此，必须考察从管制转向放松管制的倾向，并留心：导致某种政策变化后果的并非是诊断，而是观念的政治进程、领导和制度。

## 马尔登主义

在新西兰文化中，1975 年至 1984 年间国民党政府领导下的一揽子观念、领导人和制度被命名为"马尔登主义"（Muldoonism）。它源于在这些年间任首相和财政部长（他首先因指导向十进制货币的转变而出名）的罗伯特·马尔登（Robert Muldoon）之名。作为一名会计，他不信任自由市场；但他却相信这一传统，即：管理经济和社会，以便普通的人们能够获益于资本主义，"同时受到保护而免遭其过分行为之害"。

他是个矮个子，身高大约为 5 英尺 4 英寸，即 160 厘米。他以其冰冷的、犹如激光般的蓝眼睛对人们进行威胁，而且，当他还是个孩子的时候，他便学会了用犀利的言辞来为自己辩护。他是首位利用电视来为自己服务的政治家。在荧幕上的一次与众不同的抱怨中，他描绘了自己的哲学。他还在多本自传中为子孙记录了这一哲学。1981年，他声称说，"就我而言，我回想起了英国"。马尔登固守着 20 世纪 50 年代"新西兰生活方式"的观点。他由母亲和祖母养育成人，因而非常了解失去养家糊口之男人所带来的耻辱和艰辛，他毫不动摇地坚持这样一个看法：社保是一种权利。

马尔登的遗产是混杂的，而且遭到了后来各届政府的蔑视。他为年龄超过 60 岁的公民所提供的慷慨而昂贵、且不必摊付公积金的全国性退休金计划——最初为平均工资的百分之八十——显示了"政治的老化"：社保政策的优先权从青年人转向了老年人。它的主要受益人——马尔登的同龄人——被称为"享受福利的一代人"，因为在他们生活的每一阶段，福利制度都发生了变化，以适应他们的需求。这一超级计划能够为政府所承受，仅仅是因为高通胀促使所得税纳税人进入了更高的税档（当时的最高税率为百分之六十六），并违反了各代人之间的福利合约。新的规则将适用于在生育高峰期出生的人们以及他们的子女，而他们从 20 世纪 90 年代起将面临学生贷款。

对许多人来说，马尔登支持"分而治之"的政治，支持对世界的敌视和极权主义。首相最亲密的同事将他描绘为"真正的、好斗的、民粹主义煽动分子"。他的主要支持者——"罗布的乌合之众"——代表着从退伍军人到毛利帮会成员在内的新西兰普通中产阶级。另一方面，为这种政治所鄙视的团体——包括受过教育的毛利人在内的各种抗议者、妇女运动、和平运动、民权运动及自然资源保护论者——都起而反对马尔登主义，并将其视为殖民主义体制的延续。

反之，马尔登（因其相貌和风格而被戏称为"猪佬"［piggy］）则对反文化（counter culture）发起了进一步的进攻。他滥用行政权力，对经济和社会进行管制。如果利率因通胀而增长过快，他则对它进行下调。对农场主进行补贴的最低价格辅助计划造成了绵羊数量不合时宜的增长。伊朗革命之后的第二次石油危机产生了一个反常的短期生活制度"无车日"（car-less days）：其中，开车的人们指定一天——用贴纸在汽车挡风玻璃上显示出来——在这一天，他们不开车。不断上涨的失业率与压迫感、分裂感以及对未来的失望情绪交织在一起，并激起了成千上万年轻人的反应，他们动身前往澳大利亚，去寻找机会和更光明的前途。离开的人们发现，他们不得不向储备银行申请，以便将他们的储存带出国。到 20 世纪 80 年代，根据有违常规的《经济稳定法案》（Economic Stabilisation Act），一项全面的价格和工资冻结措施成为了由各项管制措施所构筑起来的大厦的顶点。

传统的混合经济相应地退化为"指令性经济"（command economy）。一系列旨在减少对进口能源之依赖的"好高骛远"（Think Big）的发展计划似乎证实了那种判断。这些发展计划包括甲醇和氨—尿素厂以及一个合成燃料厂，扩大国家炼油厂以及"新西兰钢铁厂"（New Zealand Steel）（建立于 20 世纪 60 年代），以及一项迅速得以实施的水电计划（克莱德大坝，the Clyde Dam，1988 年竣工）。

在这种背景之下，放松管制出现在马尔登时代是有趣的：马尔登

205

9.2　罗伯特·马尔登与马尔科姆·弗雷泽

签署了"澳大利亚—新西兰更为密切的经济关系贸易协定"（the Aus-tralia-New Zealand Closer Economic Relations Trade Agreement，CER），该协定在 1983 年生效。澳大利亚副首相道格·安东尼（Doug Anthony）回忆道，他最艰难的工作便是应付两国的首相，因为马尔登和澳大利亚的马尔科姆·弗雷泽（Malcolm Fraser）都不喜欢对方。插图 9.2 从马尔登的角度暗示了其中的玄机。一名专栏作家杜撰的一个笑话——新西兰人大批出逃澳大利亚提高了两国的智力——大体捕捉到了他对澳大利亚的态度。重要的是，马尔登和安东尼建立了友好关系。反过来，弗雷泽则与老练的新西兰副首相布赖恩·托尔博伊斯（Brian Talboys）关系不错。1978 年，弗雷泽与托尔博伊斯一起发表了里程碑式的纳伦（Nareen）声明，声明坚称：澳大利亚和新西兰为"共同的起源和共有的观念和制度等深厚的关系"联系在一起，而这在逻辑上暗示，他们将共同面对新的全球环境，并鼓励彼此间更加密切的关系。从 20 世纪 60 年代起，两国的首相一直进行年度会晤，而且，在得到改进的通讯的帮助之下，众多的联系都在《新西兰—澳大利亚自由贸易协定》（NAFTA）的基础上发展起来。但是，这一受到高度管制的贸易协定却陷入了细节的泥潭之中。继托尔博伊斯提出在国际上以及在本地区相互支持的倡议后，安东尼则提议建立"更加密切的经济关系"，以利用新的机会，特别是亚洲的新机会。这一提议使得从《新西兰—澳大利亚自由协定》通向《更为密切的经济关系》的进程准备就绪。

在 20 年后，《更为密切的经济关系》作为保守的马尔登政府具有积极意义的主要遗产而熠熠生辉。双向贸易扩大了百分之五百。悄无声息地达成的这个协定证明是一个巨大的成功，并得到了空前统一的劳动市场的帮助。资本市场的情形也一样。澳大利亚成为了新西兰最大的贸易伙伴，而新西兰则是澳大利亚的第五大市场，而且重要的是，它还是澳大利亚商业的第一个出口市场。在经济方面，两国迅速地一体化，而其方式会让 19 世纪 90 年代的政治领导人大吃一惊。任何一次购物之行都展示了这一点；在两个国家里，无论是买服装、家具还是食品，使用的都是澳大利亚的金融机构。到 21 世纪初，两个经济体一体化及团结的程度是如此密切，以至于新西兰和新南威尔士的经济前进步伐都彼此一致。

结果，"更为密切的经济关系"被作为世界上最全面、有效和相互兼容的自由贸易协定而受到称赞。这和任何仅仅将马尔登时代与大政府联系在一起的分析都是相悖的。"更为密切的经济关系"通常不是和马尔登主义——它是管制的同义词，是对民主与独裁嘲讽性地滥用——联系在一起的；但它却是和马尔登主义一脉相承的。

## 罗杰经济学

继马尔登主义之后，与经济自由化试验联系在一起的一揽子观念、领导人和制度最终以"罗杰经济学"（Rogernomics）而为人们所知。各项改革被冠以第四届工党政府——它在 1984 年 7 月的临时选举中重新执政——财政部长罗杰·道格拉斯（Roger Douglas）的名字。热衷于结束保守秩序统治的新一代决策者组成了"新西兰历史上大概最激进的政府"；它也是教养程度最高的一届政府，其中，律师占据了支配地位。多位部长才三十多岁，而且，领导阶层也才四十出头。新首相戴维·兰格（David Lange）是一位"复杂而有才华的人"，他喜欢印度和开心游乐场（fun parks），他以其睿智、俏皮话和人文精神而让公众感到欣喜。兰格在许多人的辅助下进行运作，而他的忠实追随者、在政府出资援建的私有房屋中长大成人的道格拉斯在意识形态方面却是热情而毫不妥协的。摆脱了马尔登，新政府活力四射，而人们也对它寄托了极大的希望。

危机的氛围为兰格内阁发起一连串的经济改革创造了机会。宽泛地讲，罗杰经济学的改革家们相信，"偷工减料建立起来的经济结构"需要被当作"紧急事项"来"大力调整"。更为迫切的是，在临时选举前后，新西兰维系新元的费用高昂。持续危机的形像来自于马尔登本人，他在电视上用含糊不清的讲话（似乎喝多了）来宣布选举；在选举后，他又不顾即将上台之政府的建议，拒绝新元贬值。这违背了宪法的传统。因此，货币危机产生了宪法危机，从而强化了这样一些信念：他轻率地将国家抛入到了经济混乱之中。

贬值危机及其对这个国家政治稳定声誉的威胁为即将采取的改革形式提供了理由，但却没有决定其形式。罗杰经济学革命的长期性理由包括：经济成就相对于"经济合作与发展组织"平均水平的下滑，209大规模的收支逆差，猖獗的通货膨胀，昂贵的超级计划，过度的管制，"好高骛远的项目"，以及总体上对不断变化之现实的不适应。据说，团体政治（body politics）已经为据悉正毒害着资本主义的所有问题——诸如进口和资本控制、强大的工会、庞大的国营部门以及进行再分配的福利国家——所感染。新自由派的改革家指出，由于马尔登的不妥协，新西兰仍然没有适应英国对帝国的抛弃；并且，新西兰必须立即赶上世界其余地区。解救方法在于自由市场。

罗杰经济学曾被比作"闪电战"，因为改革进行得如此迅速和广泛，并不乏十字军式的热诚。兰格的内阁为危机感和他们"大胆"的政策方向所团结起来，他们吟唱着这样一个座右铭："我们将做正确的事"。20 年之后，那届内阁中的部长坚持认为他们做了"正确的事情"。这引起了哲学方面的问题，因为，假定你知道什么是正确的事暗示了对正确性的确信：存在着正确的道路和错误的道路；不赞同你的人是错误的，以当代的宣传标语来说就是"别无选择"。然而，正如澳大利亚的例子表明的那样，总是存在着选择。

为寻求变化，内阁、财政部和储备银行中核心层的改革家推翻了国家发展的澳大利亚模式——而这一模式是他们的先辈为应对 90 年前相似的全球力量而创造出来的——并代之以英国和美国新自由主义的正统观念。改革的速度和力度在很大程度上依赖于财政部和储备银行的顾问们已经做出的思考。在经过"长期的离经叛道"后，改革家们决心让国家回复到这种正统观念上来，并举出了从旨在保护黄油的1908 年"人造黄油法案"（the Margarin Act）到马尔登对"经济稳定法案"（the Economic Stalibisation Act）的利用等的荒唐。而且，改革家们有意让革命不可逆转。这种对历史的拒绝成为了"历史的终结"

在地方之表现的标志。自由市场的思想忍受不了一组源自历史的"国家试验"的竞争。相反，一组新的试验将以真正的开拓精神来取代它们的位置，并且，劳动者的乐园将退出历史舞台，作为昔日的妥协，防止市场沉浮的社会保护遭到了遗弃。开拓性的传统所需要的不亚于此。

尽管工党成员和公众都知道变化是必要的，但拟议中的变化方式却引起了负责有关国会事务的工党与内阁的思想斗争。一些人认为，"变化成为了目的而非手段"。对道格拉斯来说，他并不希望去咨询其核心圈子之外的人士，因为他相信那种咨询将阻碍他目标的实现。他在财政部的顾问也具有同样的思想倾向，因为政府就"提议中的经济改革是否代表着前进的恰当道路"缺乏一致。

综合性的改革方案接受了全球化。信徒们可以将罗杰经济学作为又一个"新西兰试验"，甚至是"伟大的试验"而加以兜售，因为向自由主义的转向是如此的激烈和突然。由于新西兰面积狭小而与世隔绝，它便为结构性改革提供了理想的现场试验。此外，20世纪晚期，能够通过各项改革的议会仅有一院，这让试验条件更为有利。连续性并非仅仅停留在言辞之上；大洋洲的民主社会试验室再次创造出了进步的自由"国家试验"大厦来控制全球性力量。只是新类型的国家试验急切而毫无顾忌地接受了全球化，并抛弃了老式的试验。与它们相联系（无论多么短暂）的传统偶像和集体记忆则被纳入不正常的、过时而毫无价值的东西的范畴。

市场的代表并非工人，而是消费者。他们被给予了大量可供选择的诱人商品，这包括：中国制作的服装、日本生产的汽车。工人成为了可供交换的商品。金融资本超过了工业资本，权力转移到能够获得国际融资的人们和机构手中。债务应该赋予权力而不是带来羞耻的观念表明了价值观念的变化。结构调整与全球联系的变化直接相关。失业以及经济结构由工业向服务和信息技术的转变同样有助于解决昔日的妥协。自此之后，新自由主义者努力让经济暴露在外部的冲击之中，以便使它更加具有适应能力和活力。

因此，从 1984 年起，新西兰经历了"理论驱动的革命"，它源于 新古典经济学和新右派哲学，其中包括（但却不限于）弥尔顿·弗里 211 德曼（Milton Friedman）和芝加哥学派（the Chicago School）的货币主 义、公共抉择和代理理论以及新制度经济学。颇具策略地安置在内阁、 财政部和储备银行的一小群个体精英引入了这些变化，而这些变化则 得到了 200 家最大公司首席执行官组成的商业圆桌会议的支持。在这 个圈子内，道格拉斯先与财政部一起工作，之后才将各种思想传达给 他的财政部副部长、律师理查德·普瑞贝尔（Richard Prebble）和戴 维·凯吉尔（David Caygill），接着才向兰格和他的副手杰弗里·帕默 传达（Geoffrey Palmer）。然后，这个团体再说服内阁。核心集团的领 袖们及他们的朋友们都曾是美国的毕业生。他们为自己奇特国家的狭 小和狭隘而局促不安，他们回到国内，渴望将新西兰拉进到全球村中。

然而，当地的情况使得新西兰人经历的变化较其他地方更加迅捷、 广泛，也更接近于理论上的纯洁性。最初的经济改革引入了金融自由 化。继澳大利亚之后，新西兰实行汇率浮动，解除了对银行业的管制， 并废除了兑换与价格控制。它拆除了贸易壁垒，取消进口许可，而农 民则突然面临农业补贴的取消。它以通货膨胀为对象，让储备银行负 责将通胀率维持在零到百分之二之间，而这成为 1989 年"储备银行法 案"（the Reserve Bank Act）的要求（从 1996 年起，上限为百分之 三）。接着实行了税收改革，以便扩大课税基础：在两年之中（在 1986 年），工党对所有国内开支（除金融服务外）征收百分之十的货 物与服务税，之后，在 1989 年，又将其提高至百分之十二点五。边际 所得税税率（Marginal income tax rates）降低了：到 1988 年，最高税 率从百分之六十六下滑到百分之三十三。政府对国家退休金也征收附 加税。

公共部门的改革使得熟悉的机构也无法辨认。政府服务部门 （Service Arms of government）被强加了商业道德。通过运用体现削减 成本和竞争风气的语言，这一举动损害了核心公用事业的价值和质量。 政策从投递功能和资助人转向了供应者。因此，部门的数量增长了一倍。新西兰成为唯一一个拥有两个国防部的国家：一个考虑战略，一个作战。只是到了最后时刻，政策建议的主要任务才被补充进"公共部门法案"（the State Sector Act），这一法案认为调整后公共部门的职能是管理。

劳工部和政府服务委员会因为调整了自己的结构，所以更为成功。劳动力市场改革证明是唯一一个利益集团受到了咨询的事例。尽管根据旧的仲裁体系进行工资调整所产生的连锁效在 1984 年就结束了，按照 1987 年的"劳工关系法案"（the Labour Relations Act），劳工法庭和自愿仲裁委员会取代了具有历史意义的强制仲裁制度。资本和劳动力不再处于国家发展的中心位置。

就效率而言，政府贸易部门的改革最为成功。从 1987 年起，立法要求国有企业（SOEs）像商业一样运行，并追求营利。1986 年 10 月通过的"国有企业法案"（the SOE Act）确定了九家国有公司，其中包括三家从解体的邮政部分裂出来的公司："新西兰邮政"（NZ Post），"邮政银行"（Postbank）（以前的"邮政储存银行"［the Post Office Savings Bank］）以及"电信"（Telecom）。反对调整的公共部门工会怀疑它将导致政府资产的出售，他们得到保证：改革代表的是"对私有化的回答"，而不是"通向私有化的道路"；没有人会失去工作。

对工会来说，欺骗构成了罗杰经济学的变革手段，因为，通过一个又一个隐晦的词语和进程，公司化的确迅速地导致了私有化。公共资产的出售从电信、邮政银行和国家保险蔓延到了"好高骛远"（Think Big）的项目。政府抵押、乡村银行、国有森林的砍伐权、新西兰航空以及铁路全都被出售了。"弗莱切挑战公司"（Fletcher Challenge）获得了"好高骛远"项目，商业圆桌会议成员被任命为国有企业的董事长。在这种意义上，尽管推行了罗杰经济学，企业型国家的传统还是保留了下来。"新西兰银行"的命运是和丑闻联系在一起的。该银行必须得到拯救，其情形类似于一个 19 世纪 90 年代的故事。在这个旗舰银行为商业银行家部分私有化之后，纳税人挽救了它，并将它出售给了澳大利亚国家银行。

社会成本是高昂的。改革非但没有大幅度地削减短期成本，反而 213
使那些受到影响的人承受了最大限度的成本。交易成本是巨大的。职业公共服务消失了。内阁忽视了多重调整对小社群的影响：小城镇丧失了它们的邮局（共计 432 家），自 19 世纪以来，它们缓解了地理上的偏远，成为了标志性的机构。更为重要的是，重组计划的每一个步骤都产生了一波冗员。邮局的前雇员以及北岛中部森林产业中的工人——通常是毛利人——受到了尤其沉重的打击。

到 20 世纪 80 年代后期，尽管公众对罗杰经济学进行了抵制，从 1990 年起，国民党政府捡起了改革政策，并寻求甚至更多的变化。1991 年"雇佣合同法"（the Employment Contract Act）彻底地解除了对劳动力市场的管制，并采用个人雇佣合同。对工会运动来说，周期恢复到了 19 世纪。具有讽刺意味的是，诸如杰姆·博尔杰（Jim Bolger）——1990 年起任国民党首相，以前和马尔登时代联系在一起——这样的个人将市场改革延伸到了社会政策之中。

1991 年，这一进程要求剧烈地削减社会福利。作为首任女财政部长，鲁思·理查森（Ruth Richardson）是新右派"新上任官员"的代表。她着手把家庭福利的责任从国家转移到个人，而这些个人则生活在一个将自力更生等同于个人责任和有偿工作的体制中。决策者将他们的信念寄寓在这样的信条上：经济增长将"产生出工作，并减少福利依赖性"。因此，历届政府都接受了走向全球化之正统主义的和新自由主义的途径。

## 连续性

在 20 世纪下半叶，由于流水线式的威斯敏斯特制度（Westminster System）使权力得以集中在"庞大的"和"无法容忍的"内阁，马尔登主义和罗杰经济学间因此而存在着惊人的连续性。马尔登主义和罗杰经济学都阐明了强势人物的核心圈子——他们在一个小社会中支配了决策——运用和滥用行政权力的困境。如果说马尔登应付 20 世纪晚期后现代困境的努力是短期性的和即兴的，而罗杰经济学所遵循的途 214

径是长期性的和一贯的，那么，这个国家微小的规模则使得钟摆的两个摆臂成为可能。

它们每一个都可以对制衡——存在于更大的民主国家中——的缺乏加以利用。新西兰一院制的政治制度是简单的：没有上院，便不存在议会对行政权力的制约；简单多数的投票制度（the first-past-the-post voting system）保证了内阁对立法机关的控制。没有无声捍卫集体价值的成文宪法。在一种想象的危机中，传教士般的改革家们易于追求他们的信仰，而乡村文化则强化了缺少争论的状况。

在这样的形势下，第四届工党政府"改变了公共政策的进程和属性"。20 世纪 90 年代的卫生改革提供了一个关于连续性的研究案例。统计数据表明，按照"经济合作与发展组织"的标准，改革前的卫生系统运行良好；然而，意识形态则判定消费了大约百分之七十卫生预算的公立医院是没有效率的。1988 年，以艾伦·吉布斯（Alan Gibbs）——一名商人，森林国有企业的领袖——为主席的一个医院工作组专注于结构调整，并将其作为解决所谓的公立医院系统不幸的万能药。吉布斯报告声称，通过容许专业人员发挥不适当的影响，护士长、医疗主管和行政官员的三头政治窒息了领导能力，并导致了医院的管理混乱。相反，护士、医生和行政人员应当向一名首席执行官负责，并且，医院应当像商业一样竞争性地经营。

博尔杰的国民党政府在吉布斯报告基础上适时地引入了范围广泛、以市场为取向的卫生改革，从而改变了提供医疗服务的文化。没有任何一个拥有公共卫生系统的其他国家实施过这样不受限制的市场改革。卫生部门和公众都没有受到咨询，这是基于这样一些的假设，即：卫生专业人士将会领悟这一进程；集体记忆和专门技能受到了嘲弄。在卫生领域强加一种管理模式摧毁了护士的医院职业道路，结果，许多最有经验的医务人员离去了。事情很快证明了这些理论的错误。

历史学家后来证实了公立医院医生所知道的事情，即，提供医疗服务的市场途径存在"重大的局限"。卫生试验是不可持续的。从 1993 年起，"资金提供者应该与供应商相分离"的理论促使这个国家

215

分裂为四个不同的卫生系统，它们每个都拥有自己的合同安排和医疗标准。将竞争模式强加于公共卫生系统造成了临床医生和管理人员的两极对立，1996 年，这种做法因无法维持而被抛弃了。最大的教训在于学会了什么不可为。结构变化本身在十年中四度被证明是"卫生部门的障碍"。

因此，通过试验的政治策略，新西兰从世界上管制最多的国家之一转变为最为自由的经济体之一。旧的制度消失了。各种新的认同出现了，其中许多是非正式的，而且一些还是强制性的。因为与澳大利亚共有的历史性妥协是僵化的，很少有人为抛弃它而感到惋惜。变化的速度和模式是问题之所在，忽视对殖民契约的替代同样也是如此。与新西兰相比，澳大利亚仓促取消管制似乎有些轻率，但在那里，至少联邦政治制度确保了改革的途径更加具有选择性，并且也更加渐进。

自由贸易的最大益处大概并非源自于罗杰经济学，而是源自于"更为密切的经济关系"，它为新西兰在国际上具有竞争力并发展出商业自信做好了准备。1988 年，"更为密切的经济关系"从货物领域延伸至了服务行业，到 1990 年，残存的障碍提前五年被清除了，尽管诸如电视广播这样的文化敏感区域仍然例外。经济因接受全球化而变得更加具有活力，但其中的许多收益却离岸而去。

从社会方面来看，承诺中"缓慢惠及"整个国家的繁荣并没有实现。在 1984 年至 1996 年间，由于低收入家庭实际收入的下降，收入不平等的状况比"经济合作与发展组织"任何其他国家都增长得更迅速。赢家不可避免的是受过教育而富有的人们，他们的生活因选择和机会而富足。随着全球资本主义战胜了劳工，阶级语言本身成为了受害者。

然而，从 20 世纪 90 年代起，人均国民生产总值开始恢复，这促使财政部从长期趋势上推断，20 世纪 80 年代的机构和政策改革是合理的。店主而非工人从开放的经济中获得了好处，因为农场主和工人不再是国家发展的中心和基础。从 20 世纪 80 年代起，咖啡馆文化诞生了。破旧的汽车从道路上消失了，被新款的进口车取代了。环塔斯曼零售连锁为重建的购物商场增添了光彩。食品、酒类和酒店行业变得更加具有国际性，对那些拥有购买力的人们来说，生活更加有趣，更加丰富多彩。

然而，从 20 世纪初期开始，在五彩斑斓的消费主义之下潜伏着明显的问题：技术进步对经济增长十分关键。技术革新并非这次试验的重心，在实践中，这次试验集中在抛弃过去和削减成本之上。因为这个原因，罗杰经济学不能向低收入及普通的人们兑现其信徒所承诺的东西。

另一方面，全球化需要有新的途径来解决处于"人们如何与场所和社群进行认同"中心的一些问题。尽管不断试验是痛苦的，新西兰人从总体上还是迅速地接受了这一进程，并将其作为适应自己国家面积狭小、远离世界其余地区而且资源薄弱的方式。全球化推动了更为宽广视野的出现。许多选择存在于狭隘主义和全球主义之间，没有什么地方有比在防务政策方面更加明显。

### 无核化的新西兰

这个国家面貌的变化延伸到了外交政策领域。维护无核化的认同与冷战最后一个阶段发生于同一时间，并导致对美国依附的结束。对许多人来说，宣布国家无核化等同于一个独立宣言，即便说它也通过将新西兰比喻为大卫而让它与歌利亚式的美国相竞争，从而"阐明了权力在新西兰对外关系中的作用"。与经济改革相对照，到 20 世纪 80 年代中期，第四届工党政府拥有了反对核武器和核大国的授权；但它却没有对"太平洋共同防卫组织"进行破坏的授权。

在通过裁军——为美国和苏联之间不断上升的冷战紧张局势所激起——以促进世界和平的运动背景之下，反核情绪触发了 1984 年 7 月的临时选举。在当地，美国海军的来访招致了抗议和公众的关注。1984 年 6 月，工党议员理查德·普瑞博尔（Richard Prebble）提出了新西兰无核化法案（自 1970 年以来的系列法案之一），以便于不仅禁止装备核武器和核动力的船只，而且也禁止核反应堆和核废料。由于

217

国民党政府拥有一票的多数票，马尔登警告说，他将投票视为一个信心问题；他号召进行提前选举，借口便是：国民党议员玛里琳·沃林（Marilyn Waring）转而支持对方的无核化原则。在他十有八九都无法制订出一个可信预算的情况下，他声称，沃林反对核武器的女性主义立场损害了他治理的能力。

新西兰与美国关系的关键时刻在 1985 年初来临。当时，新西兰拒绝了一艘老迈的驱逐舰"美国船只布坎南号"（USS *Buchanan*）的访问请求，理由便是它可能装备有核武器。就"新西兰怎样冒犯其主要盟国并被美国的联盟赶出来"的问题而言，仍然存在着争议。工党上台时决心要宣布新西兰无核化，但却围绕一个妥协政策——即，在最新的"太平洋共同防卫组织"中作为一个无核国家——进行游说，它提出了这个政策来进行重新谈判，以便能够容纳无核化的概念。这一妥协承认，公众支持无核政策，但也希望继续"太平洋共同防卫组织"的成员身分。在实践中，更新同盟的希望是不现实的。

在实践中，新西兰和美国的政策也是不可调和的。美国僵硬地坚持自己的原则：既不证实、也不否认其舰只装备有核武器或核动力；而新西兰则声明，只要船只不是以核为动力并且没有装备核武器，它们便是受欢迎的。新西兰决心自己进行评估，而美国却继续顽固地坚持：新西兰不得引用美国的证据。

拒绝美国船只"布坎南号"访问这一关键性决定之责任的细节仍存在争议，因为在 1984 年选举之后，多个进程在不同的阵线已经准备就绪，而且，不同倡议的形成并不协调。兰格秘密地与美国官员进行联络。他并没有保证要允许舰只访问，但却要求给予时间以便同他的政党进行讨论。反过来，官员们则听到了他们希望听到的东西。与此同时，国防部长率领下的一群经过挑选的新西兰官员获得批准，去和负责太平洋区域的美国海军上将进行谈判，以确保：提议中的船只是一艘"破烂不堪的老式驱逐舰"，没有人会在它的上面放置核武器。官员们引用证据"理无置疑"地表明：美国船只"布坎南号"既非核动力推进、也没有装备有核武器，而且，他们还

218

使用了保守的外交辞令来作为他们建议的措辞。然而，兰格却没有将准备好的文件送到内阁，而内阁对这一系列的事件也一无所知。此外，得到政党忠实支持的和平抗议正在加强对船只来访的反对，并要求宣布新西兰无核化。

到 1985 年 1 月，当美国派遣"美国船只布坎兰号"的要求送达之际，兰格却外出到太平洋去了，杰弗里·帕默（Geoffrey Palmer）当时任代理首相。按照帕默的法律（与政治相反）诠释，为了让内阁满意，官员们的报告包含了不适当的证据：驱逐舰没有装备核武器。他判断说，在拟议中用来考验将来工党宣布新西兰无核化立法的期限内，他不能做出决定。尽管内阁意欲避免这种僵局，但它却不能用一种政治上可以接受的方式来逃避它。帕默派人去请兰格，而兰格则明白无误地反对核武器和核推动力。

从那以后，工党的一名前部长便一直声称，在核动力舰船问题上，兰格被"内部政治"制服了。所谓的"原子分离器"（atom splitter）包括工党元老，特别是未来的首相海伦·克拉克（Heln Clark）和未来的司法部长（接着是党主席）玛格丽特·威尔逊（Margaret Wilson），两人都是和平运动的活跃分子和罗杰经济学的反对者。在这一批评中，克拉克和威尔逊通过收紧政党政策的语言，去除外交官和美国期望的为访问谈判留出空间这种暧昧态度，从而发挥了影响。

在党的元老中，威尔逊将无核政策视为"原则考验"。即便内阁准备转变立场以保存"太平洋共同防卫组织"同盟，工党还是反对"装备有核武器的船只和核动力船只"的访问。威尔逊相信，作为适合于南太平洋小国更为独立外交政策的部分，多数党员也希望新西兰从"太平洋共同防卫组织"中撤离出来。工党元老将这一事件看作是，在面临作为全球性超级大国美国反对的情况下，民主进程和主权所遭受的考验。1985 年 1 月，作为党主席的威尔逊提醒帕默：

> 除非有明确证据表明该船既不是核动力的也没有核装备，它的来访将违反政策。他说，船只并非是核动力的，但是美国将不

会打破其既不证实也不否认船上存在核武器的政策。那么我便确定该船能够运载核武器。

这便产生了问题。党的元老因此重申了其"强烈支持"无核化的政策，并敦促政府拒绝该船入境。从太平洋回来后，兰格按照元老们要求的那样将问题提交给党团会议。于是，因为这个原因而做出了关键性决定的是工党党团会议，而不是元老，也不是兰格，尽管威尔逊和党的元老都展示了良好的领导能力。按照帕默自己的描述，他也是如此。如果我们将各个方面的证据拼凑在一起，我们于是便明白，进程的失败为妇女政治创造了空间。

工党女成员将无核化政策的执行称为"民主的胜利"。这是与党的路线相一致的原则性观点，它为旨在挑战权力中心的女权主义反文化政治所更新。此种政治倡导的并非孤立，而是全球公民的力量，他们积极从事国际和平和妇女运动，决心保留新西兰作为狭小而偏远国家的好处，并采取支持和平的坚定立场。

因此，兰格声称是他自己继承了无核化的衣钵（mantle）。是他在世界舞台上宣传了无核化的政策，是他让一个月之后在"牛津大学学生俱乐部"（the Oxford Union）的辩论成为标题新闻，从而激起了民族主义。"核武器是没有道德理由的"，兰格在 1985 年 3 月告诉他在牛津大学的听众："抵制核武器是为了维护人性之高于武器的邪恶本性；它是为了让人类恢复决策的力量；是为了让真正的道德力量享有至高无上的权威"。

插图 9.3 说明了"布坎南号"事件对"太平洋共同防卫组织"的影响。请注意新西兰独木舟依靠桨提供能量与美国舰只利用太空时代技术之间的对照。新西兰的决定让美国大为吃惊，它进行了激烈的报复：宣布"太平洋共同防卫组织"对新西兰"不再生效"，割断了各种联系，并冻结了高层接触。1986 年 8 月，美国正式采取措施终止了其在同盟中的安全承诺，并将新西兰从"盟友"降格为"朋友"。漫画进一步阐明了这个小国与其盟友关系中的一个主题：新西兰的不在场，而不是在场，引起了评论。

220

9.3　艾里克·W. 希思：《太平洋共同防卫组织》，1985 年 2 月 5 日。

除了原则的冲突，吵嚷突出了同盟伙伴在理解核威慑以及在对安全的态度上的差异。在美国看来，新西兰必须在"太平洋共同防卫组织"和它的无核化政策间进行选择。从新西兰的视角来看，核武器与南太平洋的防御不相干。澳大利亚则采取了明显不同的观点："太平洋共同防卫组织"成员身份就意味着澳大利亚不应该置疑"既不证实也不否认"的政策。在这次分裂之后，澳大利亚首先努力保持与美国的关系，其次便是保持与新西兰的关系。澳大利亚外交官尤其担心：与美国的双边同盟将会是一个不如"太平洋共同防卫组织"有利的交易。

221　虽然新西兰试图限制已经造成的损失，但"权力政治"（*Realpolitik*）——美国的权力——却占上风。对美国而言，如果说决裂时刻发生于美国船只"布坎南号"遭到拒绝之际，那么在当地，"决裂时刻则在美国采取反对新西兰的措施之际来临"。美国在同盟没有规定对一个成员进行除名的情况下却终止了其安全责任，这仅仅是增加了大众对兰格和工党政府的支持。

于是，无核化国家的观念开始成为集体认同中的一个特征，而对与想象中的国家利益相冲突的美国要求之抵制则刺激了集体认同。具有讽刺意味的是，"美国船只布坎南号"事件与无核化政策的广为人知为推进引起分裂的经济改革创造了空间。第二个标志性的事件将法国卷了进来，并确保了公众对无核化政策的赞扬。1985 年 7 月，三名法国特工人员炸毁了奥克兰港中"绿色和平组织"的旗舰"彩虹勇士号"（*Rainbow Warrior*），造成了一名摄影师死亡。按照经典"推理小说"的风格，在公众提供的一群侦探的帮助下，奥克兰警察揪出了其中的两名特工，随着法国的行动被公之于众，公众受到了震动。法国在承认其责任前试图进行掩盖；在它违反就拘捕肇事者而达成的协议后，它进一步激起了愤怒。法国因素证实了古老的英—法偏见，并加剧了新西兰就太平洋无核化而与美国间的紧张关系。受武士成规养育的新西兰人是不会容忍受人欺负并在"国家恐怖主义"行动中受到轰炸，何况它不是由敌人实行的，而是由一个"强大的朋友"、一个新西兰人曾在两次世界大战中捍卫过的盟友所实行的。

美国船只"布坎南号"和"彩虹勇士号"事件一起确保了 1987 年"无核区、裁军与军备控制法案"（Nuclear-Free Zone, Disarmament and Arms Control Act）的通过，它宣布了新西兰的无核化。它也确保了 20 世纪 70 年代初期科克提议的南太平洋无核区计划的复活。1985 年 8 月的"拉罗汤加条约"（the Treaty of Ratotonga）建立了一个地区，它从赤道一直延伸到南极洲，从巴布亚新几内亚一直延伸至复活岛。核武器将不能在这个广阔的区域进行实验，尽管条约并没有影响援引国际法之"海洋自由"权力而通过的核动力舰船。这一系列的事件推动了对南太平洋的进一步关注，鼓励了与南太平洋之间的认同，并加强了对"一个狭小而偏远的国家为世界树立了道德榜样"这样一个观念的信心。正如我们所见，将该国想象为太平洋上之精神乐园的这两种新民族主义因素都拥有先例。"港口中的外国船是对团体政治的危险"这样一个形象也是如此。

222

9.4 受到攻击后的"彩虹勇士号"停泊在奥克兰港中，1985 年 7 月。

1986 年 7 月，以其主席、一名退休外交官弗兰克·康纳（Frank Corner）之名命名的"康纳委员会"（the Corner Committee）的报告反映了公众的看法。该委员会的其他成员包括一名左翼学者、一名女科学家和一名退役的毛利将军，他们得出的一致结论让兰格吃了一惊。表格 9. 1 总结了民意调查的结果。

一如表格揭示的那样，要求"与更大的国家结盟"的新西兰人和要求无核化的人一样多。大多数人都希望得到不可能得到的东西：既推行无核化，又继续留在"太平洋共同防卫组织"。此外，百分之九十二的人（与反对核武器的比例相同）认为，澳大利亚对新西兰的防务和安全是重要的。该委员会得出结论：加强与澳大利亚的联系是"为新西兰敞开的最有前途的选择"。与澳大利亚更为密切的关系不仅处于决策的"主流传统"，而且将专注于"新西兰自己的地区，南太平洋"，并让将来返回"太平洋共同防卫组织"的可能性敞开着。

## 9.1 新西兰人想要的是什么？

| 百分比 | 表决 | |
|---|---|---|
| 92 | 不要核武器 | |
| 73 | （常常是同样一些人） | 支持无核化的新西兰 |
| 72 | 支持与大国结盟 | |
| 71 | 支持"太平洋共同防卫组织" | |
| 80 | 更喜欢无核化的新西兰 | 在"太平洋共同防卫组织"内 |
| 44 | 留在太平洋共同防卫组织内 | 并禁止核舰只通行 |
| 37 | 留在太平洋共同防卫组织内 | 并允许核舰只通行 |
| | 如果留在太平洋共同防卫组织中的无核化 | 不可能 |
| 52 | 留在太平洋共同防卫组织中 | 并允许核舰只通行，无论它们是否运载有核武器，也无论其是否是靠核推动的 |
| 44 | 退出太平洋共同防卫组织 | 并禁止核舰只通行 |

来源：根据《防卫和安全：新西兰人想要的是什么》整理，惠灵顿：防卫调查委员会，1986 年。

因此，尽管无核化思想让澳大利亚感到苦恼，但它却让新西兰与邻国的关系更为密切。防务纠纷在证实了新西兰不同于澳大利亚认同的同时，还促进了"更为密切的经济关系"协定的成功。在经过激烈的辩论之后，堪培拉相应地做出决定：通过加强与新西兰的防务关系，澳大利亚将最佳地实现自己的利益。因此，在 20 世纪 80 年代的第二个五年中，澳大利亚和新西兰都决定加强彼此间的关系。尽管在核问题上的深刻分歧，澳大利亚和新西兰间的防务关系却日益密切，并以一个联合计划而达到高潮，即，建造一系列新的澳大利亚和新西兰护卫舰，以使两个邻国能够在南太平洋单独或协同行动。

但是，"太平洋共同防卫组织"危机留下了一个遗产，即，环塔斯曼关系中的紧张局面没有得到解决。防务是澳大利亚支持"更为密切的经济关系"的主要目的；而且，在 20 世纪后期，防务作为其他方

224　面良好关系中的棘手难题而重新浮现出来，而其原因就在于澳大利人对新西兰在防务中没有尽责的积怨。在 1985 年之后，新西兰竭力适应澳大利亚的战略利益模式，但它却没有能够满足邻国的愿望，这既是因为它缺乏资源，也是因为新西兰人拥有一个显著不同的战略态度。尽管两国有着休戚与共的亲缘关系和目标，但新西兰人对"什么构成了太平洋"却有着不同的看法，从历史的角度来看，他们也很少认为受到了来自于东南亚的现实或想象中的威胁。

　　总的来说，从 20 世纪 70 年代起，经济和防务政策方面的裂痕表明了新西兰与澳大利亚的关系发生了变化。在 20 世纪，澳大利亚曾经被新西兰人忘记，但它却随着全球化而重新出现在他们的面前。与此同时，"太平洋共同防卫组织"问题是破坏各种环塔斯曼联系与协调的潜在因素。从 20 世纪 80 年代起，在对每个人可能都具有意义的、具有双重用途的战争与和平纪念传统中，共有的圣日"澳新军团节"获得了新的含义层面：澳新军团的葬礼传统，对战争中士兵们真实经历的发现，为容纳无核化国家的概念提供了空间，而且反之亦然。

　　无核化的新西兰不仅是女人们的国家，也是男人们的国家。在新西兰，20 世纪 40、50 年代生于斯而养于斯的男男女女们作为新的一代而进入权势部门。这代新人同样也构成了新的专业人士阶级，并立志于处理"文化盲从"问题。重要的是，他们的反文化信念可以为现存的神话所容纳。战后的这一代人生活在城市，受过教育，他们生来就是为了质疑各种道德标准和规范；他们热情地投入到青年革命之中，这使他们成为全球公民。同时，在进入成年的过程中，他们接受了一个"新西兰制造"的认同。

　　因此，政治权力的代际交替有助于解释从马尔登主义向罗杰经济学的转向。它也解决了新西兰无核化与对英、美新自由主义正统的热情之间明显的悖论。无核化原则和罗杰经济学都是让这个国家成为世界榜样的改革运动，并且，改革也希望树立一个道德方面的榜样。二者都沿着历史的道路前进，其中，这一道路声称国家试验是认同的体

225　现，是市场运作的体现。无核化试验得到了大多数人的支持，尽管说

"太平洋共同防卫组织"的终结所造成的遗憾使这种支持变得复杂化；并且，它在面积狭小和位置偏远的地理因素中寻求并找到了意义之所在。另一方面，经济试验却损害了工党政府的信誉。

新自由主义改革运动导致了工党的分裂，其原因在于：围绕公平的性质、特别是对那些最没有能力进行应对的人们以及没有财富或权力的人们的公平性质问题，出现了根本性的哲学争论。1989 年，吉姆·安德顿（Jim Anderton）脱离了出去，组成了新工党（New Labour Party）。"横冲直闯"（crash through）或"闪击"的途径也损害了政治制度的合法性，因为它在根本上来讲是不民主的。因此，为了对行政权力施加某种制约，新西兰人转向了选举改革。在 1993 年，通过公民投票，人民将选举方法由"简单多数制"（FPP）改变为"混合式比例代表制"（mixed-member-proportional，MMP），他们期望这将确保公平，并通过更为一致性的决策，从而在体制中引入制衡原则。1996 年，在比例代表制基础上选出的议会中，联合政府获得了权力。人们希望，这将不仅制约执政者，而且，更加具有代表性的议会将更好地为多重认同和不断扩大的公民权利进行辩护。

# 第十章　条约的复苏（1974—2003 年）

自殖民化、新西兰战争和第一次世界大战以来，公民权的扩大成为新西兰历史上最大之断裂的第二部分内容。正是新西兰特性（New Zealandness）内涵的断裂迫使人们去适应谁属于新西兰的新观念。这个国家重塑了自己的政治制度，以表明：它的人民和文化已经更加多样化，和世界的联系也更加密切了；这同时也是为了适应二元文化的概念。

## 条约复苏

就内部来看，"怀唐伊条约"重新回到公共生活之中导致了这些变化。条约的精神（wairua）使得它在世界上独树一帜，并决定了它在历史中的地位；反过来，这又对 20 世纪晚期国家神话的缔造产生了影响。毛利人对条约的叙述逐渐渗透到公众的意识之中。1877 年，法庭宣布该条约"纯属无效"，此后，毛利人便始终如一地要求王室遵守条约。在 100 年之后，条约的精神不但在毛利人社会而且在团体政治中都激起了一些处于不断变动之中的假设。自 1840 年开始，这些假设便已经确立起来，它们是一些关于土地对毛利人的重要性及有关前进道路决策的假设。

"拉塔纳运动"要求将 2 月 6 日确立为国庆节，在它的游说之下，工党政府在 1960 年宣布"怀唐伊节"（Waitangi Day）为感恩和纪念的日子。1974 年，它成为了公共假日，并在短时间里被称为"新西兰日"（New Zealand Day），到 1976 年，它的名称又恢复为"怀唐伊节"。科克政府希望，怀唐伊周年纪念日将成为一个与众不同的国庆日，它加以纪念的是两个民族间的和平协定而非战争或革命。然而，马尔登则重新采取"怀唐伊节"这一名称，因为，他不喜欢隐藏在创造"新西兰日"这一行为之后的动机，即，为多元文化的未来进行准备。马尔登拒绝用同一性的各种优点来换取相异所带来的效力，并且拒绝用多元主义来代替"所有人适用同一部法律"的同化政策或者融合政策。相反，一些毛利人则反对将"怀唐伊节"加以粉饰。

从 20 世纪 60 年代起，人口的恢复与城市化激起了有关毛利人在现代社会中的地位问题的争论。文化接触的恢复和高通婚率（毛利人婚姻的一半是与白种人联系在一起的）使土著人的不利显得更为明显。在国际上，平等享有公民权的权力受到了强调。受过教育并生活在城市中的毛利青年一直关注着美国民权运动以及联合国对人权的倡导，他们要求一份更加公平的资源，要求他们"大地子民"（tangata whenua）的地位得到承认。由于他们在反文化价值观念中接受教育，他们要求新西兰非殖民化。

同时，毛利青年对他们更为保守的长辈失去了耐心。但是，毛利领导阶层也正在改变立场。1963 年，为了平衡"拉塔纳运动"对毛利人四个席位（为工党把持）的影响，国民党政府从部族名人中任命了"毛利人理事会"（the Maori Council）。该理事会向政府提供了强烈地体现保守毛利人观点的建议。到 20 世纪 60 年代后期，毛利人对保留残余的最后一点部族土地的关注与青年抗议运动一起兴起，并为移居城市的活动所放大。

在奥克兰，青年活跃分子参加了诸如 1968 年"毛利人权组织"（the Maori Organization on Human Rights）和"毛利学生联合会"（Maori Students' Association）等进步运动，接受了"土著权力和阶级斗争携手并进"的马克思主义信念。谋求自治权（mana motuhake）的激进

10.1 "怀唐伊特种法庭"庭长爱德华·泰哈库雷·杜里法官，1981—2003 年。

分子和大学生加入了"战士之子"（Nga Tamatoa）中的"青年斗士"
（young warriors），他们仿效美国"黑人权力运动"（Black Power move-

ment），身着黑衣；从 1971 年——联合国消除种族歧视年——起，他们在"怀唐伊节"那天发起抗议活动，并宣布这一天为哀悼日。他们引起了人们对毛利语言之消亡以及条约之骗局的关注，并号召抵制每年一度的庆祝。由于各种条约叙述间的冲突，每年 2 月 6 日，紧张局势都会爆发。

20 世纪 60 年代，国民党政府为城市化的政治后果搞糊涂了，它固执地坚持着殖民者曾关注的问题，即：部族的土地没有得到有效的利用，这妨碍了经济的发展。于是，土地争夺重新出现。更确切地说，当时的假设就是，既然毛利人已经城市化了，各个部族就不再需要它们祖先的土地了，因为土地已经丧失了它在文化中的极端重要性。与此相反，正如大学生在 1966 年所主张的那样，毛利人的土地是供给毛利人使用的。作为同化毛利人之驱动力的组成部分，政府"欧化"部族土地的这种误入歧途的举动激起了抗议，而没有如愿以偿地促进种族和谐。

1967 年的一系列立法为抗议风潮的兴起提供了催化剂。自 19 世纪 40 年代以来，土地政策几乎没有发生变化，而 1967 年则成为官方试图将毛利土地强制纳入欧洲法律的高峰时期。"毛利事务法案"的修正案在扩大"不用则失"（use it or lose it）这一意见的影响方面并没有取得新进展。（参见第五章）然而，它却遭到毛利人普遍的谴责。殖民者的叙述并没有发生变化，但有关毛利人土地的含义和地位的思想以及有关抗议新语言之出现的思想却发生了变化。反对立法运动的参加者常常引用"怀唐伊条约"。臆想中的平等并没有允许毛利人作为部族或集体而从事现代经济或与政府打交道，而这正是他们祖先签订条约时所期盼的。毛利民族不仅厌倦了"被遗弃在白种人支配的经济边缘地带的感受"，也厌倦了受人忽视和施舍的状况。

结果，在 1975 年，毛利人、"战士之子"（Nga Tamatoa）、积极分子和长老（kaumatua）一起出发进行"毛利人土地游行"（Maori Land March），以引起白种人和政府对这些问题的注意，并对抗"最后的土地侵占"。这些侵占行为以 1967 年法案和其他一些以惊人速度通过的法案、公共建设工程及地方政府项目为代表，它们都允许占用部族土地。抗议者的口号附和了"毛利王运动"的号召："不许再侵占毛利人一英亩土地"。在"毛利妇女福利联盟"基金会主席、80 岁的魏娜·库珀（Whina Cooper）率领下，抗议者们从极北之地（far north）步行到惠灵顿。在最后一天，他们冒着雨声势浩大而无声地游行至议会，以表达他们的心声，即：他们对丧失祖先土地——这些土地对生活在城市中的民族并非不重要而是越发重要——的怨恨，政府应当最终承认"怀唐伊条约"规定的地产权利。

　　求助于条约则要求毛利人去教育白种人，因为后者要么不了解条约的历史，要么将该文件作为历史遗产而加以拒斥，要么则想当然地认为英文版本中的信条得到了维护。1975 年，作为对土地游行的回应，科克政府通过了"怀唐伊条约法案"。作为"2 月 6 日是国庆日"这样一个概念的自然结果，毛利事务部部长马蒂乌·拉塔（Matiu Rata）——他曾强烈地反对 1967 年的各项措施——提议成立特种法庭（tribunal），并授权该法庭去处理对近代条约的各种不满。特种法庭证明是一个里程碑：尽管它仅仅能够提出建议，但它却成为了"遵守"和"确认""《怀唐伊条约》之原则"的标志，虽然这些原则被留到了将来去诠释。

　　然而，胜于土地游行的是，1977 年至 1978 年奥克兰"营垒角抗议"（the Bastion Point protest）通过电视这一媒介而唤起了公众的意识。到这时，大约有 130 万公顷的土地仍留在各个部族的手中。"营垒角"（the Bastion Point）最初的名称是奥拉基（Orakei），它是 1840 年出售奥克兰的纳提瓦图瓦人（Ngati Whatua）的家园。1977 年的抗议虽然因触犯法律而首先引起公众的注意，但它却采取了 10 项法庭诉讼。1869 年，"土著土地法庭"将一块 280 公顷的奥拉基土地授予 3 个"哈普"；1873 年，它又以纳提瓦图瓦人 13 名成员的名义而出具地契证书，从而剥夺了部族中其他人的继承权。自此之后，争端便一直处于酝酿之中。当时，地契有一个附件，即土地应当是不可剥夺的。然而，在 1886 年，政府以俄国海军引起的恐慌为借口，引用"公共工程法案"而占用土地以用作防务之目的。1898 年，托管人被宣布为"所有者"，有权对余下的土地进行转让；不过，1907 年的"斯托特—纳塔委员会"（the Stout-Ngata Commission）却宣布这次割占为非法之举。1914 年至 1928 年之间，政府无视一个宣布了 15.6 公顷"不可让渡"土地的法律判决，而购买了除围绕毛利会堂的一公顷土地外的整块剩下的土地。1951 年，政府通过强制手段而获得了除公墓之外的最后一块土地，它将居民搬迁到附近政府出资修建的房屋中，并在实践"贫民窟拆迁"的过程中焚毁了毛利会堂，从而为现代奥克兰清除了这个污点。

对纳提瓦图瓦人来说，他们看着祖居被焚毁，并在政府提供的住房中贫穷地长大。马尔登政府决定把拥有港口风光的"营垒角"残留土地出售给开发商，这成为了对他们的最后伤害。在后来成为议员的乔·霍克（Joe Hawke）领导之下，该部族对王室所有权提出了挑战。"营垒角"是马尔登主义在社会方面的象征，因为，在经过 506 天的占领之后，马尔登派遣了警察和军队前去驱赶抗议者。当电视观众看到"骚乱法案"的公布以及 222 人被捕时，他们感到了震惊。通过这一漫长的争端，公众了解到了这个缓慢剥夺和完全不公平的研究个案：当地人被强迫驱赶到政府出资修建的房舍中，而政府却提议将他们最后的遗产出售给特权者。

与此同时，地方和全球性的种族主义和反种族主义抗议这两种政见渗透进了橄榄球这一全国性运动之中。1921 年，第一个访问新西兰的斯普林博克（Springbok）橄榄球队就在罗托鲁阿冒犯了特阿拉瓦人。他们接受了该部族的正式欢迎，接着却背弃了毛利人，因为他们对不得不与"土著"队进行比赛、而旁边还有一名新西兰毛利人在跳哈卡舞感到厌烦。这次冒犯行为为随后的抗议奠定了基调，尤其是鉴于"新西兰橄榄球联盟"（New Zealand Rugby Football Union）向种族隔离的投降，它同意从 1928 年起不再向南非派遣毛利球员。起初，抗议相对低调。"没有毛利人的全黑队"（Non-Maori All Black）和斯普林博克队不顾毛利议员和"毛利妇女福利联盟"的反对，分别于 1949

年和 1956 年在南非和新西兰举行了橄榄球巡回赛。然而，从 20 世纪
60 年代开始，"没有毛利人，就不举行巡回赛"的抗议成为民族生活
的特征。南非因为种族隔离而被驱逐出奥林匹克比赛；1973 年，在早
些时间的澳大利亚巡回赛中发生了暴力事件后，科克命令橄榄球联盟
取消斯普林博克前往新西兰的比赛之旅。

　　然而，马尔登在自己玩弄把戏的同时也让南非耍他自己的花样；
为了赢得 1981 年的选举，他没有采取任何行动来阻止"斯普林博克
队"在新西兰的比赛之旅，事后还立即安排了一次王室之旅。他求助
于法律与秩序，为国民党政府获得一票的多数票。巡回赛不仅损害了
橄榄球的利益，而且还引起了自 19 世纪 60 年代以来持续时间空前的
抗议，抗议如同一场内战。

231　　1981 年"斯普林博克队"之旅将抗议者们集合起来，抗议者包括
条约积极分子、帮会成员、大学生、妇女、教会、同性恋法律改革家、
城市中产阶级成员，他们的议事日程也多种多样。橄榄球巡回赛抗议
在许多方面都象征着大众对这个赤裸裸地体现马尔登主义的事例的反
抗。一旦走上了街头，有威望的市民们为警察对他们抗议的反应而感
到震惊。和平示威者遭遇到的是环绕橄榄球场的一道道带刺铁丝网以
及"红队"（Red Squad）的暴力。"红队"是一支戴着头盔、佩着警
棍的精英防暴队，它的文化"对许多新西兰人来说是陌生的，犹如种
族隔离一样"。城市中受过教育的人们首次和防暴警察面对面地接触，
并发现对峙和威胁感是让人恐惧的、戏剧性的和格式化的
（formative）。此种经历让在生育高峰期出生的更为年轻的人们具有了
政治性，而早期的越战和民权抗议则训练了更为年长的人们来参加游
行。成千上万的人们聚集到抵制巡回赛的运动之中。在抗议者通过侵
入赛场而阻止了 7 月在汉密尔顿（Hamilton）举行的首场比赛后，该
运动受到了世界范围内的报道。对南非的纳尔逊·曼德拉（Nelson
Mandela）来说，该运动给人的感觉就犹如太阳出来了一般。

　　巡回赛期间，暴力升级了。9 月，一名马克思主义家庭的后裔打
断了奥克兰的比赛，他从一架轻型飞机上抛撒传单并投掷烟雾弹，而

这刚好清除了赛场的球门柱。所有的家庭都因冲突而产生了分歧，而整个国家则变成了争夺场所。巡回赛为国民党赢得了微弱的胜利，但却展现了新西兰社会深刻的裂痕，并打碎了它作为一个拥有和谐种族关系并且是和平而同质的国家的形象。抗议者们不仅听到了毛利积极分子谴责南非的种族隔离，叫喊着"释放纳尔逊·曼德拉"，而且听到了他们对国内不公正的谴责：处于危险之中的是关于新西兰及其形象、认同和前景的各种相互竞争的观念。

与此同时，毛利事务部确立了一个"高大形象"计划（Tu tangata programme）。"毛利妇女福利联盟"中资深的妇女则提出了"母语幼稚园"（kohanga reo）的思想，"母语幼稚园"被组织成为促进和挽救毛利语言的幼儿园。从 1982 年起，"母语幼稚园"如雨后春笋般地发展起来，其速度超过了匆忙草拟政策和规章的官员。

同时，在爱德华·T. 杜里（Edward T. Durie）领导下，1975 年曾作为议案而提出的"怀唐伊特种法庭"变动活跃起来。杜里是首位被任命为"毛利土地法庭"法官的毛利人后裔。杜里法官着手纠正条约造成的不公正，并帮助白种人理解"怀唐伊条约"的含义和重要性。杜里本人就是新西兰二元文化的象征。1983 年，他和特种法庭在莫图努伊合成燃料厂（Motunui synthetic fuels plant）问题上做出了一个有利于塔拉纳基特阿提阿瓦（Te Ati Awa）部落的判决，从而首先吸引了公众的注意。该厂是一个"好高骛远"的项目，它要求有一条排污渠来向塔斯曼海排放污水。特阿提阿瓦部落担心排污渠将污染他们的鱼礁（fishing reef），特种法庭则表示了赞同。

这个判决对马尔登主义进行了直接的挑战，并赢得了环保运动的支持。土著权利和环保政治的结盟导致了排污渠提议的搁浅。自 1877 年以来，条约首次被"赋予了生命力"，根据 1975 年的"怀唐伊条约法案"，条约转变为了一个宪法工具；而马尔登主义则成为了嘈杂之声。不久，纳提瓦图瓦人通过"怀唐伊特种法庭"而赢得了 300 万新元的赔偿（settlement），同时，营垒角则成为该部落名下的公立公园。

随着过去围绕土地的各种主张和争端在政治层面得到处理，这必

232

233

然导致各种结果的不均衡和不公正。因此，在 1985 年，根据"怀唐伊
条约修正案法案"（the Treaty of Waitangi Amendment Act），兰格政府
通过将"怀唐伊特种法庭"的司法权限回溯到 1840 年，从而为历史
上成百上千有关殖民政府违反条约的索赔要求开辟了道路。毛利事务
部部长寇罗·韦特雷（Koro Wetere）引入该法案，目的是为了处理围
绕著名的不平事件而日趋紧张的局势。从此刻起，"伊维"和"哈普"
便从因土地要求而进行的抗议转向于诉讼，而且，经过扩充的特种法
庭开始开解一代代人对官员错误的愤怒和绝望。这种能量的转移平息
了极端主义，并灌输了对长期谋求之平等的期待。对一些人来说，条
约的主张暗示了一条实现这一政治目标的途径，即，通过自决和为部
族建立经济基地而促进该民族进步。此种变化要求全国通过适当的法
律程序来重新审视土著权利。

1986 年，"怀唐伊特种法庭"宣布毛利语为条约第二款中的宝藏
（taonga），政府应该保证对其加以保护。结果，毛利语和英语一道获
得了官方语言的地位，挽救毛利语言、避免其消亡的努力加速进行。
以毛利语进行教学的毛利语专门学校（Maori immersion school）延续了
学前语言巢穴（preschool language nest）的工作，在那里，学生可以进
行到高等教育。2004 年，在政府支持下、旨在吸引毛利裔青年的毛利
语电视最终得以开播。

234　　　重要的是，毛利领袖对公民权基础的质疑以及条约主张得到正式
的倾听都导致了新西兰历史的重写，并将毛利人包括于其中。在 20 世
纪 50 年代，辛克莱（Sinclair）和其他一些人便已经开始了这一进程，
但在 20 世纪 80 年代，这个进程被极大地拓宽了。探讨普通人生活的
社会史的兴起对这一发展起到了支持作用。汇集到特种法庭面前的证
据对殖民者关于"我们的"毛利人的叙述——这些叙述往往因健忘而
被曲解——提出了挑战，并推翻了这样的假设，即：政府是在得到完
全的同意并经过公平的购买过程而体面地取消当地人的财产所有权的。
此外，为了对殖民政治家运用行政权力进行制约，罗杰经济学摧毁了
毛利社会受到的挑战。由于改革议程的速度及其不民主的性质引起了

恐慌，部族对肢解和出售公共财产的抵制得到了广泛的支持。

1986 年的"国有企业法案"〔the State-Owned Enterprises（SOE）Act〕引发了法庭上防止国有资产私有化的唇枪舌战。该法案为公有财产转归私人所有做好了准备，却使各个部族却无法实现条约主张，并且也没有包括任何矫正土地流失的赔偿解决方案。1987 年，"毛利理事会"对国企法案提出了挑战。这个国家"上诉法院"（the Court of Appeal）最杰出的法官们发现法案有违条约的原则。通过诉讼活动，毛利社会成功地对议会的最高权力进行了挑战。

这次主动之举凸显了"'条约原则'的含义是什么"这样一个问题，因为政治家们并没有对它们做出界定。特种法庭和各个法庭的任务便是为现代新西兰重新解释"kawanatanga"和"tino rangatiratanga"这些条约概念，以及该文档的含义。因此，"上诉法庭"引入了伙伴关系的概念，王室和伊维是条约伙伴，后者是可以确认的当初签字人后裔的共同代表。

然而，条约的签字人代表着他们的"哈普"而非更加广泛的"伊维"来行事。条约索赔进程迫使"哈普"组织成为更大的部族血统集团，以使政府能更加易于操作。内阁部长们只会与"伊维"谈判；因此，从 20 世纪 20 年代起，通过由国家创建和控制的部族信托理事会，以及 20 世纪末在毛利人采取主动的情况下作为私营成分的伊维公司，"伊维"被提升至一种机构的地位。在 20 世纪 80 年代后期，为了让处理和协商汹涌而来的索赔要求成为可能，王室规定伊维是它的条约伙伴。 235

就"毛利理事会"的情况而言，"上诉法庭"发现，条约的原则推翻了"国企法案"的所有其他方面的内容。伙伴有义务采取明智而善意的举动，并且议会的最高权力也依赖于条约，因为政府的合法性也取决于它。毛利人"放弃了行政权利，以换取这样的担保：只要他们愿意保留自己的土地和珍爱的财产，他们便可以占有和控制它们"。于是，新西兰的法官们以"怀唐伊特种法庭"为榜样，并接受了了毛利人将条约叙述为"鲜活、逼真而重要的事物"。他们认为伙伴关系的目的是促进所有新西兰人的福祉，它受制于保护毛利社会完整性的这一特殊形势。

对现在为各个法庭所加强的"怀唐伊特种法庭"而言，重要的问题都围绕着王室在土地争夺中违约而展开。相反，毛利人土地的流失致使他们丧失了在这个国家中的影响力和地位。如果国家要履行条约，白种人和毛利人间的关系就必须得到改变。在 20 世纪 90 年代，主要的条约协议阐明了这个国家面临的问题。在南岛的纳塔胡人对"国企法案"做出回应时，他们的主张反映了 1944 年的早期政治协议所未能解决的一个长期存在的不平事件：1840 年后，政府没有能够履行在土地购置协议中所达成的谅解。政府尤其忽略了安排足够多的保留地，而且还无视哈普——例如在坎特伯雷平原上——保留大宗土地的愿望。尽管条约仅仅授权购买"毛利人自愿出售"之土地，而王室代理人却坚持获取"整个地区的地契"。这导致了传统权利的"失效"，也导致进入食物采集地的权利遭到否认，而它本是在购置契约中所承诺的。纳塔胡人被遗弃在贫困之中，没有土地，并处于边缘化的境地。

相比之下，泰努伊人（Tainui）在怀卡托的土地则是在 19 世纪 60 年代的战争之后被征用的。整个社群因少数人的行为而遭受痛苦，政府攫取了其中最好的土地，而不管土地的主人是"忠诚"的毛利人还是"反叛者"。此种不公正的行为不仅给予毛利王运动以持续的活力，而且还阻碍了泰努伊人对民族生活的参与。不同的部族经历却产生了财产被剥夺、贫穷和生存机会减少等相似的结果，与之相伴的则是影响力的丧失。这些最初的重要主张致使王室出面进行道歉，并根据条约而在 1995 年和 1997 年分别支付了 1.7 亿新元。

作为纳塔胡条约解决方案之部分，重要的地点都恢复了它们的毛利名称。库克山回到了部落手中，并被重新命名为奥拉基库克山（Aoraki-Mt Cook）。但在纳塔胡人权利得到恢复和承认的同一天，他们将这座山交给了国家。该部族对其新的资金基地进行了迅速的开发，它成为了南岛经济发展的引擎，并活跃于地产开发和全球的商务领域。

尽管土著土地权利在很大程度上被取消了，但传统的捕鱼权却仍然没有得到清楚的界定。在 1986 年，作为罗杰经济学改革之部分，工党政府试图将捕鱼权私有化，其做法就是创建各种可以通过配额管理制度而进行交易的地产权利。政府从环保的角度来为自己的做法进行辩解，认为这是对过渡捕捞做出的反应，但毛利人则认为资源被再度出售。事实上，配额制度将条约许诺给毛利人的渔业产权转让给了其他人。毛利领导人警告说，这违反了条约的第二款。然而，在 1987 年，农业和渔业部开始分配捕鱼配额。向"怀唐伊特种法庭"提出索赔要求的毛利人行动起来，以便阻止这一进程；并且，一个泛毛利的禁令在高等法院得到批准。在 100 年中，法庭首次对土著权利的概念做出了积极的回应，它宣布：尽管土著土地权利可能已经被取消，但捕鱼权并没有被取消。配额管理制度被认为是与条约相冲突的，这迫使政府进行谈判。

从 1989 年起，毛利人通过"毛利渔业委员会"（the Maori Fisheries Commission）而再次成为捕鱼业的重要参与者。作为帝国的工具，土著权利这一习惯法概念促进了毛利人影响力的恢复，并有利于他们对资源的控制。在委员会主席、纳塔胡人精明的政治谈判家泰佩恩·奥瑞根（Tipene O'Regan）抓住一个千载难逢的机会（one-off opportunity）向伊维发放捕鱼配额之际，广大的部落居民仍在适应"条约第二款在当前是可以实施的"这样一种观念。1992 年，他说服政府购买了投放在市场上、占总额百分之二十七的一大宗捕鱼配额（以"海王交易"而为人们所知），而这些配额可以用来解决捕鱼权要求。到 1998 年，"怀唐伊条约渔业委员会"（the Treaty of Waitangi Fisheries Commission）被建立起来，以管理这宗配额，并决定一个价值日升的资源（到 1998 年，其价值为 5 亿新元）的分配模式。在 21 世纪初，有关"分配应该在海岸线（有利于纳塔胡人）还是在人口（有利于北方部落）的基础上进行"的问题，依然处于争论之中，这一如分配应该限于伊维呢，还是应该包括城镇中的毛利群体一样。 237

### "妇女选择的权利"

妇女解放运动同样也谋求"立足之地"。1975 年，即条约进入立法之年，成为了"国际妇女年"的标志。随着女孩子越来越多地受到教育，已婚和单身妇女进入雇佣劳动大军的行列，到 20 世纪 70 年代，"第二波"女权运动从正在发生变化的家庭关系以及发生了变化的妇女地位中发展起来。女权运动的时刻到来了，目的是为了将妇女从"父权制"中解放出来，并以"女士"来称呼成年妇女。家庭结构和婚姻的性质也在发生变化；1975 年见证了"无过失"离婚的到来。经济需要受过教育的人们去填充扩大了的第三产业中的职位空缺，而在家庭中却继续依靠无偿劳动。由于负担家计之人的薪水再也维持不了自置居所及抚养孩子的费用，各个家庭也需要母亲们出去工作。

（新西兰）妇女解放的目标与澳大利亚和国际上的目标相似：同工同酬（在 1972 年的立法中赢得）；从"家庭主妇"的角色中解放出来；免除"性角色"并免受性别歧视；对女性身体和生活的自主。母性和专心于家务不在被想象为是让人振奋的，而是被想象为囹牢。因此，为了伸张自我，女权主义者着手改变社会，以便将妇女们从家和家庭的束缚中解放出来。20 世纪 70 年代，对安全、合法流产权利的要求证明是最惹争议的问题，因为，它促使女权运动发生分裂，并受到诸如"胎儿保护协会"（the Society for the Protection of the Unborn Child, SPUC）这样一些拥有政治影响力的游说团体的强烈反对。在 1977 年"避孕、绝育和流产法案"（the Contraception, Sterilisation and Abortion Act）通过之后，妇女流产变得困难起来。于是，新西兰和悉尼的女权主义团体彼此合作，将妇女们空运到悉尼的诊所。这一限制性的法律表明了马尔登时代社会的保守。到 20 世纪 80 年代，尽管医生们对法律进行了更为自由的诠释，女权主义运动却没有能够让流产从"刑事法案"（Crimes Act）中撤销出来。

在另一方面，从 1990 年起，随着独立接生员的再度出现，对分娩的管理让女权主义者获得了一次成功。对"分娩是一个正常的生理过程"这一观念的复归是通过接生员、中产阶级妇女组织和工党政府的一致同意而实现的，它由有利于接生员而不利于医生的"政治机会结构"的变化所产生。与 20 世纪 30 年代相比，在经过 1988 年西尔维亚·卡特赖特夫人（Dame Silvia Cartwright）所主持的宫颈癌调查之后，医疗行业的权力和影响受到了挑战。卡特赖特夫人后来成为了新西兰高等法院的首位女法官和第二位女总督。卡特赖特调查承认了病人的权利，并加剧了公众对医疗权威的质疑。接生员的时刻随着 1990 年的"护士修正法案"（the Nurses Amendment Act）而到来，接生员由此而重新获得了作为独立从业人员的自主权，并赢得了获取与从事产科医学的医生相同报酬的权利。

罗杰经济学有助于接生员的再度出现。国营部门的改革重新将临盆的妇女定义为"顾客"，这进一步加强了病人权利以及女权主义者提出的"妇女重新控制生育"要求的分量。女权主义和经济理性主义的议程都有利于接生员的再度出现。一如当时的卫生部长海伦·克拉克（Helen Clark）在 1990 年观察到的那样，"即便是财政部也能够从自主权的增加中看到价值"。接生员与医生形成了竞争，人们期望有接生员料理的分娩会降低费用。竞争加剧了，但由于妇女们选择了医生和接生员的公共照料，费用当然也迅速地上涨。结果便造成了"主要产科医护人员"（Lead Maternity Carer）计划从 1996 年起开始实施，它迫使产妇选择一名接生员或医生，而支付的费用也划定了上限。该计划实施的目的是为省钱，而不是为了提供选择。到该世纪末，多数产妇的分娩都由接生员处理，并在医院呆上一小段时间。1999 年，一份分娩服务评价报道了在接生员照料下的母亲中出现了最高水平的顾客满意度。

到 20 世纪后期，几乎半数年龄在 16 至 64 岁的女性都在从事有酬工作。现在，独立的工作生活成为了妇女生活史的一个特征。已婚妇女重新回到雇佣大军中的比例越来越高，她们甚至就不曾离开过；而且，到 1990 年，大多数已婚妇女都在为家庭挣钱。尽管同工同酬和平等拥有财富仍然是遥不可及的事，但联合国的一份报告却得出结论说，新西兰是世界上性别间平等排位最前的国家之一。 239

10. 2 海伦·克拉克首相在库克山国家公园的霍奇斯德特峰，2003 年 7 月 5 日。山的分水岭上密布着向南滚动的云层。

因此，一个历史问题出现了：20 世纪末，一个其"第一波"女权主义者曾将母性和对家庭的挚爱吹捧为"殖民伴侣"的国家为什么会任命女性领袖？新西兰并非得到了一位而是两位女首相：詹妮·希普利（Jenny Shipley）和海伦·克拉克。1997 年，詹妮·希普利将吉姆·博尔杰从国民党联合政府领袖的位置上扳倒，成为了首相；海伦·克拉克则是在工党赢得 1999 年的选举后成为了首位当选女首相。更为重要的是，公众并不认为妇女治国是稀奇事。

主要的连续性体现在自由女权主义之上，其中，妇女在体制内运作，她们通过改变法律来影响政策，并受到各种民主政治制度鼓励的支持，虽然这些鼓励是彼此矛盾的；同时，它也体现在母职人物（姨姑之流）之上。在 20 世纪末叶，绿党拥有了一位女性协同领导人（co-leader），同时，首席大法官和检查总长都是女性。为了 1990 年的一百五十周年纪念，新西兰挑选了一名女总督，凯瑟琳·蒂泽德夫人（Dame Ca-

240

theine Tizard）；在 2001 年，这位受人欢迎的奥克兰人为法官西尔维亚·卡特赖特夫人所接替，她以王者的风范为这一职位增添了光辉。

直到 20 世纪 70 年代，进入议会的妇女都是通过家族网络而得以如此，正如艾丽娅卡·拉塔纳（Iriaka Ratana）一样，她在 1949 年丈夫去世后成为了第一位毛利女议员。在 20 世纪 80 年代初，在马尔登主义的刺激之下，重要的变化接着发生。在女议员的数量从四位增长至八位之际，这一变化促使克拉克投身于政治之中。在 1993 年妇女选举权一百周年之际，妇女构成了议员的百分之二十一，而在 1996 年的首届混合式比例代表制议会中，妇女议员则增长至百分之三十。

同时，历史恢复了妇女的"女性史"（herstory）。澳大利亚哥特式的性别关系史是在罪犯心态（convictism）作为基本经历的阴影之下展开的，与此不同，新西兰妇女史则是被描绘为"站在阳光之下"。妇女史家将凯特·谢博德和殖民时期的妇女参政论者复原为自 20 世纪初以来就不那么引人注目的女英雄、战后生育高峰期出生的人们——她们寻求逃脱强加给她们的母亲和祖母的家庭束缚——摇摆不定的榜样。谢博德被作为从政妇女的偶像和象征女性公民身份的母职人物（mother figure）而为人们所缅怀，她成为了除女王之外首位出现在新西兰纸币上的妇女。

到 20 世纪 90 年代，正如国徽上西兰狄娅（Zealandia）和毛利武士站在一起一样，母亲的固定形象和毛利武士的固定形象也一道出现在大学的讲座和研究生论文中；同时，妇女们开始在澳新军团的传说中找到了一席之地。在殖民历史的阴影中，努力在政治中获得成功的妇女仍旧需要有一个坚强的母亲形象，无论这个形象是"伟大的新西兰母亲"，还是专断的阿姨。与此同时，迅速地将毛利人包括在内的通史将妇女包括进去的进程却更为缓慢。

## 电影和绘画的多样性

1986 年，在公路影片（road movie）《破碎的宫殿》（*Smash*

241　*Palace*）中，便不再使用白人男子担任主角了。在简·坎皮恩（Jane
Campion）导演的《钢琴》（*The Piano*）（1993）及彼得·杰克逊
（Peter Jackson）导演的《天堂造物》（*Heavenly Creature*）中，男人
为强悍而怪诞的妇女所取代。其中，《天堂造物》对1954年克赖斯特
彻奇臭名昭著的帕克—休姆（Parker-Hulmer）谋杀案进行了重新创
作。该片对女学生朱丽叶·休姆（Juliet Hulme）居住的房屋，后来的
坎特伯雷大学教工俱乐部进行了刻画。《母亲未曾告诉我们的战争故
事》（*War Stories our Mother Never Told Us*）（1995）是盖伦·普雷斯
顿（Gaylene Preston）导演的一部战争纪录片，它为年轻的一代人生
动地讲述了谈论二战的"七位老女人"的故事。普雷斯顿去拜见他自
己的母亲，他的母亲则透露说，她结婚是因为已经有孕在身，接着在
战争期间又红杏出墙，但是，她却为了儿子的缘故而恢复了婚姻。

　　新西兰影片也是哥特式的。它常常以风景为主角，就好像环境也
是电影中的角色似的；因此，李·塔马霍瑞（Lee Tamahori）的《战
士奇兵》（*Once Were Warriors*）便以一个古典的新西兰场景为开端，
而这一场景证明却是肮脏的城市景观中的一块广告牌。这部影片体现
了新西兰文化接纳妇女和毛利人的演进过程。该片以艾伦·达夫
（Alan Duff）这位白人父亲和毛利母亲之子的恐怖小说为基础，它震撼
了观众，但却通过对城镇中毛利人和家庭暴力的形象描绘而与国民心
态形成了共鸣。该电影是对广播放松管制的结果。塔玛霍瑞是一位以
其一流的广告而闻名的电视广告制作人，他进军到了好莱坞，并将詹
姆斯·邦德（James Bond）拍摄成了电影。

　　如果说文化多元论是这些影片的标志，那么告别了文化盲从的自
信和清新的创造力也是它们的标志。全球化为当地的产品和当地的故
事提供了资金，而此前它们却为狭小的国内市场所窒息；全球化同样
也在世界范围内为人们普遍感兴趣的故事提供了观众。电影产生了具
有创造性的居民阶级，他们在新西兰制作影片，但却拥有国际资金；
电影业产生了一个全新的文化经济。

　　从20世纪70年代起，表达毛利人和太平洋认同的艺术出现过繁

荣。从拉尔夫·哈特雷（Ralph Hotere）把艺术和诗歌相结合以抗议核试验，到朱莉娅·莫里森（Julia Morison）的后现代绘画，再到将新西兰在太平洋中的位置用雕塑形式表现出来的迈克尔·杜佛瑞（Michel Tuffery），新西兰艺术以多样化、享誉世界却立足于本地而卓尔不群。谢恩·科顿（Shane Cotton）对毛利历史和先知运动加以利用，尤安·麦克劳德（Euan Macleod）的绘画人物行走于抽象的风景之中，而比尔·哈 242 蒙德则将群岛描绘为一块鸟类群集的土地，并捕捉住了偏远的意韵。

到 1990 年一百五十周年纪念之际，新西兰已经正式成为了二元文化的国家，1840 年（英文原书错写为 1940 年。——译者）成为了条约签署的诞辰而非有组织的白人移民的开始。《怀唐伊条约》的精神从惠灵顿的国家档案馆向外辐射。在这里，条约的文档被放置在特别指定的宪法室中，进行永久性的陈列，以供人们瞻仰。政府和法庭都做出了明显的努力，以便为不正当获取的土地提供赔偿，倾听和满足毛利人的愿望，确保将来的公平。历史学家对国家认同的出现、怀唐伊和澳新军团、生为白种人及毛利人等进行了反思。一些人询问是否存在着新西兰文化这样的东西，尽管新西兰人认为他们的生活方式已经为自己挣得了那一称号。

新西兰仍然属于殖民地性质呢，还是属于后殖民性质？新西兰文化真的意味着白种人文化再象征性地加上毛利因素，而增添的目的是为了提供独特性，很大程度上就像 10 分硬币上的"提基"，或者飘扬在"新西兰航空"上的银蕨（koru）标志？抑或这个整体就如新西兰语言一样是属于二元文化性质的？国家制度给予了少数民族公平的对待吗？种族胜过性别而成为让人关注的问题，因为它在过去一贯都是这样的。这个国家的历史围绕着殖民者—本土人之间的关系而展开，而一百五十周年的纪念模式也是如此。1990 年，梅娜塔·米塔（Merata Mita）这位毛利女制片人制作了官方电影《独木舟的威力》（*Mana Waka*）。这是一部纪念片，它重新发现了一个被人遗忘的建造计划的尺码，该建造计划是特普娅在 1940 年为百年纪念而发起的，目的是为了制作将第一批人们运载到奥特亚罗瓦的三艘古代独木舟的雕刻复制品。50 年之后，米塔实现了特普娅重建对毛利传统的自豪感的这一幻想。

## "白人新西兰"的缓慢消亡

新西兰经过了更长的时间才成为多元文化的国家。在承认因迁徙而产生的文化差异之前，新西兰首先必须变得更加多样化。多元文化的思想在法律和政策领域的传播（transfer）在 20 世纪 80 年代才蹒跚起步，它的传播实际上是从 20 世纪 90 年代开始的实行联邦制的加拿大杜撰了"多元文化的"一词来缓和它与魁北克省之间的历史性紧张关系，实际上，魁北克与英属加拿大之间的关系遵循着一个二元文化的模式。然而，与毛利社会不同，魁北克由它自己的议会进行统治。一些公众人物警告说，《怀唐伊条约》为二元文化制造了困难。他们告诫说，在政治家们能够将新西兰想象为像美国一样的熔炉，抑或是多元文化的澳大利亚的同类之前，他们应该解决条约造成的不满，并给予本土民族以适当的承认。因此，在新西兰能够畅想多元文化之前，它必须首先采取国家发展的二元模式。

1998 年，新的国家博物馆"蒂帕帕"（"我们的地盘"）在惠灵顿码头开馆，它提供了一个专注于毛利人和欧洲人互动的历史。由于《怀唐伊条约》在文化方面已经获得了宪法地位（虽然说并非是以成文法的形式），"蒂帕帕"特别展示了条约的两种文本。最初的人们被承认为"唐加塔环努瓦"，即大地子民。在这个博物馆中，条约构筑了记忆政治。激起愤怒的并非是条约的复原和有意识地主张毛利人对国家认同的至关重要，而是博物馆内一幅科林·麦卡宏（Colin McCahon）创作的抽象风景绘画和 20 世纪 50 年代的一个冰箱放在了一起。有关大众文化在文化中的地位的辩论被展示为了"全国性的"，这让人们感到不快。

一些事情仍然是一成不变。正如在过去一样，来到这个遥远而与世隔绝的群岛的移民们寻求过上更美好的生活，这一希望常常由这样一种努力所体现出来，即：寻找一个养活家人的安全、卫生的地方。移民的渴望强化了"新西兰是养育子女的好地方"这样一种观念，而且，这一观念已经嵌入了民族神话之中。不过，背景已经从英国苗圃这一殖民观念转变为清洁而绿色的新西兰——它将为养育灵活而有技能的全球性公民提供理想的环境——这一国际概念。澳大利亚和新西兰继续作为单一的劳动力市场而运行，一如它们从 19 世纪起就开始做的那样。人口统计学家同意，尽管对两国来说，环塔斯曼的移民是国际人口流动的重要部分，但它代表的"不过是一个单一劳动力市场内另一种形式的地区间移民而已"。

自相矛盾的是，正当新西兰与澳大利亚一体化的程度越来越深之 244 际，他们的人口却越来越多样化。新西兰日益发展的太平洋认同很大程度上是由历史造成的，但却越来越受到它在战后对太平洋岛屿作为劳动力来源和发展援助场所的密切关注的影响。在整个 20 世纪 50 和 60 年代，太平洋岛民为制造业提供了廉价劳动力，而且移民当局也倾向于对那些超过工作签证容许期限而"逾期停留"的人不予干涉。从 20 世纪 70 年代起，得助于库克群岛、纽埃岛和萨摩亚修建的简易机场，新西兰的太平洋岛民数量极大地增长，他们在 1996 年超过了 20 万人。然而，从 20 世纪 70 年代开始，对太平洋岛民劳动力的需求越来越少。历届政府展开了对"逾期滞留者"的打击，其中，臭名远扬的是，在马尔登政府统治之下，警察对被怀疑持有过期签证的岛民展开了黎明袭击。

萨摩亚裔新西兰人同样也遇到了困难。在特殊情况下，枢密院似乎批准：在萨摩亚作为托管地而为新西兰管理时，出生于那里的西萨摩亚人可以拥有新西兰公民资格。1982 年，马尔登警告了萨摩亚人大量涌入新西兰的危险。他的政府当时认为，他们在授予所有已经置身新西兰的萨摩亚人公民资格方面已属慷慨。萨摩亚人对 1982 年《西萨摩亚人公民资格法案》（the Citizenship Western Samoa Act）却有着不同的看法。按照西萨摩亚人的理解，在 1948 年引入新西兰公民资格时，他们便自动成为了新西兰公民。库克岛居民也是这样认为，因为从 1901 年至 1965 年，从法律上讲，库克群岛是新西兰的一部分。枢密院也支持那种看法。

1986 年后，家庭团聚政策的变化使延展家庭的成员与新西兰的亲人团聚成为可能，结果，到 20 世纪 90 年代，大多数获得了居留权的太平洋岛民并非作为工人而是作为家庭成员而获得了此种权利，但他们并没有自动成为新西兰人。到该世纪末，太平洋岛屿的新西兰人不再属于移民了。他们是拥有多重认同的新西兰人。他们同样也是跨国公民，他们的家人散布于整个太平洋，生活在新西兰（主要是奥克兰）、澳大利亚（悉尼）和美国（尤其是洛杉矶）。在萨摩亚人中，跨国流散者超过了萨摩亚的人口。生活在新西兰的库克群岛居民两倍于生活在库克群岛的居民，大多数纽埃岛居民已经离开这个珊瑚岛而前往新西兰。学者们越来越将太平洋岛屿延展家庭网络描绘为"跨国公司"，它们的多元文化遗产和亲缘关系遍布于整个太平洋。

岛民们沿着祖先的道路而前行，但同时却创造了一个横跨太平洋的居民群体（constituency），其中最大的部分成为了新西兰的常住民和公民。他们通过流动性而获得了新层面的认同，同时，他们的搬迁也改变了新西兰人对自身的看法。从即兴舞蹈（hip-hop）到加雷思·法尔（Gareth Farr）的经典击鼓作品（drum-driven composition），这些国家博物馆开馆时表演的新西兰音乐与太平洋的韵律和太平洋的声音形成了共鸣。有关太平洋的主题点缀着时装店、室内装潢以及家庭的园地。

从外部看来，随着全球化将旧时的偏见抛到一边，白人新西兰的政策也迅速屈服于多元主义。继澳大利亚之后，新西兰的政策从排除亚洲的移民限制转变为积极鼓励亚洲商业移民和招收国际学生。在 20 世纪 80 年代，随着人口与文化潮流、经济、旅游以及意识向亚洲的急剧转向，从 1986 年起，移民政策抛弃了种族标准，并以技能和资金等基准点代替了种族壁垒。罗杰经济学、经济一体化以及与世界联系的变化确定了新的规则：向来自亚洲的商业移民及"大洋洲—亚洲"的前景敞开国门。

随着英裔移民经典时期的结束，到 20 世纪 70 年代，整个移民净增人数开始出现断层。并且，这个国家被暴露在各种新的全球压力之中，这些全球压力将新西兰人吸引到海外，尤其是澳大利亚；在这一时期，这些压力也将新来者从亚洲吸引到了新西兰。图表 4. 2 表明了重要的移民数量波动的开始，并反映了经济条件和政府政策的变化。20 世纪 70 年代人口的外流是由马尔登主义和塔斯曼对岸机会更多造成的，而 20 世纪 90 年代人口的回流则是由全球环境的变化以及接受带来技术和资金的亚洲移民等当务之急所造成的。到 1999 年，百分之四十的新来者是亚洲人，主要来自于亚洲北部，同时，1999 年和 30 年前一样，大多数永远或长期移居国外的人（百分之五十七）都前往澳大利亚。

在 1996 年根据"混合比例代表制"进行首次选举之后，温斯顿·彼得斯（Winston Peters）这位毛利血统的民粹派政治家所领导的"新西兰第一党"（New Zealand First Party）表达了对亚洲移民的担忧。在脆弱的国民党—新西兰第一党联合政府中，彼得斯扮演着权力掮客的作用。种族主义的言论以来自亚洲且最为引人注目的移民为目标。与此同时，政治和媒体中开始听到少数民族的声音。首位亚裔血统的议员黄徐毓芳（Pansy Wong）来自于克赖斯特彻奇，她在 1996 年以国民党籍议员的身份而进入议会。1986 年至 1998 年间，162000 人迁徙到了新西兰，构成了整个净增非新西兰人的一半以上（百分之五十二）。但这绝非彼得斯所称的"亚洲人的入侵"。20 世纪 90 年代的峰值并没有成为一种趋势。到该世纪末叶，主要的新来者仍然是来自于澳大利亚、英国和南非的白人。

拥有全球兴趣及符合市场需求之技能的人们日渐过上了跨国生活。如果说中国人是跨国公民的话，那么越来越多具有创业精神并受过教育的毛利人和白种人也是如此。200 年来，悉尼一直是一个毛利人的城镇，同时也是一个迷人的国际大都会。对于那些寻求新生活和更为美好前景以及追求成为真我之自由的人们来说，新西兰继续充当着家的延伸。短暂的殖民社会的后裔们表现得好像他们仍然在追随他们的移民先辈一样。在新西兰的各个海岸，奥克兰是发展最为迅速的移民和经济活动新中心，是新西兰城市中建筑分布密度小而最具有大洋洲特色的中心，毛利人和太平洋岛民最大的家园，是商业的中心。到 20

246

世纪末，有三成的新西兰人都居住在奥克兰地区。

跨国社会和文化全球化体现在体育方面，并被媒体炒作成为了壮丽的景观。以最受欢迎的埃德蒙·希拉里爵士所代表的民族英雄们是一些爱好野外活动、富于冒险的开拓性男人，他们大步行进于山水之间，并如一些历史学家所坚持的那样，对山水进行着殖民。他们是一些在陆地上活动的男人，也是在海上活动的男人。渐渐地，他们也包括了女水手和桨手，她们在奥林匹克比赛中划出了成功。由能够购买世界上最优秀水手的富有企业家所争夺的帆船比赛奖品——"美洲杯"——也成为了新西兰应该获得的奖品，一旦澳大利亚获得了这一奖杯，情况就尤其如此。含蓄地讲，作为库克船长和波利尼西亚航海家的后裔，这个国家的水手生来就是伟大的航海家。彼得·布莱克（Peter Blake）爵士是 1995 年 "美洲杯" 获胜船只的队长（并在亚马逊河上遭到谋杀），他具体体现了王室认可的帝国类型。当他的跨国继承者们失去该奖杯，而且更为糟糕的是他们移居到瑞士，一些人便将新西兰水手在世界体育中的雇佣军地位解读为背叛。

体育的商业化促使橄榄球这一全民运动适应电视播放之目的，从而改善了它的形象。太平洋岛屿上的人口与毛利人口——从比例上来讲，它们要比正在老龄化的白种人人口要年轻得多——的迅速增长、对市场的崇拜以及团体运动费用更为便宜的现实，导致了橄榄球和"全黑队"的褐变。由于越来越多的白人青年担心会遭到太平洋岛屿早熟青少年的痛打，他们纷纷退出了这项运动。全国篮网球队在"全黑队"和"银厥队"（Silver Ferns）的基础上增加了一种选择，它为太平洋岛民和毛利人提供了一个受人欢迎的"发迹"机会。体育英雄约拿·罗姆（Jonah Lomu）这位汤加裔新西兰人便是一个例子。这位巨人般的边线球员成为了一个全球性的品牌。在 20 世纪 90 年代的克赖斯特彻奇，由来自新西兰、澳大利亚和南非的 12 只地方队组成的橄榄球联盟的资格赛"超级十二队"（Super Twelve）产生了一组新的地方英雄。他们被称为"十字军战士"，而他们来自于奥塔戈的对手则采用了"高地人"（Highlanders）的名称，这一点也不奇怪，因为殖民道路交错地反映在橄榄球场。按照这样一些多样性的方式，全球性的力量强化了当地的认同。

奶粉、黄油和奶酪、木材及木材制品仍然是主要的出口商品。通过"奶制品委员会"和两家最大的奶制品合营企业合并而创建的跨国奶制品公司"恒天然"成为了这个国家主要的出口商。尽管羊毛业已经衰落了，殖民者的奶制品和肉类产品仍然在为经济做出巨大的贡献，优质的新西兰牛奶继续支撑着这个国家的全球性品牌。牛奶与健康和塑身相联系的一些帝国痕迹仍然存在。但是，通过国内的全球性消费主义，塑造更佳身体的帝国食品和药品同样也变成了后殖民性质和女性化的事物，这一如起泡的热牛奶咖啡中的设计附属品一样。

248

2003 年，机械设备出口首次超过了鱼类出口。这个国家主要的贸易伙伴首先是澳大利亚，其次是美国，位列第三的是日本。2000 年，在太平洋沿岸地区的这三个贸易巨头之后，联合王国、韩国、中华人民共和国、香港和德国分别位列第四到第八位。到 2003 年，中国超过了联合王国，并且，与中国的自由贸易协定谈判也正在进行之中。在贸易方面，太平洋沿岸地区处于上升之中。新西兰商界和决策者发现，在发展与中国这个世界上最大的强国的关系方面，他们越来越需要与最好的朋友澳大利亚进行合作。

在 20 世纪 90 年代后期，新西兰国防军与澳大利亚平等地承担了布干维尔岛（Bougainville）和东帝汶（East Timor）的维和任务。新西兰军队在布干维尔岛组织的停战监督员让澳大利亚军官感到不快，这些澳大利亚军官将新西兰的掮客行为解读成对"他们的"太平洋的干预，可是，友好的竞争证明是有益的。毛利士兵在当地人中进行调解，在这个过程中，他们传播了这个国家种族关系和谐的名声。联合国十分需要新西兰的武士维和人员，其需要达到了这样的程度，以致政府都承受不了履行被请求中的使命。种族关系和谐的神话可能仅仅部分正确，但凡是在新西兰军队恪尽职守的地方，人们都相信这一神话。在国内，澳新军团的传说再次复兴。神话可能阻止，但同样也能有助于找到共同之处。

# 结　语

全球化总是将人们之间形形色色的联系重组为各种新的模式。新西兰历史的相当部分都与应付全球性力量有关。在世界性以及地区性的太平洋环境中，新西兰与澳大利亚的关系最为重要。2004 年 5 月"澳大利亚—新西兰领导论坛"的开幕便是对这个事实的承认。鉴于目前相互依存的程度，有时新西兰的举动就如它是大洋洲联邦的一个州一样，而在其他时间里，它又扮演着独立主权国家的角色，而这正是它在政治上享有的地位。

欧洲人的殖民很晚才发生，因此，新西兰很早就与全球经济战略联系在一起，而且，它还与自己的帝国创立者分隔了开来。到殖民社会建立之际，全球消费主义正处于发展之中。历届政府都做出了反应，他们借助于殖民地民主和一揽子可以被总结为殖民契约的措施，建立起自由主义的"国家试验"大厦，对暴露在世界之中而带来的社会后果进行处理，并将其建设成为以出口为指导的经济体。在 20 世纪初叶，大洋洲殖民地围绕"白人种族"的种族团结而运转，它试图建立一个将亚洲排除在外并且得到改良的新社会，而且，它认为土著居民是一个垂死的种族。同时，它还通过给予男性养家糊口者优先权的政策来确保妇女处于依附的地位。

在 20 世纪后期，如同澳大利亚一样，新西兰抛弃了这种受后期殖民影响的国家发展模式，改而支持在世界范围内成为正统的英美新自由主义模式。就解除经济管制所形成的一致意见大为盛行。1950 年之后，特别是从 20 世纪 60 年代后期开始，新西兰不得不适应大规模的国际性重组，从一种由各个帝国控制的全球化——其中，新西兰的地位是英帝国殖民地和自治领——到一个在美国监管下经济及文化日渐一体化的世界。这些变化是革命性的，而且并不仅仅限于在新西兰，结果，到 21 世纪初期，美国与扩大后的欧洲及日本之间的关系塑造了世界秩序。可是，在立宪君主制的新西兰，其所产生的断裂是非同寻常的。

由于这个国家所创造的财富（国内生产总值）差不多半数来自于出口，21 世纪初期的进出口统计数据表明，就重要性而言，澳大利亚居于首位，美国位居第二，日本位列第三，欧盟（英国和德国）则居第四。不过，中华人民共和国正在迅速地赶上欧洲。这种海外贸易的模式反应了区域和世界权力关系的性质。澳大利亚和新西兰前所未有地一体化了，而中国则作为下一个不可抗拒的全球性力量而盘旋于地平线之上。

在短暂的时间内，新西兰通过接受全球化来应付全球化的策略证明是异常成功的。直到 20 世纪 70 年代，欧洲人（而且甚至是澳大利亚人）都因缺乏咖啡、酒水和夜生活而感到失望。在饮食、服装和住所以及如何交流方面，新西兰人都迅速地适应了全球性公民的身份。时装设计师提供了一个例子：诸如"世界"（World）、"特丽丝·库珀"（Trelise Cooper）和"凯伦·沃克"（Karen Walker）这样一些品牌被衣架悬挂在从纽约、伦敦到悉尼和惠灵顿的时装专卖店中。设计师们创制性地将一个汪洋大海的世界变成了他们独特的招牌。

新西兰是一个退化帝国的牛奶场，是一个能干的初级产品出口国，它在世界上受到最多保护的市场区域中进行运作。因此，2004 年世界贸易谈判所取得的突破由新西兰外交官所促成便是应该的。从当地的角度来讲，牛奶联合企业"恒天然"作为这个国家最大出口商的地位产生了可持续发展的问题。必须保护珍贵的水资源——在克赖斯特彻

251 奇，饮用水如此纯净，它甚至不需要过滤——免遭来自于动物和肥料的硝酸钾的污染，并避免其被改用于灌溉和电力项目。

由于面积狭小、位置偏远，新西兰希望继续利用其影响以促进国际集体安全。在 20 世纪结束之际，罗杰经济学时代的海外贸易部部长、工党最后一届首相（1990 年短期出任）迈克·莫尔（Mike Moore）出任世界贸易组织总干事一事便被赋予了一定的象征意义。在大英帝国的垂暮之年，一位国民党籍的副首相唐·麦金农（Don McKinnon）以英联邦秘书长的身份主持着它的事务，其时间与莫尔的任期部分重叠。

2001 年 9 月 11 日，世界发生了变化；无足轻重的地位具有了优势，因为它被认为是安全的，对任何人都不构成威胁。港口中一度被视为隐忧的船只的形象被劫持的飞机所取代，最有可能的恐怖主义威胁是破坏生物安全的病菌。作为一个词语，安全比防卫拥有更多的含义。从安全和防卫二者的角度来看，新西兰免不了要拥有一种独特的战略视野。伊拉克战争表明究竟发生了多大程度的变化，政府历史性地避免了在入侵伊拉克的行动中加入"强大的朋友"美国和英国，尽管工程师们后来参与到了重建的努力之中。

重要的时刻和事件继续刷新着民族神话，许多有关土地和国家的神话般的观念被混入到了"百分之百纯度的新西兰"的这一口号中，它们将这个国家想象为养育子女的好地方，一个可供购买各种商品和专门技术的地方，一个世外桃源和社会实验室。各种传奇仍然是国家营销实践的内容。

在每一种文化之中，人们都沿着先辈的道路而前进。有时，地面发生了移动，使得旧的道路充满危险，没有哪个地方能比新西兰更为清晰地昭示出这种情况。詹姆斯·库克船长和爱德蒙·希拉里爵士这些新西兰偶像"都出现在发现和探险的共同描述之中"，而女性偶像则是在 20 世纪后期被重新发现出来的，目的是为了表明妇女位置和地位发生了变化。库克作为实干家的品质也适用于妇女。因为它的历史，这个国家挑选了登上高峰以及获得世界第一的普通人来作为英雄。如

果说诸如独创性这样一些得到大家喜爱的品质以及平凡的成就被重新
加以诠释是为了适应新的环境的话，那么这些殖民地性质的陈腔滥调
则并不表示殖民主义的习惯会得到延续。

　　在新西兰，导演彼得·杰克逊（Peter Jackson）及他当编剧的伴
侣弗兰·威尔士（Fran Walsh）将约翰·罗纳德·瑞尔·托尔金（J.
R. R. Tolkien）的《指环王》（Lord of the Rings）三部曲拍摄成电影
便暗示了某些可能性。这三部影片先后在 2001、2002 和 2003 年发行，
在严格意义上，它们利用了数以千计的演职人员；在一个村庄文化中，
几乎每个人都与这些影片有着某种程度的联系。电影摄制期间，新西
兰成为了"中土世界"（Middle Earth），它富于变化的风景增加了数码
方面的特殊效果。环境再次以一个角色的身份而入戏，已故艺术家科
林·麦卡宏确认的"属于这块土地的美丽事物"最终归属了它上面的
各个民族，并实现了营销上的有效一击。新西兰可以装扮成"中土世
界"一事证实了继承而来的神话的力量。

　　2004 年切尔西花展（Chelsea Flower Show）上新西兰艳压群芳的
参展花卉（winning gold）也是如此。它是一个如画的土著花园，已经
毁灭了的粉红色和白色台地这一地热景观被重新创造出来，并被用作
历史参照而装饰着这个花园。它作为展示新西兰的一个橱窗而赢得了
称赞。特阿拉瓦人贡献了树蕨和雕刻品，这继承了它的人民作为民族
特征中土著因素提供者的角色。

　　就对新时代的希望和期盼而言，新西兰人需要找到相当的共同立
场。2004 年 1 月，反对党领袖唐·布兰什（Don Brash）发言引起的不
同反响表明，要找到共同立场就要求有出众的领导阶层。在重述威
廉·霍布森（William Hobson）"我们是一个民族"的言辞时，他阐释
说，"我们是一个有着许多民族的国家"。他实际上是陈述了条约第三
款的解读，而这种解读则要求偏离 20 世纪 80 年以来处于支配地位的
条约第二款的诠释。这与毛利人"条约神圣地记载了部族的财产权
（土著权力），它仍然是一个契约"的看法相抵触。从 20 世纪 90 年代
起，条约清偿中明确的是"毛利社会将参与到塑造这个国家前途"的

各种协定。混合比例代表选举制至少已经引领 17 名毛利血统的人进入了议会，他们在全部 120 个席位（包括 7 个毛利席位）中占据了百分之十二，这证实了比例代表制正在发挥作用。

253 然而，工党继续执行受到毛利社会普遍谴责的"海滩和海床法案"，这致使"毛利党"在 2004 年成立。政府引入法案是为了对 2003 年"上诉法庭"判决做出回应，该判决规定，"毛利人有权在毛利土地法庭上确认他们对海滩和海床的要求权"。这一判决否定了有关"海滩和海床主要为王室所有"的谅解。政府坚持维护议会的至尊地位，而这个国家的最高法官则支持毛利人观点，他们的观点与 20 世纪 80 年代以来的条约管辖权相一致，并提及了毛利人和王室之间的"伙伴关系"。

对海滩的关注既反应了全球性的趋势，也体现了地方性潮流。随着全球性经济对渔业和能源资源以及可以用于地产开发的海滩的追求，争夺土地的斗争便转移到了海滩和海床。由于莫尔伯勒海峡的毛利人希望从事海产养殖（marine farming），而当地政府却不予合作，于是围绕海滨问题的骚乱便爆发了。随着"海岸"在经济中以及在有关真实之新西兰的观念中的发展，海滩和海床也进入了框架之中。

那一真实之新西兰不可避免地处于不断的变化之中。20 世纪末的生育暗示了一种前景，其中，半数多一点的新西兰人属于欧洲血统；五分之一的人属于多种血统，他们中有百分之六十同时拥有欧洲人和毛利人的血统；百分之十二属于毛利人；百分之八是太平洋岛民；还有百分之五是亚洲人。从人口的角度来讲，随着人口的老龄化，越来越多具有震撼性的变化正在发生。

后期殖民的基本历史以及在短暂时间内的迅速发展确保了新西兰将是一个殖民性质的试验。团体政治中嵌入了革命性变革的可能，虽然这并非初衷。"肥水外流"可能也是让人感到快活的。

# 毛利词语总汇

Aotearoa，（音）奥特亚罗瓦：　　新西兰（长白云）。

atua，（音）阿图阿：　　神，神灵，超自然存在物。

haka，（音）哈卡：　　伴以歌曲的造型舞蹈。

hapu，（音）哈普：　　宗族，大家庭，血缘团体。

hoko，　　买，卖。

iwi，（音）伊维：　　部落，民族。

kai，（音）卡伊：　　食物。

kainga，（音）凯恩加：　　家，村子。

katoa，　　所有的，整个的。

kawanatanga，　　统治权，统治，管理。

ki（prep.）　　（介词），到，朝，向。

Kingitanga，（音）金吉唐加：　　毛利王运动。

kohanga reo，　　母语幼稚园。

kumara，（音）库马拉：　　甘薯。

kupapa，　　（1）"友军"，站在政府一方作战的军队；（2）独立的，中立的（一些毛利人用该词语来描述他们的中立地位）。

| | |
|---|---|
| mahinga kai, | 在北岛，这意味着"耕作"，"园地"；在南岛，它拥有更为广泛的含义，指：采集食物的各种地方（如纳塔胡人在他们的主张中声称的那样）。 |
| mana, | 影响力，威望，权力，精神力。 |
| mana motuhake, | 自决权。 |
| mana whenua, | 一个地区部族的权力（一个20世纪后期的表达法）。 |
| marae | 庭院；会堂前的空地。 |
| Maui,（音）毛伊： | 波利尼西亚祖神中的恶神，据说是他将新西兰从大海深处拉了起来。 |
| mere | 棍棒。 |
| moko | 纹身，标记。 |
| Nu Tireni,Nu Tirani(also Niu,Nui) | 新西兰（欧洲人叫法的音译）。 |
| pa | 栅栏；寨子。 |
| Paikea,（音）派凯亚： | 传说中骑在鲸鱼背上或者是游泳（更为常见的故事）而来到新西兰的酋长。 |
| Pakeha | 白种人；祖先是欧洲人的新西兰人。 |
| ponga | 树蕨。 |
| pounamu | 绿玉；新西兰玉。 |
| Rakiura,（音）雷奇欧拉： | 斯图特尔岛。 |
| rangatira,（音）兰格蒂勒： | 酋长，出身显贵的人。 |
| tahi | 一起，整体。 |
| tangata | 男人（19世纪的定义），人民，人类。 |

255（左侧页码，对应 marae 行）

| | |
|---|---|
| tangata whenua,<br>（音）唐加塔环努瓦： | 大地子民，本土民族，初民。 |
| taonga | 财富，财产，东西。 |
| tapu | 受到宗教限制的，神圣的。 |
| taua | 远征；袭击 |
| Te Ika a Maui | 北岛（毛伊之鱼）。 |
| Te Wai Pounamu | 南岛（绿玉之河或渊）。 |
| tikanga | 习俗，行事的正确方式。 |
| ti-kouka | 巨朱蕉。 |
| tupuna | 祖宗；祖父、祖母。 |
| utu | 报复，回报，互惠；通过补偿、打击或回答来进行回应。 |
| wairua | 神灵。 |
| waka | 独木舟。 |
| whakapapa | 家谱，世系。 |
| whenua | 土地。 |

# 大事记年代表

| | |
|---|---|
| （距今）2000 年 | 太平洋上的老鼠随同返回的波利尼西亚航行者来到此地。 |
| 1250—1300 年 | 早期波利尼西亚殖民的证据。 |
| 1642 年 | 亚伯·塔斯曼造访，但没有登陆。 |
| 1769—1770 年 | 詹姆斯·库克上尉为期 6 个月的首次访问，1773—1774 年进行第二次访问；1777 年进行了第三次访问。 |
| 1769 年 | 让-弗朗索瓦·德·叙维尔（Jean-François de Surville）来访。 |
| 1772 年 | 马宏·杜弗雷森（Marion du Fresne）来访。 |
| 1793 年 | 毛利人和新南威尔士关系的建立；当特尔卡斯托（d'Entrecasteaux）寻找拉佩鲁兹（La Perouse）。 |
| 1808 年 | 猎捕海豹潮；福沃海峡。 |
| 1814 年 | 英国国教会传教士从悉尼来到此地。 |
| 1815—1840 年 | "火枪"或"土地"战争及有关的移民。 |
| 1820 年 | 洪吉希加访问伦敦并觐见英王乔治四世。 |
| 1827 年 | 海滨捕鲸站的开始。 |
| 1830—1832 年 | 特·罗帕拉哈的南袭。 |
| 1833 年 | 詹姆斯·巴斯比被任命为岛屿湾的英国公使。 |
| 1834 年 | 环塔斯曼的毛利运输船只挂上新西兰旗帜。 |

| | |
|---|---|
| 1835 年 | 新西兰部落联盟宣布独立；塔拉纳基族毛利人入侵查塔姆群岛。 |
| 1837 年 | "新西兰协会"成立（1838 年改称"新西兰公司"）。 |
| 1838 年 | 天主教传教士的到来。 |
| 1839 年 | 新南威尔士的边界被扩展以包括新西兰割让的任何土地。 |
| 1840 年 | 惠灵顿殖民地；新西兰作为新南威尔士殖民地之部分被合并入帝国之中；威廉·霍布森副总督到来；《怀唐伊条约》得到签署；阿卡罗亚（Akaroa）法国殖民地；来自澳大利亚的移民建立了奥克兰。 |
| 1841 年 | 王室殖民地；威廉·霍布森总督；首都奥克兰；旺加努伊和新普利茅斯殖民地。 |
| 1842 年 | 纳尔逊殖民地。 |
| 1843 年 | 罗伯特·菲茨罗伊；怀劳骚乱。 |
| 1844 年 | 王室优先认购权被放弃。 |
| 1845 年 | 乔治·格雷总督。 |
| 1845—1846 年 | 北方战争；1846，特·罗帕拉哈被捕。 |
| 1846—1847 年 | 惠灵顿地区和旺加努伊的冲突。 |
| 1848 年 | 奥塔戈殖民地（达尼丁）；坎特伯雷街区的购置（坎普之举）坎特伯雷殖民地（克赖斯特彻奇和利特尔顿港）。 |
| 1852 年 | 宪法法案 |
| 1853 年 | 地方议会的最初选举；财产权基础上的男性选举权。 |
| 1854 年 | 部分选举的全体会议。 |
| 1855 年 | 总督托玛斯·戈尔·布朗；8.2级的地震抬升了惠灵顿的地势。 |
| 1856 年 | 负责的行政官员；亨利·斯维尔（Henry Sewell）、威廉·弗克斯（william Fox）、爱德华·斯塔福德 |

（Edward Stafford）等三位总理。

| | |
|---|---|
| 1858 年 | 首位毛利王波塔陶·特·韦罗韦罗；毛利王运动的创立。 |
| 1860 年 | 新西兰战争爆发；柯宜马拉马（Kohimarama）会议欧洲人的人口超过估计中的毛利人数量。 |
| 1861 年 | 奥塔戈发现黄金；威廉·弗克斯总理；总督乔治·格雷爵士。 |
| 1862 年 | 阿尔弗雷德·多梅特（Alfred Domett）总理。 |
| 1863 年 | 怀卡托战争；新西兰殖民法案；弗雷德里克·惠特克（Frederick Whitaker）总理。 |
| 1864 年 | 西海岸发现黄金；弗雷德里克·魏尔德（Frederick Weld）总理。 |
| 1865 年 | 政府从奥克兰搬迁至惠灵顿；爱德华·斯塔福德总理；征用怀卡托 毛利王运动区土地；塔拉纳基土地被征用；"土著土地法庭"建立；华人矿工被从维多利亚邀请至奥塔戈。 |
| 1867 年 | 议会中的第一批毛利议员；男性毛利人选举权；"土著"学校。 |
| 1868 年 | 提托科瓦鲁（Titokowaru）战争；特·库提逃出查塔姆群岛。 |
| 1869 年 | 威廉·弗克斯总理；第一所大学学院（奥塔戈）。 |
| 1870 年 | 无记名投票。 |
| 1872 年 | 特·库提避难于国王乡；新西兰战争的结束；爱德华·斯塔福德总理，乔治·沃特豪斯（George Waterhouse）。 |
| 1873 年 | 威廉·弗克斯总理，朱利叶斯·沃格尔（Julius Vogel）；免费前往新西兰。 |
| 1875 年 | 丹尼尔·珀林（Daniel Pollin）总理。 |
| 1876 年 | 州政府的终结；总理朱利叶斯·沃格尔爵士，总理哈里·爱金逊（Harry Atkinson）；新西兰—澳大利 |

258

亚电报线。

| | |
|---|---|
| 1877 年 | 总理乔治·格雷爵士；普伦德加斯特判决（Prendergast judegement）对条约不予承认；世俗而免费的小学义务教育；第一位女毕业生凯特·艾吉（Kate Edger）。 |
| 1879 年 | 全体男性的选举权；约翰·霍尔总理。 |
| 1879（？85）—1895 年 | "长期萧条"。 |
| 1881 年 | "温泉区法案"；袭击帕里哈卡；特·维提（Te Whiti）和托胡（Tohu）遭到监禁；毛利王塔维奥（Tawhiao）缔结和平。 |
| 1882 年 | 输往英国的第一船冷冻货物；弗雷德里克·惠特克（Frederick Whitaker）总理。 |
| 1883 年 | 哈里·爱金逊总理。 |
| 1884 年 | 总理罗伯特·斯托特、哈里·爱金逊、罗伯特·斯托特爵士；"已婚妇女财产法案"。 |
| 1885 年 | "妇女基督教节欲联盟"。 |
| 1886 年 | 塔拉威拉火山爆发。 |
| 1887 年 | 总理哈里·爱金逊爵士。 |
| 1888 年 | 进口关税的引入；反华移民限制。 |
| 1889 年 | 一人多选区投票制（plural voting）的取消。 |
| 1890 年 | 大洋洲联邦会议；大洋洲海员罢工。 |
| 1891 年 | 自由党总理约翰·巴兰斯；大洋洲联邦大会。 |
| 1892 年 | "团结运动"（Kotahitanga Movement），帕帕威（Papawai），怀拉拉帕（Wairarapa）。 |
| 1893 年 | 理查德·塞登总理；妇女选举权获得通过。 |
| 1894 年 | 强制仲裁与和解；提供给殖民者的政府贷款；首位毛利毕业生阿皮拉纳·纳塔（Apirana Ngata）。 |
| 1895 年 | 团结运动对"土著土地法庭"的抵制。 |
| 1896 年 | 布伦纳（Brunner）矿难；"全会妇女理事会"；毛利 |

人口的最低谷；华人人头税增长至 100 英镑。

1898 年　　　　老年抚恤金。

1901 年　　　　库克群岛与纽埃岛合并；旅游与卫生疗养部；公共
　　　　　　　　卫生部。

1902 年　　　　理查德·塞登首相。

1905 年　　　　国立妇产（圣海伦斯）医院。

1906 年　　　　自由党首相威廉·霍尔-琼斯，约瑟夫·沃德爵士。

1907 年　　　　"自治领"的头衔。

1908 年　　　　人口达到 100 万，华人公民权遭到拒绝；主要干线
　　　　　　　　的竣工；布莱克波（Blackball）矿工罢工；大白舰
　　　　　　　　来访。

1909 年　　　　"土著土地法案"取消了对出售土地的限制；强制
　　　　　　　　性军事训练。

1911 年　　　　自置居所率达到百分之五十；皇家海军舰艇"新西
　　　　　　　　兰号"下水。

260　1912 年　　　　怀希（Waihi）罢工；自由党首相托马斯·麦肯齐
　　　　　　　　（Thomas Mackenzie）；改革党首相威廉·梅西（William Massey）。

1913 年　　　　赤色联邦分子号召的总罢工。

1914 年　　　　新西兰士兵夺取德属萨摩亚。

1915 年　　　　澳新军团加利波里登陆；国民党首相威廉·梅西。

1916 年　　　　工党的成立；实施征兵制。

1917 年　　　　"六点钟打烊"。

1918—1919 年　流感大流行；拉塔纳运动。

1919 年　　　　妇女可以进入议会；改革派首相威廉·梅西。

1920 年　　　　"卫生法案"；"土著信托局"；加入国联；托管西萨
　　　　　　　　摩亚。

1922 年　　　　肉类生产商委员会。

1925 年　　　　奶制品出口控制委员会。

| | |
|---|---|
| 1925 年 | 改革派首相弗朗西斯·狄龙·贝尔（Francis Dillon Bell）爵士、J. G.（戈登）科茨（Gordon Coates）。 |
| 1926 年 | 英国和自治领平等地位方案。 |
| 1928 年 | 联合政府首相约瑟夫·沃德（Joseph Ward）。 |
| 1929 年 | 阿瑟斯关（Arthurs Pass）国家公园。 |
| 1929—1933 年 | 纳塔毛利人土地开发计划。 |
| 1930 年 | 联合政府首相乔治·福布斯（George Forbes）。 |
| 1931 年 | 根据"威斯敏斯特条例"独立；纳皮尔地震；联合政府首相乔治·福布斯。 |
| 1932 年 | 渥太华帝国优惠制。 |
| 1933 年 | 首位女议员伊丽莎白·麦库姆斯（Elizabeth Mc-Combs）。 |
| 1934 年 | 储备银行；第一次公开纪念《怀唐伊条约》 |
| 1935 年 | 工党首相迈克尔·约瑟夫·萨维奇；最低的人口出生率。 |
| 1936 年 | 确保奶农产品的价格；恢复强制仲裁；国民党的成立。 |
| 1937 年 | 全国学生奶和住房计划。 |
| 1938 年 | 发放进口许可证；"社保法案"。 |
| 1939 年 | 公立医院免费医疗。 |
| 1939—1940 年 | 惠灵顿百年展览。 |
| 1940 年 | 《怀唐伊条约》百年纪念；首相彼得·弗雷泽。 |
| 1941 年 | 日本攻击珍珠港。 |
| 1942 年 | 新加坡海军基地失陷；驻美国的第一个官方代表机构；美国军队的到来。 |
| 1943 年 | 驻堪培拉高级专员公署。 |
| 1944 年 | 与澳大利亚签署"堪培拉协定"；对华人征收的人头税被取消。 |
| 1945 年 | 以"新西兰"的身份加入联合国；"毛利社会与经济促进法案"；普遍的家庭津贴。 |

261

| | |
|---|---|
| 1946 年 | 萨摩亚成为托管领土。 |
| 1947 年 | 采纳"威斯敏斯特条例";"南太平洋委员会"。 |
| 1948 年 | 新西兰公民权得到界定。 |
| 1949 年 | 第一位毛利女议员艾丽娅卡·拉塔纳（Iriaka Ratana）；国民党首相西德尼·霍兰德。 |
| 1950 年 | 立法委员会被取消；向朝鲜派遣军队；科伦坡计划。 |
| 1951 年 | 码头争端；《太平洋共同防卫组织条约》；"毛利妇女福利联盟"。 |
| 1952 年 | 人口达到 200 万。 |
| 1953 年 | 埃德蒙·希拉里和丹增诺盖（Tenzing Norgay）登上珠穆朗玛峰；邓基卫铁路灾难；王室之旅。 |
| 1954 年 | "东南亚条约组织"（SEATO）成立。 |
| 1956 年 | 军队前往马来亚。 |
| 1957 年 | 国民党首相基思·霍利约克（Keith Holyoake）；工党首相沃尔特·纳什（Walter Nash）。 |
| 1959 年 | 《南极洲条约》；奥克兰港桥开放。 |
| 1960 年 | 公用事业的同工同酬；国民党首相基思·霍利约克。 |
| 1961 年 | 加入"国际货币基金组织";废除死刑。 |
| 1962 年 | 西萨摩亚独立；新西兰毛利理事会；军队前往马来西亚。 |
| 1964 年 | 库克海峡电力网。 |
| 1965 年 | 与澳大利亚签订"新西兰—澳大利亚自由贸易协定"（NAFTA）；向越南派遣军队；越战抗议；库克群岛自治。 |
| 1967 年 | 羊毛价格危机；十进制货币；旅店结业时间推迟。 |
| 1968 年 | 波利尼西亚妇女风暴（Wahine storm）。 |
| 1969 年 | 毛利学校的终结。 |
| 1970 年 | "拯救玛纳普里"请愿运动；妇女解放运动的到来。 |
| 1971 年 | "战士之子"怀唐伊日抗议。 |

262

| | |
|---|---|
| 1972 年 | 国民党首相约翰·马歇尔；"同工同酬法案"；工党首相诺曼·科曼。 |
| 1973 年 | 英国加入"欧洲经济共同体"；抗议法国核试验；人口达到 300 万。 |
| 1974 年 | 克赖斯特彻奇英联邦球赛；选举权降低至 18 岁；工党首相比尔·罗林。 |
| 1975 年 | 毛利人土地游行；怀唐伊特种法庭；国民党首相罗伯特·马尔登。 |
| 1977 年 | 超级国家计划；营垒角抗议。 |
| 1979 年 | 埃瑞玻斯山（Mt Erebus）飞机坠毁事件。 |
| 1981 年 | 斯普林博克队橄榄球赛之旅及招致的抗议。 |
| 1982 年 | 与澳大利亚签署"更为密切的经济关系"协定；首家"母语幼稚园"建立。 |
| 1982—1984 年 | 工资、物价和租金的冻结。 |
| 1983 年 | "更为密切的经济关系"开始实施。 |
| 1984 年 | 怀唐伊日游行和抗议；工党首相戴维·兰格；新西兰元贬值百分之二十。 |
| 1985 年 | 拒绝美国船只"布坎南号"来访；法国特工炸沉"彩虹勇士号"；《拉罗汤加岛条约》在南太平洋创建了无核区；新西兰元实行浮动制；怀唐伊特种法庭听取自 1840 年以来的冤情的权力。 |
| 1986 年 | "宪法法案"；实施"货物与服务税"（GST）；高等法院中毛利理事会的挑战；"白人新西兰"移民政策的终结。 |
| 1987 年 | 股市的破产；毛利语成为官方语言；新西兰立法宣布无核化。 |
| 1988 年 | "国营部门法案"；失业人数超过 10 万；"社会政策皇家委员会"。 |
| 1989 年 | 工党分裂；新工党成立，杰弗里·帕尔默首相；"明日 |

263

学校"教育改革；地方政府改革；"毛利渔业法案"。

1990 年　　　新西兰一百五十周年纪念；第一女总督凯瑟琳·蒂泽德夫人；首相迈克·莫尔；国民党首相杰姆·博尔格；奥克兰英联邦球赛；根据"更为密切的经济关系"而消除其余的障碍；森林砍伐权被出售；福利津贴被削减。

1991 年　　　联盟党；"雇佣合同法"；失业人数超过 20 万；军队参加海湾战争。

1992 年　　　"海王"渔业协议；卫生和国家住房改革。

1993 年　　　就混合式比例代表制（MMP）选举制度举行的全民投票；国民党政府没有赢得多数选票而获选。

1994 年　　　军队前往波斯尼亚维和。

1995 年　　　赢得"美洲杯"；毛利人的抗议活动以及对旺加努伊莫图亚花园的占领。"怀卡托反征服索赔清偿法案"；法国核试验的恢复与新西兰的抗议。

1996 年　　　怀唐伊特征法庭建议解决塔拉纳基土地要求；第一次 MMP 选举；国民党/新西兰第一党联合政府。

1997 年　　　纳塔胡人的清偿证书；第一位女首相詹妮·希普利；在克赖斯特彻奇附近的伯纳姆签署的"布干维尔和平协定"。

1998 年　　　国民党少数政府；新的新西兰蒂帕帕博物馆。

1999 年　　　军队前往东帝汶维和；在奥克兰召开的"亚太经合组织"会议；工党与联盟党、绿党联合组成的政府；首位当选女首相海伦·克拉克。

2001 年　　　政府拯救"新西兰航空"。

2002 年　　　与进步党（联盟党的残余）结盟的工党政府。

2003 年　　　海滩和海床判决。

2004 年　　　向枢密院申诉的终结；首届澳大利亚—新西兰领导论坛；毛利党成立；"海滩和海床法案"。

# 资料来源

## 第一章　横渡汪洋大海的独木船

古生物学家为 Trevor Worthy and Richard Holdaway；被引用的学者是 O'Regan，'Ngai Tahu and the Crown'，2—3。'Ancestral genetic trail' from Howe，*The Quest for Origins*，82；特阿拉瓦独木舟引自 Evans，*The Discovery of Aotearoa*，47。Peter H. Buck（Te Rangi Hiroa）在 *Vikings of the Sunrise*，New York：Frederick A. Stokes Co.，1938，168 页中提供了库佩的故事。Ben Finney 在 Sutton 编辑的 *The Origins of the First New Zealanders* 第二章中驳斥了 Andrew Sharp 的观点；Greg（Matahi）Brightwell and Francis Cowan 所编 Evans 对这次航行的纪录也对此进行了批驳。

有关宗谱（whakapapa）的引用源自 Tau，"Ngai Tabu and the Canterbury Landscape—a Broad Context"，41；"诸神"和"英雄"引自 Christine Tremewan，*Traditional Stories From Southern New Zealand*，xvi；"原典意象"引自 Tau，50；"卷起我们的传说"源自 O'Regan，1—2。派凯亚（Paikea）的故事由 Ranginui Walker，*He Tipua：The Life and Times of Sir Apirana Ngata*，Auckland：Viking，2001，17—34 讲述，引自第 21 页。"以色列迷失的部落"引自 Sorrenson，*Maori Origins and*

*Migrations*，16；"高加索家族"位于 Howe，*Quest for origins*，46，引用 Smith，1898 to 1919。史密斯改编的故事讲述于 1940 年，由 Ernest Beaglehole and Pearl Beaglehole，'The Maori'，in *Making New Zealand：Pictorial Surveys of a Century*，ed. E. H. McCormick，Wellington：Department of Internal Affairs，1940，vol. 1，第 1、2—3 页讲述。

"自然的神圣性"引自 Simon Schama，*Landscape and Memory*，London：HarperCollins，1995，18。Waitangi Tribunal，*Manukau Report*，Wellington：Government Printer，1985，38—39；Waitangi Tribunal，*Ngai Tabu Report*，Wellington：GP Publications，1991，vol. 2，201，vol. 3，879—883。Timothy Flannery，*The Future Eaters*；"最理想的猎食者"引自 Anderson，'A Fragile Plenty'，20；Diamond，*Guns,Germs and Steel*；"猎人—园丁"引自 Belich，*Making Peoples*，47。

266    猎食者的理论引自 Worthy and Holdaway，*The Lost World of the Moa*，536；考古学上的批评引自 Anderson，'A Fragile Plenty'，28。"节日大餐"引自 Leach，'In the Beginning'，23。纳提瓦图瓦的谱系（Ngati Whatua lines）引自 Waitangi Tribunal，Report of the Waitangi Tribunal on the Orakei Claim（Wai—9），Wellington：Waitangi Tribunal，1987，13。

## 第二章 海滩跨越者（1769—1839 年）

塔斯曼的观点引自 Salmond，*Two Worlds*，72，82。库克作为自由贸易的英雄引自 Smith，*Imagining the Pacific*，230。"捣弄机械的人"引自 E. L . Jones，*The European Miracle：Environments, Economies, and Geopolitics in the History of Europe and Asia*，2nd edn，Cambridge：Cambridge University Press，1992，65。　"人 文 主 义 神 话"引自 Obeyesekere，*The Apotheosis of Captain Cook*。库克（Cook）引自 Beaglehole，*The Life of Captain James Cook*，698，696—714。全球村的内容引自 Smith；'terrible hard biscuits' in Chris Healy，*From the Ruins of*

*Colonialism: History as Social Memory*, Melbourne: Cambridge University Press, 1997。

正如 Witi lhimaera 一样，Sinclair, Beaglehole, Salmond and Belich 等人都对 Horeta Te Taniwha 的故事加以引用；Salmond 在 *Two Worlds*，第 88 页中给出了这个版本。杜·福瑞森（Du Fresne）的故事在 Salmond, *Two Worlds*，第 387 页中得到了讲述。"一连串的失策"引自 Owens, 'New Zealand before Annexation', 30。Governor King in King Papers, 2 January, 1806, in *Historical Records of New Zealand*, ed. R. McNab, Wellington: Government Printer, 1908, vol. 1, 267；同时参见 Salmond, Between Worlds, 351—352, 356, 516。"捕鲸人作为交往的中介"引自 Belich, *Making Peoples*, 137。 "奸诈"的岛民引自 Salmond, *Between Worlds*, 387；及 Moon, *Te Ara Ki Te Tiriti*, 49。

对同时代的人来说，马斯登（Marsden）以"鞭笞牧师"而闻名，论述马斯登和毛利人的作品，见 Salmond, *Between Worlds*, 429—431；Cloher, *Hongi Hika*, 69—91。"袖珍帕拉马塔（Pocket Parramatra）引自 Fergus Clunie, 'Kerikeri: A Pocket Parramatta', *Historic Places* no. 85（May 2002）: 24。"土地战争"引自 Ballara, *Taua*, 17；作为"现代灾难"的战争引自 Head, 'The Pursuit of Modernity in Maorl Society', 102。

1846 年维雷姆·维提（Wiremu Whiti ）向船长埃弗拉德·霍姆爵士（Captain Sir Everard Home）和卡皮提（Kapit）讲述"惊恐而四处逃离的妇女的故事"引自 Anderson, *The Welcome of Strangers*, 82。巴斯比"维护安宁"以及他的软弱引自 Hill, *Policing the Colonial Frontier*, vol. I, 58, 60。种族等级结构引自 Bayly, *Imperial Meridian*, 149，"独立性"，151，"生而自由的英国人"，207。巴斯比 1835 年 10 月 10 日写给伯克（Bourke）的信引自 Raeside, *Sovereign Chief*, 115。"致命影响"一词引自 Alan Moorehead, *The Fataf Impact: An Account of the Invasion of the South Pacific 1767—1840* . London: Hamish Hamilton, 1966。在 Sinclair and Dalziel, *A History of New Zealand*，第

70 页中，帝国主义和人文主义齐头并进。对"势所必然"的论述参见 Adams，*Fatal Necessity*。De Thierry is criticised 在 Vaggioli，*History of New Zealand and Its Inhabitants*，第 63 页中，德·蒂里受到了批评，引自 Raeside，*Sovereign Chief*，183。

"无政府状态的罪恶"引自 Owens，'New Zealand before Annexation'，41；英国人的至高无上引自 Porter，ed.，*The Oxford History of the British Empire*，vol. 3，208。对爱德华·吉本·韦克菲尔德的论述见 Temple，*A Sort of Conscience*。霍布森的训示引自 Hill，*Policing the Colonial Frontier*，89。与"瓦里波蒂"（Warri Podi）和"普尼"（Pooni）的会议引自 William Mein Smith，Journal of a voyage on board the barque Cuba from London to NZ，5 and 6 January 1840，copy in private possession（original in Alexander Turnbull Library，Wellington）。

## 第三章 索要土地（1840—1860 年）

Tareha 引自 Orange，*An Illustrated History of the Treaty of Waitangi*，16—17；制宪神话引自 McHugh，'Australasian Narratives of Constitutional Foundation'，114。Nopera Panakareao 在 W. 舒特兰特（W. Shortland）1845 年 1 月 18 日写给斯坦利爵士（Lord Stanley）的信中被加以引用，引自 Ward，*An Unsettled History*，16；第 2 款引自：Ward，14；毛利文本引自 *Facsimile of the Treaty of Waitangi*，Wellington：Government Printer，1976；同时见 Orange，*The Treaty of Waitangi*，257。威廉斯（Williams）引自 Fitzgerald，ed.，*Letters from the Bay of Islands*，247。

该语言学者为 Head，'The Pursuit of Modernity in Maori Society'，106；革新（innovation）引自 107。合并（'Amalgamate'）引自 Ward and Hayward，'Tino Rangatiratanga'，379；朋友与敌人的对立，引自 Head，110—111。

"文明开化"（Civilisation）引自 Pawson，'Confronting Nature'，63；约翰·洛克（John Locke）引自 Denoon and Mein Smith，*A History of Australia, New Zealand and the Pacific*，120。各个阶级的混合引自 Temple，*A Sort of Conscience*，127。"自然的丰饶"，引自 Fairburn，*The Ideal Society and Its Enemies*；韦克菲尔德（Wakefield），引自 J. B. Condliffe，*New Zealand in the Making*，London：George Allen & Unwin，1930，17 及 Edward Gibbon Wakefield，John Ward and Edward Jerningham Wakefield，*The British Colonization of New Zealand*，London：John W. Parker for the NZ Association，1837，28—29。

殖民地的母亲，引自 Dalziel，'Men，Women and Wakefield'，同时引自 1851 年 5 月 6 日韦克菲尔德写给戈德利的信（Godley），由：Temple，419 中加以引用；"品行与礼仪"（morals and manners），引自 Temple，132；对 1839 年 7 月 29 日新西兰公司彩券的描述，引自 *the Spectator*，3 August 1839。1842 年 4 月 4 日，W. M. 史密斯（W. M. Smith）作为测绘队长（Surveyor-General）在惠灵顿的最后报告，作为新西兰公司惠灵顿的总代理 1842 年 8 月 27 日写给秘书的信的附件，CO 208/100，no. 128；1840 年 1 月 9 日的日志。

殖民者的数量，引自 W. D. Botrie，*The European Peopling of Australasia*，Canberra：Demography，RSSS，ANU，1994，95。"南部新西兰"，引自 Tremewan，*French Akaroa*；"被遗忘的四九年人"（forgotten forty-niners），引自 Amodeo，*Forgotten Forty-Niners*；"普通的劳动人民"引自 Amodeo，*The Summer Ships*，44。"殖民地资产阶级"，引自 McAloon，*No Idle Rich*，23。

作为统治者的总督，引自 Francis，*Governors and Settlers*，213；对野人的绥靖，引自 McAloon，*Nelson*，35。霍恩·赫克（Hone Heke），引自 F. R. Kawharu，'Heke Pokai'，in *The Dictionary of NZ Biography*（DNZB），vol. 1，1769—1869，ed. W. H. Oliver，186—187。"体现公正"（A show of Justice），引自 Ward，A Show of Justice。戈尔·布朗（Gore Browne），引自 Claudia Orange，'The Covenant of Kohimarama：A Ratification of the Treaty of Waitangi'，*New Zealand Journal of History*［NZJH］，14，no. 1（1980）：65。

268

# 第四章　更为偏远的大洋洲（1861—1890 年）

"回归的反叛者"，引自 Ballara，'Introduction'，in *Te Kingitanga*，12。亨利·休维尔（Henry Sewell）在谈及"土著土地防诈骗条例"（the Native Lands Frauds Prevention Bill）时概括了"土著土地法庭"的目标，见 *NZ Parliamentary Debates*［NZPD］，vol. 9，29 August 1870，361。"自由而令人振奋的生活"，引自 Cowan，*The New Zealand Wars*，vol. I：1845—6，266。对土著居民所有权（title）命运的论述，见 Parsonson，'The Fate of Maorl Land Rights'，185。

特·维提（Te Whiti）步行前往囚禁之地，引自 Scott，*Ask That Mountain*，117。毛利人的数量，载于 Pool，Te Iwi Maori；移民统计数据，引自 Borrie. *The European Peopling of Australasia*。"最没有组织的社会"引自 Fairburn，Ideal Society，191；田园牧歌式的"谬误"，引自 236。"性别比例失调"，引自 Macdonald，'Too Many Men and Too Few Woment'。

在"循序渐进的殖民化"上花费的数百万，引自 James Belich，'Presenting a Past'，in *Catching the Knowledge Wave*，conference pape，Auckland，2001。拉赛尔的购置，引自 Stone，*Makers of Fortune*，177。毛利男子的投票，引自 Atkinson，*Adventures in Democracy*，50。"进步成果"中的份额，引自 Stuart Macintyre，*A Concise History of Australia*。Melbourne：Cambridge University Press，1999，115。赋予毛利儿童的选择，引自 James H. Pope，*Health for the Maori：A Manual for Use in Native Schools*，Wellington：Government Printer，1894。"性别化的规定"（Gendered script）引自 Daley，*Girls & Women，Men & Boys*。1884 年，麦克米伦·布朗为 Gardner，*Colonial Cap and Gown*，71 引用；女毕业生的百分比，110。

查尔斯·弗林德斯·赫斯特豪斯（Charles Flinders Hursthouse）所写的小册子，*The Australasian Republic*，Christchurch，1860s，Archives NZ，Christchurch。大洋洲的定义，引自 Morris，*Austral English*，cited in Denoon, 'Re-Membering Australasia', 293; 1891 年，拉赛尔，引自 Mein Smith, 'New Zealand Federation Commissioners in Australia', 312, 313; "不同的国家类型", 引自 Russell, 载于 *Official Record of the Proceedings and Debates of the Australasian Federation Conference*, Melbourne, 1890, <http://setis.library.usyd.edu.au/fed>。引用源自 Jebb, *Studies in Colonial Nationalism*, 327; "肢解" (dismemberment) 引自 Denoon, 'Re-Membering Australasia', 297。

萧条的定义，引自 Hawke, *The Making of New Zealand*, 82—83; 借贷"狂潮" (borrowing 'frenzy') 引自 Simkin, *The Instability of a Dependent Economy*, 151。新工联主义的发展，引自 Nolan, 'Maritime Strike 1890, Australasia'。

## 第五章　应对全球化（1891—1913 年）

"国家试验"引自 Reeves, *State Experiments in Australia and New Zealand*; "澳大利亚殖民地", 引自 Kelly, *The End of Certainty*; "国内防卫", 引自 Castles, *Australian Public Policy and Economic Vulnerability*。作为"毛利兰" (Maoriland) 的新西兰，引自 Keith Sinclair, *A Destiny Apart*, Wellington: Allen & Unwin/Port Nicholson Press, 1986。贝利奇 (Belich) 在《重铸乐园》(*Paradise Reforged*) 中对他的论点进行了阐述。

"自然资源之恩惠", 引自 Ville, *The Rural Entrepreneurs*, 7; 毛利人土地的流失，载于 Ward, *National Overview*, vol. 2, 246—247; Brooking, *Lands for the People?* 134, 140。作为"奖赏"的贷款，引自 Reeves, *State Experiments*, vol. 1, 330。"新城镇边疆", 引自 Lionel Frost, *The New Urban Frontier: Urbanisation and City-building in Australasia and the American West*, Kensington, NSW: NSW University Press, 1991; 同时参加 David Hamer, *New Towns in the New World: Images and Perceptions of the Nineteenth-century Urban Frontier*, New York: Columbia Univefsity Press, 1990。

"男人的国度"，引自 Jock Phillips, *A Man's Country?* WCTU of New Zealand, 'Sixteen Reasons for Supporting Woman's Suffrage', Christchurch, November 1891; Anna P. Stout, 'The New Woman', in *Women and the Vote*, Dunedin: Hocken Library, 1986, 20。

"自由、成功而心满意足的人们"，引自 Stuart Macintyre, 'Neither Capital nor Labour', 载于 *Foundations of Arbitration*, eds. Macintyre and Mitchell, 186; Ballance quoted by Hamer, The New Zealand Liberals, 53。"举足轻重"，引自 Martin, *Holding the Balance*。"生活工资"在 Holt, *Compulsory Arbitration in New Zealand*, 105 中被引用。对赤色联邦分子的论述，见 Olssen, *The Red Feds*, 以及 Olssen and Richardson 载于 Eric Fry, ed. *Common Cause* 中的章节。

"毛利人攫取土地"，引自 Brooking, *Lands for the People?* 134; "突然爆发"，引自 42。改革党支持者，引自: *NZ Herald*, 15 May 1906; 毛利人所有的土地，引自 *Appendices to the Journals of the House of Representatives* [AJHR], 1911, G—6, I—4。1909 年"土著土地法案"，引自 Ward, National Overview, vol. 2, 380; 同时见 T. J. Hearn, *Taupo-Kaingaroa Twentieth Century Overview: Land Alienation and Land Administration 1900—1993*, Wellington: Crown Forestry Rental Trust, 2004。"毛利人血统"（Maori blood），载于 Lange, *May the People Live*, 56, 青年毛利党, 122—123。特里盖尔（Tregear），引自: Howe, *Quest for Origins*, 169—170, 168。

作为与澳大利亚不同的新西兰人，载于 Sinclair, 'Why New Zealanders Are Not Australians'。F. L. W. 武德（F. L. W. Wood）在 'Why Did New Zealand Not Join the Australian Commonwealth in 1900—1901?', NZJH2, no. 2 (1968): 115—129; 不同的意见是来自 Adrian Chan, 'New Zealand, the Australian Commonwealth and "Plain Nonsense"', NZJH3, no. 2 (1969): 190—195。贝利奇在《重铸乐园》第 30—31 页、52 页中暗示"塔斯曼世界终结了"。巴顿（Barton）在: *Report of the Royal Commission on Federation, Together with Minutes of Proceedings* and Evidence, and Appendices, AJHR, 1901, A—4, 479, W. Curzon Siggers, 109 中进行了汇报。霍尔（Hall）载于 Record of the Proceedings and Debates of the Australasian Federation Conference, 1890, 175。 270

华人作为"典型性的异族"，引自 Manying Ip, ed., Unfolding History, Evolving Identity, xi；作为非主流的观点，载于 Charles A. Price, The Great White Walls are Built: Restrictive Immigration to North America andAustralasia, 1836—1888, Canberra：ANU Press, 1974, 254。理想社会作为"真正的敌人"，载于 Moloughney and Stenhouse, '"Drug-Besotten, Sin-Begotten Fiends of Filth"', 64。

塞登对"布尔战争"的论述，引自 S. E. [Elizabeth] Hawdon, New Zealanders and the Boer War or: Soldiers from the Land of the Moa. Bya New Zealander. Christchurch：Gordon and Gotch, c. 1902—3, 5；"兄弟般的关系"，引自 260。对"博学的第十一队"（Learned Eleventh）的论述，见：Ellen Ellis in Crawford and McGibbon, eds, One Flag, One Queen, One Tongue, 140；对新西兰利益的论述，McGibbon, ibid., 10。作为"男性白人之国度"的殖民地，引自 McGibbon, The Path to Gallipoli, 165。"最好的移民"，引自 AJHR, 1925, H—31, 3。"母亲暴动"（mother's mutiny）一词，出自 Belich, Paradise Reforged, 181；卫生目标的职责（duty of health aim）出自 Plunket Society, Annual Reports；"卫生教育的使命"，见 Vesta, Argus, Melbourne, 19 September 1917。"宽大的臀部"，引自 Philippa Mein Smith, Mothers and King Baby: Infant Survival and Welfare in an Imperial World: Australia 1880—1950, Basingstoke：Macmillan, 1997, 95。爱国童子军，出自 M. Esplin, 'Cossgrove, David. Cossgrove, Selina', in DNZB, vol. 3, 117。

# 第六章 "肉身如青草"（1914—1929 年）

Making New Zealand: Pictorial Surveys of a Century, ed. E. H. Mc-

Cormick, Wellington: Department of Internal Affairs, 1940, vol. 1, no. II, 2; "生态帝国主义"一词出自 Alfred Crosby, *Ecological Imperialism: The Biolological Expansion of Europe, 900—1900,* Cambridge: Cambridge University Press, 1986。大战争的引用，出自 McGibbon, *New Zealand Battlefields and Memorials of the Western Front,* I。伤亡人数，出自 McGibbon, *Path to Gallipoli,* 257; Harper, *Massacre at Passchendaele,* 114—115, Harper ed. *Letters from the Battlefield,* 12; Pugsley, *The Anzac Experience,* 69。

Lieutenant-Colonel Dr Percival Fenwick, *Gallipoli Diary 24 April to 27 June, 1915,* Auckland: Auckland Museum, 1915, 14。芬威克（Fenwick）写道："一条命令传来，将这个海湾命名为安扎克湾……或许某一天，它将以血腥海滩海湾而为人所知"。H. S. 特里梅万上尉（Capt. H. S. Tremewan）（见6.3.2）1915年9月拍摄的照片标明了加利波利"安扎克湾"。Kevin Fewster, Vecihi Basarin, and Hatice Hurmuz Basarin, *Gallipoli: The Turkish Story,* 2nd edn, Crows Nest NSW, Allen & Unwin, 2003。"悲伤的表达"，出自<http://www.nzhistory.net.nz/Gallery/Anzac/Anzacday.htm>; "最重要的事业"，出自 *The Press,* Christchurch, 11 December 1914; *New Zealand's Roll of Honour 1915, Auckland Weekly News,* Illustrated List。

"整洁的服饰"出自 C. E. W. Bean, *The Story of ANZAC,* 129, 为 McGibbon, *Path to Galhpoli,* 255; O. Burton, *The Silent Division: New Zealanders at the Front,* 1914—1919, Sydney: Angus & Robertson, 1935 所引用; "挖掘兵和朋友"（digger and cobber）源于 H. S. B. R, 'War Friends', *New Zealand at the Front: Written and illustrafed by Men of the New Zealand Division,* Landon: Cassell and Co., 1917; "整个澳新军团"（Anzacs together），出自 K. S. Inglis, assisted by Jan Brazier, *Sacred Places: War Memorials in the Australian Landscape,* Melbourne: Melbourne University Press, 1998, 84。作为"中心"的乔鲁克拜尔（Cbunuk Bair）出自 Shadbolt, *Voices of Gallipoli,* 9; 新西兰晚些时候

271

的角色，出自 Pugsley, *Gallipoli*, 358；"无畏的丹"（Daredevil Dan）由 Shadbolt, 49 所引用；Buck quoted by Wira Gardiner。*Te Mura O Te Ahi: The Story of the Maori Battalion*, Auckland: Reed, 2002, 19; Wilson cited in Harper, *Massacre at Passchendaele*, 10。1916 年 9 月 20 日，法国欧内斯特·哈斯顿上尉（Capt. Ernest Harston）写给特里梅万夫人（Mrs Tremewan）的信，私人收藏；obituary in *Wanganui Chronicle*, 31 October 1916, 7。Volumnia quoted by W. H. Triggs, 'New Zealand Mothers and the War, in *Countess of Liverpool's Gift Book of Art and Literature*, Christchurch: Whitcombe & Tombs, 1915, 73。

特·普娥娅（Te Puea）由 King, *Te Puea*, 78, 及 Baker, *King and Country Call*, 213 所引用。Megan Hutching, ' "Mothers of the World": Women, Peace and Arbitration in Early Twentieth-Century New Zealand', *NZJH*, 27, no. 2（1993）: 173—185。"针织指南", 引自 Coney, *Standing in the Sunshine*, 312。*NZ Herald*, 27 April 1925, II, cited in Worthy, 'A Debt of Honour', 195。纪念碑的类型，出自 Jock Phillips and Ken Inglis, 'War Memorials in Australia and New Zealand', *Australian Historical Studies*, 24, No. 96（1991）: 187；奥玛鲁（Oamaru）的纪念橡树，出自 Eric Pawson, 'Trees as Sites of Commemoration: The North Otago Oaks', NZHA Conference, Dunedin. 2003。

特鲁比·金（Truby King），出自 *Argus*, 2 December 1919, 7。"现代妇女"出自 Linda Bryder, *A Voice for Mothers*, 80—81；特鲁比·金，引自 Mein Smith, *Maternity in Dispute*, 2。古纳博士（Dr Gunn）为克赖斯特彻奇的芭芭拉·史密斯（Barbara Smith）（在玛纳瓦图长大）所铭记；"催肥人畜", 出自 Tennant, *Children's Health, the Nation's Wealth*；对健康营的描述出自 *Wanganui Chronicle*, 17 November 1922。

Tom Brooking, Robin Hodge, and Vaughan Wood, 'The Grasslands Revolution Reconsidered', in *Environmental Histories of New Zealand*, ed. Eric Pawson and Tom Brooking, 169—182, South Melbourne & Oxford：Oxford University Press，2002。"帝国牛奶场"出自 *NZ Dairy Produce Exporter*，25 July 1925，30—31；这些影片在 *NZ Dairy Produce Exporter*，29 May 1926 中得到了详细的描述，引用出自第 21 页；用以发展的黄油，ibid.，43—44；"居家的费用"（housekeeping purse）出自'Interview with Lady（Viscountess）Burnham'，*NZ Dairy Producer Exporter*，29 August 1925，28—29。

272     "最大限度地提高收入"，出自 Fleming，'Agricultural Support Policies in a Small Open Economy'，351。King，*The Penguin History of New Zealand*，313。对闲置土地的偏见，出自 Ward，*An Unsettled History*，159；拉塔纳（Ratana），出自 John Henderson，*Ratana：The Man，the Church，the Political Movement*，Wellington：A. H. & A. W Reed/Polynesian Society，1972，88。尼皮亚（Nepia）在 Spiro Zavos and Gordon Bray，*Two Mighty Tribes：The Story of the All Blacks Vs. The Wallabies*，Auckland & Camberwell. Vic：Penguin，2003 中得到了描述。

# 第七章　缔造新西兰（1930—1949 年）

"不劳无酬"，出自 McClure，*A Civilised Community*，49；萧条神话，出自：Simpson，*The Sugarbag Years*；Ruth Park quoted in Nolan，*Breadwinning*，173；"不公平的税收，ibid.；萨维奇（Savage），出自 *Evening Post*，16 June 1938，quoted in Gustafson，*From the Cradle to the Grave*，216，election manifesto，165。对养家糊口者的工资的论述，H. T. Armstrong interviewed by Mrs E. Freeman，23 April 1936，LI 3/3/564—I，Archives NZ。

"劳工福利国家"，出自 Castles，*The Working Class and Welfare*，工资保障（wage security），87；社会保障目标，Walter Nash cited by McClure，*A Civilised Community*，80。无痛分娩出自 1937 年 9 月 6 日 "妇女儿童保护协会"分娩服务调查委员会证据，HI 3/7，Archives NZ；*AJHR*，1938，H—31A，107。

    政府开支，出自 McIntyre，*New Zealand Prepares for War*，259；

"忠诚地反对"出自 McKinnon, *Independence and Foreign Policy*；萨维奇对战争的态度，出自 McIntyre, *New Zealand Prepares for War*, 237；broadcast, Radio NZ Sound Archives, D 409, quoted in Wood, *The New Zealand People at War*, II。空军至上（Air first），出自 Fraser to Halsey, August 1943, cited in Wood, 260。战时死亡人数，出自：Crawford, ed. *Kia Kaha*, 3。弗雷泽（Fraser）的答复在 Wood, 194 及 McIntyre, *New Zealand Prepares for War*, 241 中得到了引用。

"真正的解决"（Real settlement），出自 Department of Tourist and Publicity, *New Zealand Centennial 1840—1940, Wellington：Government Printer, 1938；展览在 *Evening Post Centennial Number*, 7 November 1939 中得到了概要介绍。1940 年 2 月 6 日荣誉爵士艾皮拉纳·纳塔（Hon. Sir Apirana Ngata）在怀唐伊纪念会上所作的发言，IA I, 62/65/6, Archives NZ; also Walker, *He Tipua*, 352。毛利营，出自 Gardiner, *Te Mura O Te Ahi*, 31。

太平洋中的新西兰，出自 F. L. W. Wood, *Understanding New Zealand*, New York：Coward-McCann Inc., 1944。澳大利亚与新西兰之间的合作，出自 Kay, ed. *The Australian-New Zealand Agreement 1944*, 146；"领土完整"，引自 Wood, *The New Zealand People at War*, 376。弗雷泽对机会均等的论述，出自 AJHR, 1939, E—I, 2—3。好移民剪影，出自：McKinnon, *Immigrants and Citizens*, citing *AJHR*, 1946, 1—17, 99。达夫（Duff）的引用，出自 Oliver Duff, *New Zealand Now*, Wellington：Department of Internal Affairs, 1941, 14。立法（及知识）的停滞，出自 J. B. Condliffe, *The Eye of the Earth：A Pacific Survey*, ed. Peter G. Condliffe and Michio Yamaoka, Tokyo：International Academic Printed, 2004, 102；"分娩综合症"（mother-complex）出自 J. B. Condliffe, *New Zealand in the Making：A Survey of Economic and Social Development*, London：Allen & Unwin, 1930, 431。武德（Wood）对"分娩综合症"的论述，出自 *Understanding New Zealand*, 194；戏剧性的外交政策，ibid., 195；"双重依附"，出自 McIntyre in

273

Rice, ed. *Oxford History of New Zealand*, ch. 20。

# 第八章 黄金时光（1950—1973 年）

Bruce Mason, *The End of the Golden Weather*, revised edn, Wellington：Victoria University Press, 1970, 12—13。这个短语从这时起便进入了新西兰的词汇之中。如，见它在 Gould, 'The end of the golden weather：1967—1975', in *The Rake's Progress*? McCahon quoted in Docking, *Two Hundred Years of New Zealand Painting*, 184 中的运用。2004 年 4 月，韦斯顿夫人（Mrs Weston）通过其孙女卡罗尔·尚德（Carol Shand）与作者的私人通信。

对麦金托什（McIntosh）的引用，出自 Alister McIntosh, 'Origins of the Department of External Affairs and the Formulation of an Independent Foreign Policy', in *New Zealand in World Affairs*, I, Wellington：Price Milburn／New Zealand Institute of International Affairs, 1977, 21；1951 年争论由 Green, *British Capital, Antipodean Labour*, 153 做出了解释；麦金托什知道，是不公正促使乔克·巴恩斯（Jock Barnes）成为工会领袖的。1932 年，在他向一家悉尼报纸通报了 1932 年的骚乱之后，他被解聘了；1951 年 6 月麦金托什给贝伦森（Berendsen）的信，引自 McGibbon, ed., *Undiplomatic Dialogue*, 264—265。

Firth, *Nuclear Playground*；寻铀热潮（uranium rush）与"为和平而拥有核武器（atoms for peace）出自 Rebecca Priestley, Nuclear New Zealand：The Big Picture, PhD thesis, University ot Canterbury, in progress；移民统计数据，出自 McKinnon, *Immigrants and Citizens*, 39。"自由结社"（Free association），出自 Campbell, *Worlds Apart*, 284；"无声的迁徙"，出自 *The Silent Migration：Ngati Poneke Young Maori Club 1937—1948*。Stories of migration told to Patricia Grace, Irihapeti Ramsden and Jonathan Dennis, Wellington：Huia Publishers, 2001。"工业劳动力储备"，出自 *Labour and Employment Gazette*, 2, no. 2 (February 1952)：16, cited by Woods, 'Dissolving the Frontiers', 119；学

徒计划（apprenticeship scheme），出自 Megan C. Woods, Integrating the Nation: Gendering Maori Urbanisation and Integration, 1942—1969, PhD thesis, University of Canterbury, 2002, 77—78, 195—196。一体化的定义，出自 Hunn Report, AJHR, 1961, G—10, 15—16；"毛利妇女福利联盟"引自 Brookes, 'Nostalgia for "Innocent Homely Pleasures"', 212。

朗基欧拉蛋白饼配方（Rangiora pavlova recipe），出自 Jane Teal, 'Recipes for the Renovations: Laurina Stevens and the Pavlova Cake', History Now, 9, no. 4 (2004): 13—16；海报上的奶油广告, 'Everything tastes better with cream' (1960s), Archives NZ, Christchurch。作者的曾祖母和姑爷便是邓基卫（Tangiwai）的死难者。"性生活过度"的女孩，出自 Report of the Special Committee on Moral Delinquency in Children and Adolescents, Wellington: Government Printer 1954；有关"穿牛仔裤的姑娘"的引用，出自 Coney, Standing in the Sunshine, 174—175。

Farmer quoted in H. C. D . Somerset, Littledene: Patterns of Change, enlarged edn, Wellington: NZ Council for Educational Research, 1974, 126, 220；"为信任所润滑"，出自 Singleton and Robertson, Economic Relations between Britain and Australasia, II。羊毛拍卖，出自 Easton, In Stormy Seas, 73, and Gould, The Rake's Progress? 113—114；应变经济政策（stop-go），出自 Gould, 113。"为生存而斗争"，出自 John Marshall, Memoirs: Volume Two: 1960 to 1988, Auckland: William Collins, 1989, 61；参见 Stuart Ward, Australia and the British Embrace: The Demise of the Imperial Ideal, Melbourne: Melbourne University Press, 2001。

## 第九章 最近的试验（1974—1996 年）

引用出自 Cain and Hopkins, British Imperialism, 658；全球化定义，出自 Richard Le Heron, in Changing Places, 22。财政部真实收入

的下降，*New Zealand Economic Growth: An Analysis of Performance and Policy*，Wellington: The Treasury，April 2004；"误诊"，出自 Belich，*Paradise Reforged*，460；"大政府"，出自：Bassett，*The State in New Zealand*，324。

马尔登为 Gustafson，*His Way*，6 所引用；马尔登著述，出自*My Way*，及 *The Rise and Fall of a Young Turk*。"政治老龄化"与"享受福利的一代"，出自 Thompson，*Selfish Generations?* Templeton，*All Honournable Men*，224 对马尔登进行了描述；"指令经济"（command economy），出自 Bassett，17。以弗雷泽乡村地产命名的纳伦声明（Nareen statement），出自 Pamela Andre，Stephen Payton and John Mills，eds，*The Negotiation ofthe Australia New Zealand Closer Economic Relations Trade Agreement 1983*，Canberra & Wellington: Australian Department of Foreign Affairs and Trade and New Zealand Ministry of Foreign Affairs and Trade，2003，1—4，引用，2；Anthony in ibid.，5—7。

Michael Cullen,'Reflecting on the Fourth Labour Government'，Conference on the First Term of the Fourth Labour Government，Wellington: Stout Research Centre，Victoria University of Wellington，30 April－1 May 2004；Geoffrey Palmer and John Henderson，ibid.，对兰格进行了描述。"偷工减料建立起来的经济结构"，出自 Basset，23；"闪击战"，出自 Easton，ed. *The Making of Rogernomics* 171。"正确的事情"系"关于第四届工党政府的第一个任期的会议"期间 Michael Bassett and Roger Douglas 的引用；"长期的离经叛道"（long period of deviancy）和人造黄油的例子，出自 Palmer and David Caygill，ibid.；作为"目的而非手段"的变化，出自 Cullen，Ibid.。"理论驱动的革命"，出自 Goldfinch，*Remaking New Zealand and Australian Economic Policy*，37。由于改革所产生的大量工作，当时有三位财政部长。对改革代表着"答案"的确信来自于服务业联合工会（Combined Service Unions）前领袖罗恩·伯吉斯（Ron Burgess），Conference on the First Term of the Fourth Labour Government，discussion，session 5。

275

"产生工作"（Deliver Jobs），出自 Davey, *Another New Zealand Experiment*, 9；"极大的"集中，引用的是 Palmer, Conference on the First Term of the Fourth Labour Government；发生了变化的进程，出自 Gauld, *Revolving Doors*, 39；"重要的局限"，出自 Barnett and Barnett, 'Back to the Future?'；"障碍"，引自 Gauld, 214。

有关独立和"权力的角色"的引用，McKinnon, *Independence and Foreign Policy*, 278；在"关于第四届工党政府的第一个任期的会议"上，梅文·诺里斯（Merwyn Norrish）解释了事件的过程。前部长是迈克尔·巴塞特（Michael Bassett）；引用出自 Michael Bassett, 'The Atom Splitters', *National Business Review*, 8 August 2003, 36。"对原则的考验"，出自 Margaret Wilson, *Labour in Government, 1984—1987*, Wellington：Allen & Unwin/Port Nicholson Press, 1989, 55；引用出自 ibid., 64；"为了民主的胜利"，出自 Helen Clark, 'A Politician's View', in *Nuclear Free Nation：A Case-study of Aotearoa/New Zealand*, Hong Kong：International Affairs, Christian Conference of Asia, C. 1985, 18。戴维·兰格（David Lange），引自 ' "Nuclear Weapons are Morally Indefensible"：Argument for the affirmative during the Oxford Union debate of 1 March', in Ministry of Foreign Affairs, *A Selection of Recent Foreign Policy Statements by the New Zealand Prime Minister and Minister of Foreign Affairs, Rt Hon. David Lange*, Information Bulletin no. II, March 1985, 15, 16, 21。演讲由兰格的演讲稿撰写人、他后来的妻子玛格丽特·波普（Margaret Pope）撰写。

"太平洋共同防卫组织的"的不起作用，出自 McIntyre in Rice, ed. Oxford History of New Zealand, 535；对条约的违背，出自 McMillan, *Neither Confirm Nor Deny*, 88；"国家恐怖主义"，出自 *The Times*, Leader, 9 July 1986；对"海洋自由"的论述，见 McMillan, 168 的条约摘录。引用，出自 *Defense and Security：What New Zealanders Want*, Wellington：Defence Committee of Enquiry, 1986, 73, 67, 73。'Crash through' from Goldfinch, *Remaking New Zealand and*

*Australian Economic Policy*，215。

# 第十章　条约的复苏（1974—2003 年）

Temm，*The Waitangi Tribunal*，45；<NZHistory. net. nz>，*Waitangi Day：A History*，Ministry for Culture and Heritage，2004；毛利人们"厌倦了"，出自 Ward，*National Overview*，vol. I，137；Walker in Rice，ed. *Oxford History of New Zealand*，513 对"不要再有一英亩"进行了引用。"履行"的目标，出自 Treaty of Waitangi Act 1975；营垒角抗议，出自 Walker，*Ka Whahai Tonu Matou*，216；同时出自：Waitangi Tribunal，*Report of the Waitangi Tribunal on the Orakei Claim*。

Richards，*Dancing on Our Bones*，223 对红队文化（Red Squad culture）进行了描述；Nelson Mandela quoted in ibid.，特·阿提·阿瓦（或特·阿提阿瓦）和"好高骛远"，出自*Evening Post*，6 April 1983，6。条约"复活"，出自 Temm，*The Waitangi Tribunal*，40，为换取对财产的保障而让渡的权力，出自 96 页，引用的是凯西法官（Justice Casey），条约作为"鲜活的事物"，出自 97 页。Tipene O'Regan in Kawharu，ed. *Waitangi*，242—243；Tau，'Ngai Tahu-from "Better Be Dead and Out of the Way"'对纳塔胡的命运进行了概述。

副标题，出自 Hayley M. Brown，'A Woman's Right to Choose'：Second Wave Feminist Advocacy of Abortion Law Reform in New Zealand and New South Wales from the 1970s，MA thesis，University of Canterbury，2004；"立足之地"，引自 Macdonald，ed. *The Vote, the Pill and the Demon Drink*，206。"政治计划结构"（political opportunity structure）一词出自理论家查尔斯·蒂里（Charles Tilly）。引用，出自 Helen Clark，'Opening Address'，in *New Zealand College of Midwives Conference Proceedings*，2—3，Dunedin：New Zealand College of Midwives，1990。

Gaylene Preston quoted in Shepard，*Reframing Women*，172；人口数据的引用，出自：Bell，'Comparing Population Mobility in Australia and

New Zealand', 190—191。"澳洲—亚洲"一词出自 Denis McLean, *The Prickly Pair: Making Nationalism in Australia and New Zealand*, Dunedin: University of Otago Press, 2003, 307。根据"混合式比例代表制"（MMP），人们投两票：一票投给政党，一票投给代表当地选民的议员选举人。政府获票百分比决定选举到议会中的政党名单上议员的数量。"亚洲人的入侵"，出自 Bedfnrd et al.'International Migration in New Zealand', 55。

# 结　语

引用，出自 Pickles, 'Kiwi Icons', 10。2004 年 1 月 27 日国民党领袖唐·布兰什（Don Brash）给"奥雷瓦轮盘俱乐部"的致辞。统计数据，出自 Statistics NZ website, <www. stats. govt. nz>。

# 阅读指南

## 参考文献

Kirkpatrick, Russell. *Bateman Contemporary Atlas New Zealand*: *The Shapes of Our Nation*. Auckland: David Bateman, 1999.

McGibbon, Ian, ed., with Paul Goldstone. *The Oxford Companion to New Zealand Military History*. Auckland: Oxford University Press, 2000.

McKinnon, Malcolm, ed., with Barry Bradley and Russell Kirkpatrick. *New Zealand Historical Atlas*. Auckland: David Bateman/Historical Branch, Department of Internal Affairs, 1997.

Ministry for Culture and Heritage. <NZhistory. net. nz>, New Zealand history website.

——. < www. dnzb. govt. nz >, Dictionary of New Zealand Biography website. Oliver, W. H., and Claudia Orange, eds. *The Dictionary of New Zealand Biography*. 5 vols. Wellington: Department of Internal Affairs, 1990 – 2000.

Ward, Alan. *National Overview*. Wellington: Waitangi Tribunal, 1997. Rangahaua Whanui Series, 3 vols.

# 通史性读物

Belich, James. *Making Peoples: A History of New Zealanders, from Polynesian Settlement to the End of the Nineteenth Century.* Auckland: Allen Lane, 1996.

—. *Paradise Reforged: A History of the New Zealanders from the 1880s to the Year 2000.* Auckland: Allen Lane, 2001.

Coney, Sandra. *Standing in the Sunshine: A History of New Zealand Women Since They Won the Vote.* Auckland: Viking, 1993.

Denoon, Donald, and Philippa Mein Smith, with Marivic Wyndham. *A History of Australia, New Zealand and the Pacific*, The Blackwell History of the World, ed. R. I. Moore. Oxford & Malden, Mass.: Blackwell Publishers, 2000.

Docking, Gil. *Two Hundred Years of New Zealand Painting.* With additions by Michael Dunn covering 1970 – 1990. Revised edn. Auckland: David Bateman, 1990.

Hawke, G. R. *The Making of New Zealand: An Economic History.* Cambridge: Cambridge University Press, 1985.

King, Michael. *The Penguin History of New Zealand.* Auckland: Penguin, 2003.

Rice, Geoffrey W., ed. *The Oxford History of New Zealand.* 2nd edn. Auckland: Oxford University Press, 1992.

Sinclair, Keith, and Raewyn Dalziel. *A History of New Zealand.* Revised edn. Auckland: Penguin, 2000.

Ward, Alan. *An Unsettled History: Treaty Claims in New Zealand Today.* Wellington: Bridget Williams Books, 1999.

278

# 第一章 横渡汪洋大海的独木船

Anderson, Atholl. *Prodigious Birds: Moas and Moa-Hunting in Prehis-

*toric New Zealand*. Cambridge: Cambridge University Press, 1989.

——. *The Welcome of Strangers: An Ethnohistory of Southern Maori A. D. 1650—1850*. Dunedin: University of Otago Press/Dunedin City Council, 1998.

——. 'A Fragile Plenty: Pre-European Maori and the New Zealand Environ ment'. In *Environmental Histories of New Zealand*, ed. Eric Pawson and Tom Brooking, 19 - 34. South Melbourne: Oxford University Press, 2002.

Ballara, Angela. *Iwi: The Dynamics of Maori Tribal Organisation from c. 1769 to c. 1945*. Wellington: Victoria University Press, 1998.

Coates, Glen. *The Rise and Fall of the Southern Alps*. Christchurch: Canterbury University Press, 2002.

Dacker, Bill. *Te Mamae Me Te Aroha: The Pain and the Love*. Dunedin: University of Otago Press with Dunedin City Council, 1994.

Davidson, Janet. *The Prehistory of New Zealand*. 2nd edn. Auckland: Longman Paul, 1992.

Diamond, Jared. *Guns, Germs and Steel: The Fates of Human Societies*. London: Jonathan Cape, 1997.

Evans, Jeff. *The Discovery of Aotearoa*. Auckland: Reed, 1998.

Flannery, Timothy F. *The Future Eaters: An Ecological History of the Australasian Lands and People*. Melbourne: Reed, 1994.

Howe, K. R. *The Quest for Origins*. Auckland: Penguin, 2003.

King, Michael. *Nga Iwi O Te Motu: 1000 Years of Maori History*. Revised edn. Auckland: Reed, 2001.

Leach, Helen. 'In the Beginning'. In *Te Whenua, Te Iwi ' The Land and the People*, ed. Jock Phillips, 18 - 26. Wellington: Allen & Unwin/Port Nicholson Press, 1987.

O'Regan, Tipene. 'Ngai Tahu and the Crown: Partnership Promised'. In *Rural Canterbury: Celebrating Its History*, ed. Garth Cant and Russell

279

Kirkpatrick, 1 – 19. Wellington: Daphne Brasell Associates/Lincoln University Press, 2001.

Orbell, Margaret. *Hawaiki: A New Approach to Maori Tradition*. Christchurch: Canterbury University Press, 1991.

—. *The Illustrated Encyclopedia of Maori Myth and Legend*. Christchurch: Canterbury University Press, 1995.

Sorrenson, M. P. K. *Maori Origins and Migrations: The Genesis of Some Pakeha Myths and Legends*. Auckland: Auckland University Press, 1979.

Sutton, Douglas, ed. *The Origins of the First New Zealanders*. Auckland: Auckland University Press, 1994.

Tau, Te Maire. ' Ngai Tahu and the Canterbury Landscape—a Broad Context'. In *Southern Capital: Christchurch*, ed. John Cookson and Graeme.

Dunstall, 41 – 59. Christchurch: Canterbury University Press, 2000.

—. *Nga Pikituroa O Ngai Tahu: The Oral Traditions of Ngai Tahu*. Dunedin: University of Otago Press, 2003.

Tremewan, Christine, trans, and ed. *Traditional Stories from Southern New Zealand: He Korero no Te Wai Pounamu*. Christchurch: Macmillan Brown Centre for Pacific Studies, University of Canterbury, 2002.

Wanhalla, Angela. ' Maori Women in Waka Traditions '. In *Shifting Centres: Women and Migration in New Zealand History*, ed. Lyndon Fraser and Katie Pickles, 15 – 27. Dunedin: University of Otago Press, 2002.

Worthy, Trevor H., and Richard N. Holdaway. *The Lost World of the Moa: Prehistoric Life of New Zealand*. Christchurch: Canterbury University Press, 2002.

## 第二章　海滩跨越者（1769—1839 年）

Adams, Peter. *Fatal Necessity: British Intervention in New Zealand*

*1830 - 1847.* Auckland: Auckland University Press, 1977.

Anderson, Atholl. *The Welcome of Strangers: An Ethnohistory of Southern Maori A. D. 1650 - 1850.* Dunedin: University of Otago Press/Dunedin City Council, 1998.

Ballara, Angela. *Taua: 'Musket Wars', 'Land Wars' or Tikanga? Warfare in Maori Society in the Early Nineteenth Century.* Auckland: Penguin, 2003.

Bayly, C. A. *Imperial Meridian: The British Empire and the World 1780 - 1830*, Studies in Modern History, ed. John Morrill and David Cannadine. London and New York: Longman, 1989.

Beaglehole, J. C. *The Life of Captain James Cook.* London: Adam & Charles Black, 1974.

Cloher, Dorothy Urlich. *Hongi Hika: Warrior Chief.* Auckland: Viking, 2003.

Crosby, R. D. *The Musket Wars: A History of Inter-Iwi Conflict 1806 - 1845.* 2nd edn. Auckland: Reed, 2001.

Dunmore, John. 'French Navigators in New Zealand *1769 - 1840*'. In *New Zealand and the French: Two Centuries of Contact*, ed. John Dunmore, 8 - 19. Waikanae: The Heritage Press, 1997.

Head, Lyndsay. 'The Pursuit of Modernity in Maori Society: The Conceptual Bases of Citizenship in the Early Colonial Period'. In *Histories, Power and Loss: Uses of the Past—a New Zealand Commentary*, ed. Andrew Sharp and Paul McHugh, 97 - 121. Wellington: Bridget Williams Books, 2001.

Hill, Richard S. *Policing the Colonial Frontier: The Theory and Practice of Coercive Social and Racial Control in New Zealand, 1767 - 1867*, Part I. Vol. I. Wellington: Historical Publications Branch, Department of Inter nal Affairs, 1986.

King, Michael. *Moriori: A People Rediscovered.* Auckland:

280

Viking, 1989.

Moon, Paul. *Te Ara Ki Te Tiriti: The Path to the Treaty of Waitangi.* Auckland: David Ling Publishing, 2002.

Obeyesekere, Gananath. *The Apotheosis of Captain Cook: European Mythmaking in the Pacific.* Princeton: Princeton University Press, 1992.

Orange, Claudia. 'The Maori and the Crown'. In *The Oxford Illustrated History of New Zealand*, ed. Keith Sinclair. Auckland: Oxford University Press, 1990.

Owens, J. M. R. 'New Zealand before Annexation'. In *The Oxford History of New Zealand*, ed. Geoffrey W. Rice. Auckland: Oxford University Press, 1992.

Porter, Andrew, ed. *The Oxford History of the British Empire. The Nine teenth Century.* Edited by Wm. Roger Louis. Vol. 3. Oxford: Oxford University Press, 1999. Raeside, J. D. *Sovereign Chief, a Biography of Baron De Thierry.* Christchurch: Caxton Press, 1977.

Salmond, Anne. *Two Worlds: First Meetings between Maori and Europeans 1642 – 1772.* Auckland: Viking, 1991.

—. *Between Worlds: Early Exchanges between Maori and Europeans 1773 – 1815.* Auckland: Viking, 1997.

—. *The Trial of tbe Cannibal Dog: Captain Cook in tbe South Seas.* Auckland: Allen Lane/Penguin Books, 2003.

Smith, Bernard. *Imagining the Pacific: In the Wake of the Cook Voyages.* Melbourne: MUP/Miegunyah Press, 1992.

Temple, Philip. *A Sort of Conscience: The Wakefields.* Auckland: Auckland University Press, 2002.

Vaggioli, Dom Felice. *History of New Zealand and Its Inbabitants.* Translated by John Crockett. Dunedin: University of Otago Press, 2000 (first published 1896).

## 第三章　索要土地（1840—1860 年）

Amodeo, Colin. *The Summer Ships*. Christchurch: Caxton Press, 2000.

—, with Ron Chapman. *Forgotten Forty-Niners*. Christchurch: Caxton Press, 2003.

Byrnes, Giselle. *Boundary Markers: Land Surveying and the Colonisation of New Zealand*. Wellington: Bridget Williams Books, 2001.

Dalziel, Raewyn. 'Men, Women and Wakefield'. In *Edward Gibbon Wakefield and the Colonial Dream: A Reconsideration*, 77 – 86. Wellington: GP Publications/Friends of the Turnbull Library, 1997.

Fairburn, Miles. *The Ideal Society and Its Enemies: The Foundations of Modern New Zealand Society 1850 – 1900*. Auckland: Auckland Univer sity Press, 1989.

Fitzgerald, Caroline, ed. *Letters from the Bay of Islands: The Story of Marianne Williams*. Auckland: Penguin, 2004.

Francis, Mark. *Governors and Settlers: Images of Authority in the British Colonies, 1820 – 1860*. London: Macmillan, 1992.

Hamer, David, and Roberta Nicholls, eds. *The Making of Wellington 1800 – 1914*. Wellington: Victoria University Press, 1990.

Head, Lyndsay. 'The Pursuit of Modernity in Maori Society'. In *Histories, Power and Loss*, ed. Andrew Sharp and Paul G. McHugh, *97 – 121*. Wellington: Bridget Williams Books, 2001.

McAloon, Jim. *Nelson: A Regional History*. Whatamango Bay: Cape Catley/Netson City Council, 1997.

—. *No Idle Rich: The Wealthy in Canterbury and Otago 1840 – 1914*. Dunedin: University of Otago Press, 2002.

McClintock, A. H. *Crown Colony Government in New Zealand*. Welling ton: Government Printer, 1958.

McHugh, P. G. 'Australasian Narratives of Constitutional Foundation'. In *Quicksands: Foundational Histories in Australia and Aotearoa New Zealand*, ed. Klaus Neumann, Nicholas Thomas and Hilary Ericksen, *98 - 114*. Sydney: UNSW Press, 1999.

Olssen, Erik. 'Wakefield and the Scottish Enlightenment, with Particular Reference to Adam Smith and His *Wealth of Nations*'. *In Edward Gibbon Wakefield and the Colonial Dream: A Reconsideration, 47 - 66*. Wellington: GP Publications/Friends of the Turnbull Library, 1997.

Orange, Claudia. *The Treaty of Waitangi*. Wellington: Allen& Unwin/ Port Nicholson Press, 1987.

—. *An Illustrated History of the Treaty of Waitangi*. Wellington: Allen & Unwin, 1990. Revised edn 2004.

Parsonson, Ann. 'The Challenge to Mana Maori'. In *The Oxford History of New Zealand*, ed. G. W. Rice, *167 - 198*. Auckland: Oxford University Press, 1992.

Pawson, Eric. 'Confronting Nature'. In *Southern Capital Christchurch*, ed. John Cookson and Graeme Dunstall, *60 - 84*. Christchurch: Canterbury University Press, 2000.

Sharp, Andrew. *Justice and the Maori*. 2nd edn. Auckland: Oxford University Press, 1997.

Sharp, Andrew, and Paul G. McHugh, eds. *Histories, Power and Loss*. Wellington: Bridget Williams Books, 2001.

Sorrenson, M. P. K. 'The Settlement of New Zealand from 1835'. In *Indigenous Peoples' Rights in Australia, Canada, & New Zealand*, ed. Paul Havemann, *162 - 179*. Auckland: Oxford University Press, 1999. Stone, R. C. J. *From Tamaki-Makau-Rau to Auckland*. Auckland: Auckland University Press, 2001.

Temple, Philip. *A Sort of Conscience: The Wakefields*. Auckland: Auckland University Press, 2002.

282

Tremewan, Peter. *French Akaroa: An Attempt to Colonise Southern New Zealand*. Christchurch: University of Canterbury Press, 1990.

Ward, Alan. *A Show of Justice: Racial 'Amalgamation' in Nineteenth Century New Zealand*. 2nd edn. Auckland: Auckland University Press, 1995.

—, and Janine Hayward. 'Tino Rangatiratanga: Maori in the Political and Administrative System'. In *Indigenous Peoples' Rights in Australia, Canada, & New Zealand*, ed. Paul Havemann, *378 - 399*. Auckland: Oxford University Press, 1999.

## 第四章　更为偏远的大洋洲（1861—1890 年）

Atkinson, Neill. *Adventures in Democracy: A History of the Vote in New Zealand*. Dunedin: University of Otago Press, 2003.

Ballara, Angela. 'Introduction: The King Movement's First Hundred Years'. In *Te Kingitanga: The People of the Maori King Movement*, ed. Dictionary of New Zealand Biography, *1 - 32*. Wellington: Auckland University Press with Bridget Williams Books/DNZB, 1996.

Belich, James. *The New Zealand Wars and the Victorian Interpretation of Racial Conflict*. Auckland: Penguin, 1988 (first published 1986).

—. '*I Shall Not Die*': *Titokowaru's War New Zealand, 1868 - 1869*. Wellington: Allen & Unwin/Port Nicholson Press, 1989.

—. *The New Zealand Wars*. Video. Auckland: TVNZ/Landmark Productions, 1998.

Binney, Judith. *Redemption Songs: A Life of Te Kooti Arikirangi Te Turuki*. Auckland: Auckland University Press/Bridget Williams Books, 1995.

Borrie, W. D. *The European Peopling of Australasia*. Canberra: Demography, RSSS, ANU, 1994.

Breward, Ian. *A History of the Churches in Australasia*. Oxford: Oxford University Press, 2001.

Cain, P. J., and A. G. Hopkins. *British Imperialism, 1688 – 2000*. 2nd edn. Harlow: Longman, 2002.

Cowan, James. *The New Zealand Wars: A History of the Maori Campaigns and the Pioneering Period*. Vol. I : *1845 – 1864*. Wellington: Government Printer, 1922 (reprinted 1983).

—. *The New Zealand Wars*. Vol. II: The Hauhau Wars, *1864 – 1872*. Wellington: Government Printer, 1922 (reprinted 1983).

Cox, Lindsay. *Kotahitanga: The Search for Maori Political Unity*. Auckland: Oxford University Press, 1993.

Daley, Caroline. *Girls & Women, Men & Boys: Gender in Taradale 1886 – 1930*. Auckland: Auckland University Press, 1999.

Dalziel, Raewyn. *Julius Vogel: Business Politician*. Auckland: Auckland University Press/Oxford University Press, 1986.

Denoon, Donald. 'Re-Membering Australasia: A Repressed Memory'. *Australian Historical Studies* 34, no. 122 (October 2003): *290 – 304*. Dow, Derek A. 'Springs of Charity? The Development of the New Zealand Hospital System, *1876 – 1910*'. In *A Healthy Country: Essays on the Social History of Medicine in New Zealand*, ed. Linda Bryder, 44 – 64. Wellington: Bridget Williams Books, 1991.

Durie, Mason. *Whaiora: Maori Health Development*. 2nd edn. Auckland: Oxford University Press, 1998.

Elsmore, Bronwyn. *Mana from Heaven: A Century of Maori Prophets in New Zealand*. Auckland: Reed, 1999.

Evans, Julie, Patricia Grimshaw, David Philips, and Shurlee Swain. *Equal Subjects, Unequal Rights: Indigenous Peoples in British Settler Colonies, 1830 – 1910*, Studies in Imperialism, ed. John M. MacKenzie. Manchester & New York: Manchester University Press, 2003.

Fairburn, Miles. *The Ideal Society and Its Enemies*. Auckland: Auckland University Press, 1989.

283

Fraser, Lyndon, ed. *A Distant Shore: Irish Migration and New Zealand Settlement*. Dunedin: University of Otago Press, 2000.

—. ' "No One but Black Strangers to Spake to God Help Me": Irish Women' s Migration to the West Coast, *1864 – 1915*'. In *Shifting Centres: Women and Migration in New Zealand History*, ed. Lyndon Fraser and Katie Pickles, 45 – 62. Dunedin: University of Otago Press, 2002.

Gardner, W. J. *Colonial Cap and Gown: Studies in the Mid-Victorian Universities of Australasia*. Christchurch: University of Canterbury, 1979.

Hill, Richard S. *The Colonial Frontier Tamed: New Zealand Policing in Transition, 1867 – 1886*. 2 vols. Wellington: Historical Branch/GP Books, 1989.

Ip, Manying. *Dragons on the Long White Cloud: The Making of Chinese New Zealanders*. Auckland: Tandem Press, 1996.

Jebb, Richard. *Studies in Colonial Nationalism*. London: Edward Arnold, 1905.

Lovell-Smith, Margaret. *Easily the Best: The Life of Helen Connon (1857 – 1903)*. Christchurch: Canterbury University Press, 2004.

Macdonald, Charlotte. *A Woman of Good Character: Single Women as Immigrant Settlers in Nineteenth-Century New Zealand*. Wellington: BWB/Historical Branch, 1990.

—. 'Too Many Men and Too Few Women: Gender' s "Fatal Impact" in Nineteenth-Century Colonies'. In *The Gendered Kiwi*, ed. Caroline Daley and Deborah Montgomerie, 17 – 35. Auckland: Auckland University Press, 1999.

May, P. R. *The West Coast Gold Rushes*. Christchurch: Pegasus Press, 1962.

—. 'Gold on the Coast (1) and (2) '. *New Zealand' s Heritage* 3, no. 31& 32 (1971).

Mein Smith, Philippa. ' New Zealand Federation Commissioners in

284

Australia: One Past, Two Historiographies '. *Australian Historical Studies* 34, no. 122 (October 2003): 305—325.

Morrell, W. P. *The Provincial System in New Zealand 1852—1876*, 2nd edn. Christchurch: Whitcombe and Tombs Ltd, 1964.

Munro, Jessie. *The Story of Suzanne Aubert.* Auckland: Auckland University Press/Bridget Williams Books, 1996.

Ng, James. *Windows on a Chinese Past.* 4 vols. Dunedin: Otago Heritage Books, 1993.

Nolan, Melanie. 'Maritime Strike 1890, Australasia'. In *St James Encyclopedia of Labor History Worldwide*, ed. Nell Schlager. Chicago: Gale Group, 2003.

Olssen, Erik. *A History of Otago.* Dunedin: McIndoe, 1984.

—. 'Families and the Gendermg of European New Zealand in the Colonial Period, 1840—80'. In *The Gendered Kiwi: Pakeha Men and Women*, 1840—1990, ed. Caroline Daley and Deborah Montgomerie, 37‑62. Auckland: Auckland University Press, 1999.

Parsonson, Ann. 'The Challenge to Mana Maori'. In *The Oxford History of New Zealand*, ed. Geoffrey W. Rice. Auckland: Oxford University Press, 1992.

—. 'The Fate of Maori Land Rights in Early Colonial New Zealand: The Limits of the Treaty of Waitangi and the Doctrine of Aboriginal Title'. In *Law, History, Colonialism: The Reach of Empire*, ed. Diane Kirkby and Catharine Coleborne, 173‑189. Manchester: Manchester University Press, 2001.

Pool, Ian. *Te Iwi Maori: A New Zealand Population Past, Present and Projected.* Auckland: Auckland University Press, 1991.

Richardson, Len E. *Coal, Class and Community: The United Mineworkers of New Zealand 1880‑1960.* Auckland: Auckland University Press, 1995.

Riseborough, Hazel. *Days of Darkness*: *Taranaki 1878 - 1884*. Revised edn. Auckland: Penguin, 2002.

Scott, Dick. *Ask That Mountain*: *The Story of Parihaka*. Auckland: Heinemanrd/Southern Cross, 1975.

Simkin, C. G. F. *The Instability of a Dependent Economy*: *Economic Fluctuations in New Zealand 1840 - 1914*. Oxford: Oxford University Press, 1951.

Simon, Judith, and Linda Tuhiwai Smith, eds. *A Civilising Mission? Perceptions and Representations of the Native Schools System*. Auckland: Auckland University Press, 2001.

Simpson, Tony. *The Immigrants*: *The Great Migration from Britain to New Zealand, 1830 - 1890*. Auckland: Godwit Publishing, 1997.

Sinclair, Keith. *A Destiny Apart*: *New Zealand's Search for National Identity*. Wellington: Allen & Unwin/Port Nicholson Press, 1986.

Star, Paul, and Lynne Lochhead. 'Children of the Burnt Bush: New Zealanders and the Indigenous Remnant, *1880 - 1930*'. In *Environmental Histories of New Zealand*, ed. Eric Pawson and Tom Brooking, *119 - 135*. Melbourne: Oxford University Press, 2002.

Stone, R. C. J. *Makers of Fortune*: *A Colonial Business Community and Its Fall*. Auckland: Auckland University Press/Oxford University Press, 1973.

Tennant, Margaret. *Paupers and Providers*: *Charitable Aid in New Zealand*. Wellington: Allen & Unwin/Historical Branch, 1989.

Thomson, David. *A World without Welfare*: *New Zealand's Colonial Experiment*. Auckland: Auckland University Press/BWB, 1998.

Wevers, Lydia. *Country of Writing*: *Travel Writing and New Zealand 1809—1900*. Auckland: Auckland University Press, 2002.

## 第五章　应付全球化（1891—1913 年）

Brooking, Tom. *Lands for the People*? Dunedin: University of Otago

Press, 1996.

—, and Roberto Rabel. 'Neither British nor Polynesian: A Brief History of New Zealand's Other Immigrants'. In *Immigration and National Identity in New Zealand*, ed. Stuart W. Greif, 23 - 49. Palmerston North: Dunmore Press, 1995.

Castles, Francis G. *The Working Class and Welfare: Reflections on the Political Development of the Welfare State in Australia and New Zealand, 1890 - 1980*. Wellington: Allen & Unwin/Port Nicholson Press, 1985.

—. *Australian Public Policy and Economic Vulnerability: A Comparative and Historical Perspective*. Sydney: Allen & Unwin, 1988.

Crawford, John, and Ian McGibbon, eds. *One Flag, One Queen, One Tongue: New Zealand, the British Empire and the South African War 1899 - 1902*. Auckland: Auckland University Press, 2003.

Curnow, Jenifer, Ngapare Hopa, and Jane McRae, eds. *Rere Atu, Taku Manu! Discovering History, Language and Politics in the Maori-Language Newspapers*. Auckland: Auckland University Press, 2002.

Daley, Caroline, and Melanie Nolan, eds. *Suffrage and Beyond: International Feminist Perspectives*. Auckland: Auckland University Press, 1994.

Dalziel, Raewyn. 'The Colonial Helpmeet: Women's Role and the Vote in Nineteenth-Century New Zealand'. In *Women in History: Essays on European Women in New Zealand*, ed. Barbara Brookes, Charlotte Macdonald and Margaret Tennant, 55 - 68. Wellington: Allen & Unwin/Port Nicholson Press, 1986.

Fry, Eric, ed. *Common Cause: Essays in Australian and New Zealand Labour History*. Wellington: Allen & Unwin/Port Nicholson Press, 1986.

Greasley, David, and Les Oxley. 'Globalization and Real Wages in New Zealand *1873 - 1913*'. *Explorations in Economic History* 41, no. (January 2004): 26 - 47. Grimshaw, Patricia. *Women's Suffrage in New Zealand*. Auckland: Auck land University Press, 1987.

286

Hamer, David. *The New Zealand Liberals: The Years of Power*, *1891 – 1912*. *Auckland: Auckland University Press*, 1988.

Holt, James. *Compulsory Arbitration in New Zealand: The First Forty Years*. Auckland: Auckland University Press, 1986.

Ip, Manying. *Dragons on the Long White Cloud: The Making of Chinese New Zealanders*. Auckland: Tandem Press, 1996.

——, ed. *Unfolding History, Evolving Identity: The Chinese in New Zealand*. Auckland: Auckland University Press, 2003.

Kelly, Paul. *The End of Certainty: The Story of the* 1980s. Sydney: Allen & Unwin, 1992.

Lange, Raeburn. *May the People Live: A History of Maori Health Development 1900 – 1920*. Auckland: Auckland University Press, 1999.

McGibbon, Ian. ' Australia-New Zealand Defence Relations to 1939 '.

In *Tasman Relations*, ed. Keith Sinclair, 164 – 182. Auckland: Auckland University Press, 1987.

——. *The Path to Gallipoli: Defending New Zealand 1840 – 1915*. Wellington: GP Books, 1991.

Macintyre, Stuart, and Richard Mitchell, eds. *Foundations of Arbitration: The Origins and Effects of State Compulsory Arbitration 1890 – 1914*, Australian Studies in Labour Relations. Melbourne: Oxford University Press, 1989.

Martin, John E. *Holding the Balance: A History of New Zealand' s Department of Labour 1891 – 1995*. Christchurch: Canterbury University Press, 1996.

Meaney, Neville. *The Search for Security in the Pacific*, *1901 – 1914*. Sydney: Sydney University Press, 1976.

Mein Smith, Philippa. ' New Zealand '. In *The Centenary Companion to Australian Federation*, ed. Helen Irving, 400 – 405. Melbourne:

Cambridge University Press, 1999.

Moloughney, Brian, and John Stenhouse. ' "Drug-Besotten, Sin-Begotten Fiends of Fikh": New Zealanders and the Oriental Other, 1850—1920'. *New Zealand Journal of History* 33, no. I (1999): 43—64.

Nolan, Melanie. *Breadwinning: New Zealand Women and the State.* 287 Christchurch: Canterbury University Press, 2000.

O' Connor, P. S. 'Keeping New Zealand White, 1908 – 1920'. *New Zealand Journal of History* 2, no. I (1968): 41 – 65. Olssen, Erik. *The Red Feds: Revolutionary Industrial Unionism and the New Zealand Federation of Labour 1908 – 1914.* Auckland: Oxford University Press, 1988.

—. *Building the New World: Work, Politics and Society in Caversham 1880s – 1920s.* Auckland: Auckland University Press, 1995.

Orbell, Margaret, ed. *He Reta Ki Te Maunga: Letters to the Mountain: Maori Letters to the Editor 1898 – 1905.* Auckland: Reed, 2002.

Phillips, Jock. *A Man' s Country? The Image of the Pakeha Male, a History.* Revised edn. Auckland: Penguin, 1996.

Reeves, William Pember. *State Experiments in Australia and New Zealand.* 2 vols. London: George Allen & Unwin, 1902.

Ross, Angus. *New Zealand Aspirations in the Pacific in the Nineteenth Century.* Oxford: Clarendon Press, 1964.

Sinclair, Keith. *William Pember Reeves: New Zealand Fabian.* Oxford: Clarendon Press, 1965.

—. 'Why New Zealanders Are Not Australians: New Zealand and the Australian Federal Movement, 1881 – 1901 '. In *Tasman Relations: New Zealand and Australia, 1788 – 1988,* ed. Keith Sinclair, 90 – 103. Auckland: Auckland University Press, 1987.

Ville, Simon. *The Rural Entrepreneurs: A History of the Stock and Station Agent Industry in Australia and New Zealand.* Cambridge: Cambridge University Press, 2000.

## 第六章 "肉身如青草"（1914—1929 年）

Baker, Paul. *King and Country Call: New Zealanders, Conscription and the Great War*. Auckland: Auckland University Press, 1998.

Boyd, Mary. 'The Record in Western Samoa to 1945'. In *New Zealand's Record in the Pacific Islands in the Twentieth Century*, ed. Angus Ross, 115 – 188. London & New York: Longman Paul, 1969.

Bryder, Linda. *A Voice for Mothers: The Plunket Society and Infant Welfare, 1907 – 2000*. Auckland: Auckland University Press, 2003.

Daley, Caroline. *Leisure ϑ Pleasure: Reshaping ϑ Revealing the New Zealand Body 1900 – 1960*. Auckland: Auckland University Press, 2003.

Ferguson, Gael. *Building the New Zealand Dream*. Palmerston North: Dunmore Press/Historical Branch, 1994.

Fleming, G. A. 'Agricultural Support Policies in a Small Open Economy: New Zealand in the 1920s'. *Economic History Review* 52, no. 2 (1999): 334 – 354.

Harper, Glyn. *Massacre at Passchendaele: The New Zealand Story*. Auckland: HarperCollins, 2000.

—, ed. *Letters from the Battlefield: New Zealand Soldiers Write Home 1914 – 1918*. Auckland: HarperCollins, 2001.

King, Michael. *Te Puea: A Biography*. Auckland: Hodder and Stoughton, 1977.

McGibbon, Ian. *The Path to Gallipoli: Defending New Zealand 1840 – 1915*. Wellington: GP Books/Historical Branch, 1991.

—. *New Zealand Battlefields and Memorials of the Western Front*. Auckland: Oxford University Press/History Group, Ministry for Culture and Heritage, 2001.

Mein Smith, Philippa. *Maternity in Dispute: New Zealand 1920 – 1939*. Wellington: Historical Branch, Department of Internal Affairs, 1986.

288

Pugsley, Christopher. *Gallipoli: The New Zealand Story*. Auckland: Sceptre, 1990.

—. *Te Hokowhitu a Tu: The Maori Pioneer Battalion in the First World War*. Auckland: Reed, 1995.

—. *The Anzac Experience: New Zealand, Australia and Empire in the First World War*. Auckland: Reed, 2004.

Rice, Geoffrey. *Black November: The* 1918 *Influenza Epidemic in New Zealand*. Wellington: Allen and Unwin/Historical Branch, 1988.

Shadbolt, Maurice. *Voices of Gallipoli*. Auckland: Hodder and Stoughton, 1988.

Tennant, Margaret. *Children' s Health, the Nation' s Wealth: A History of Children' s Health Camps*. Wellington: Bridget Williams Books/Historical Branch, 1994.

Walker, Ranginui. *He Tipua: The Life and Times of Sir Apirana Ngata*. Auckland: Viking, 2001.

Worthy, Scott. ' A Debt of Honour: New Zealanders ' First Anzac Days'. *New Zealand Journal of History* 36, no. 2 (2002): 185 - 200.

## 第七章　缔造新西兰（1930—1949 年）

Bassett, Michael, and Michael King, *Tomorrow Comes the Song: A Life of Peter Fraser*. Auckland: Penguin, 2000.

Clark, Margaret, ed. *Peter Fraser: Master Politician*. Palmerston North: Dunrnore Press, 1998.

Crawford, John, ed. *Kia Kaha: New Zealand in the Second World War*. Auckland: Oxford University Press, 2002.

Easton, Brian. *The Nationbuilders*. Auckland: Auckland University Press, 2001.

Gardiner, Wira. *Te Mura O Te Ahi: The Story of the Maori Battalion*. Auckland: Reed, 2002.

Gustafson, Barry. *From the Cradle to the Grave: A Biography of Michael Joseph Savage.* Auckland: Reed Methuen, 1986.

Hanson, Elizabeth. *The Politics of Social Security.* Auckland: Auckland University Press/Oxford University Press, 1980.

289 Hilliard, Chris. 'Stories of Becoming: The Centennial Surveys and the Colonization of New Zealand'. *New Zealand Journal of History* 33, no. 1 (1999): 3 – 19.

Hutching, Megan, ed. '*A Unique Sort of Battle*': *New Zealanders Remember Crete.* Auckland: HarperCollins/History Group, Ministry for Culture and Heritage, 2001.

Kay, Robin, ed. *The Australian-New Zealand Agreement* 1944. Vol. I, Documents on New Zealand External Relations. Wellington: Historical Publications Branch, Department of Internal Affairs, 1972.

McClure, Margaret. *A Civilised Community: A History of Social Security in New Zealand 1898 – 1998.* Auckland: Auckland University Press/Historical Branch, 1998.

McGibbon, Ian. *New Zealand and the Second World War: The People, the Battles and the Legacy.* Auckland: Hodder Moa Beckett, 2004.

McIntyre, W. D. *The Rise and Fall of the Singapore Naval Base, 1919 – 1942* Cambridge Commonwealth Series. London and Basingstoke: Macmillan, 1979.

—. *New Zealand Prepares for War: Defence Policy 1919 – 1939.* Christchurch: University of Canterbury Press, 1988.

McKinnon, Malcolm. *Independence and Foreign Policy: New Zealand in the World since 1935.* Auckland: Auckland University Press/Historical Branch, 1993.

—. *Immigrants and Citizens: New Zealanders and Asian Immigration in Historical Context.* Wellington: Institute of Policy Studies, Victoria University of Wellington, 1996.

Montgomerie, Deborah. *The Women's War: New Zealand Women 1939 – 1945*. Auckland: Auckland University Press, 2001.

Nolan, Melanie. *Breadwinning: New Zealand Women and the State*. Christchurch: Canterbury University Press, 2000.

Simpson, Tony. *The Sugarbag Years*. 2nd edn. Auckland: Penguin, 1990.

Taylor, Nancy M. *The New Zealand People at War: The Home Front*. 2 vols. Official History of New Zealand in the Second World War *1939 – 1945*. Wellington: Government Printer, 1986.

Wood, F. L. W. *The New Zealand People at War: Political and External Affairs*, Official History of New Zealand in the Second World War *1939 – 1945*. Wellington: War History Branch, Department of Internal Affairs, 1958.

## 第八章　黄金时光（1950—1973 年）

Brookes, Barbara. 'Nostalgia for "Innocent Homely Pleasures": The 1964 New Zealand Controversy over *Washday at the Pa*'. In *At Home in New Zealand*, ed. Barbara Brookes, 210 – 225. Wellington: Bridget Williams Books, 2000.

Burnett, Alan, and Robin Burnett. *The Australia and New Zealand* 290 *Nexus*. Canberra: Australian Institute of International Affairs/NZ Institute of International Affairs, 1978.

Campbell, I. C. *Worlds Apart: A History of the Pacific Islands*. 4th edn. Christchurch: Canterbury University Press, 2003.

Easton, Brian. *In Stormy Seas: The Post-War New Zealand Economy*. Dunedin: University of Otago Press, 1997.

—. *The Nationbuilders*. Auckland: Auckland University Press, 2001.

Firth, Stewart. *Nuclear Playground*. Sydney, 1987.

—. 'A Nuclear Pacific'. In *The Cambridge History of the Pacific Is-*

*landers*, ed. Donald Denoon, Stewart Firth, Jocelyn Linnekin, Malama Meleisea and Karen Nero, 324 – 358. Cambridge: Cambridge University Press, 1997.

Gould, J. D. *The Rake's Progress? The New Zealand Economy since 1945*. Auckland: Hodder and Stoughton, 1982.

Green, Anna. *British Capital, Antipodean Labour: Working the New Zealand Waterfront, 1915 – 1951*. Dunedin: University of Otago Press, 2001.

Guest, Morris, and John Singleton. 'The Murupara Project and Industrial Development in New Zealand *1945 – 1965* '. *Australian Economic History Review* 39, no. I (1999): 52 – 71.

Gustafson, Barry. *The First Fifty Years: A History of the New Zealand National Party*. Auckland: Reed Methuen, 1986.

Haines, Nicolas, ed. *The Tasman: Frontier and Freeway?* Canberra: Centre for Continuing Education ANU, 1972.

Ip, Manying. 'Redefining Chinese Female Migration: From Exclusion to Transnationalism'. In *Shifting Centres: Women and Migration in New Zealand History*, ed. Lyndon Fraser and Katie Pickles, 149 – 165. Dunedin: University of Otago Press, 2002.

McGibbon, Ian. 'Forward Defence: The Southeast Asian Commitment'. In *New Zealand in World Affairs Volume* II *1957 – 1972*, ed. Malcolm McKinnon, 9 – 39. Wellington: NZIIA/Historical Branch, 1991.

—, ed. *Undiplomatic Dialogue: Letters between Carl Berendsen and Alister Mcintosh 1943 – 1952*. Auckland: Auckland University Press/MFAT/Historical Branch, 1993.

McIntyre, W. David. *Background to the Anzus Pact: Policy-Making, Strategy and Diplomacy, 1945 – 1955*. Macmillan's Cambridge Commonwealth Series, ed. D. A. Low. Houndmills, Basingstoke/Christchurch: St Martin's Press/Canterbury University Press, 1995.

McKinnon, Malcolm. *Independence and Foreign Policy: New Zealand in the World since* 1935. Auckland: Auckland University Press, 1993.

—. *Immigrants and Citizens: New Zealanders and Asian Immigration in Historical Context.* Wellington: Institute of Policy Studies, Victoria University of Wellington, 1996.

Martin, John E., ed. *People, Politics and Power Stations: Electric Power Generation in New Zealand 1880 – 1998.* Wellington: Electricity Corporation/Historical Branch/Bridget Williams Books, 1998. 291

Nolan, Melanie. *Breadwinning: New Zealand Women and the State.* Christchurch: Canterbury University Press, 2000.

Phillips, Jock. *Royal Summer: The Visit of Queen Elizabeth and Prince Philip to New Zealand, 1953 – 1954.* Wellington: Historical Branch/Daphne Brasell Associates, 1993.

Pickles, Katie. 'Workers and Workplaces-Industry and Modernity'. In *Southern Capital Christchurch: Towards a City Biography 1850 – 2000,* ed. John Cookson and Graeme Dunstall, 138 – 161. Christchurch: Canter bury University Press, 2000.

Rolfe, Mark. 'Faraway Fordism: The Americanization of Australia and New Zealand During the 1950s and 1960s'. *New Zealand Journal of History* 33, no. 1 (1999): 65 – 91.

Singleton, John, and Paul L. Robertson. *Economic Relations between Britain and Australasia 1945 – 1970,* Cambridge Imperial and Post Colonial Studies, ed. A. G. Hopkins. Houndmills, Basingstoke: Palgrave, 2002.

Stocker, Mark. 'Muldoon' s Money: The 1967 New Zealand Decimal Coinage Designs'. *History Now* 7, no. 2 (2001): 5 – 10.

Walker, Ranginui. *He Tipua: The Life and Times of Sir Apirana Ngata.* Auckland: Viking, 2001.

Wood, F. W. 'New Zealand Foreign Policy 1945 – 1951'. In *New Zealand in World Affairs,* I, 89 – 113. Wellington: Price Milburn/New Zealand Institute of International Affairs, 1977.

Woods, Megan. 'Dissolving the Frontiers: Single Maori Women's Migrations, *1942 – 1969*'. In *Shifting Centres: Women and Migration in New Zealand History*, ed. Lyndon Fraser and Katie Pickles, 117 – 134. Dunedin: University of Otago Press, 2002.

## 第九章 最近的试验 (1974—1996 年)

Barnett, Ross, and Pauline Barnett. 'Back to the Future? Reflections on Past Reforms and Future Prospects for Health Services in New Zealand'. *GeoJournal* 59, *no.* 2 (2004): 137 – 147.

Bassett, Michael. *The State in New Zealand 1840 – 1984: Socialism without Doctrines?* Auckland: Auckland University Press, 1998.

Cain, P. J., and A. G. Hopkins. *British Imperialism, 1688 – 2000.* 2nd edn. Harlow: Longman, 2002.

Castles, Frank, Rolf Gerritsen, and Jack Vowles, eds. *The Great Experiment: Labour Parties and Public Policy Transformation in Australia and New Zealand.* Auckland: Auckland University Press, 1996.

Dalziel, Paul, and Ralph Lattimore, eds. *The New Zealand Macroeconomy: A Briefing on the Reforms.* Auckland: Oxford University Press, 1999.

Davey, Judith A. *Another New Zealand Experiment: A Code of Social and Family Responsibility.* Wellington: Institute of Policy Studies, 2000.

Easton, Brian, ed. *The Making of Rogernomics.* Auckland: Auckland University Press, 1989.

—. *In Stormy Seas: The Post-War New Zealand Economy.* Dunedin: University of Otago Press, 1997.

—. *The Commercialisation of New Zealand.* Auckland: Auckland University Press, 1997.

Gauld, Robin. *Revolving Doors: New Zealand's Health Reforms.* Wellington: Institute of Policy Studies/Health Services Research Centre,

Victoria University of Wellington, 2001.

Gibbs, Alan, and Hospital and Related Services Taskforce. *Unshackling the Hospitals: Report of the Hospital and Related Services Taskforce.* Wellington: The Taskforce, 1988.

Goldfinch, Shaun. *Remaking New Zealand and Australian Economic Policy.* Wellington: Victoria University Press, 2000.

Gustafson, Barry. *His Way: A Biography of Robert Muldoon.* Auckland: Auckland University Press, 2000.

Hazledine, Tim. *Taking New Zealand Seriously: The Economics of Decency.* Auckland: HarperCollins, 1998.

James, Colin. *The Quiet Revolution.* Wellington: Allen & Unwin, 1986.

Le Heron, Richard, and Eric Pawson, eds. *Changing Places: New Zealand in the Nineties.* Auckland: Longman Paul, 1996.

McKendry, C. G., and D. Muthumala. *Health Expenditure Trends in New Zealand: Update to 1993.* Wellington: Ministry of Health, 1994.

McKinnon, Malcolm. *Independence and Foreign Policy: New Zealand in the World since 1935.* Auckland: Auckland University Press, 1993.

McMillan, Stuart. *Neither Confirm Nor Deny: The Nuclear Ships Dispute between New Zealand and the United States.* Wellington: Allen & Unwin/ Port Nicholson Press, 1987.

Muldoon, R. D. *The Rise and Fall of a Young Turk.* Wellington: A. H. & A. W. Reed, 1974.

——. *My Way.* Wellington: Reed, 1981.

Templeton, Hugh. *All Honourable Men: Inside the Muldoon Cabinet 1975—1984.* Auckland: Auckland University Press, 1995.

Thompson, David. *Selfish Generations? How Welfare States Grow Old.* Revised edn. Cambridge, England: White Horse Press, 1996.

# 第十章 条约的复苏 (1974—2003 年)

Bedford, Richard D. 'International Migration, Identity and Development in Oceania: Towards a Theoretical Synthesis'. In *International Migration at Century's End: Trends and Issues*. Liege: IUSSP, 1997.

Bedford, Richard, Elsie Ho, and Jacqueline Lidgard. 'International Migra tion in New Zealand: Context, Components and Policy Issues'. In 293 *Populations of New Zealand and Australia at the Millennium. A Joint Special Issue of the Journal of Population Research and the New Zealand Population Review*, ed. Gordon A. Carmichael, with A. Dharmalingam, 39 – 65. Canberra and Wellington: Australian Population Association/Population Association of New Zealand, 2002.

Bell, Martin. 'Comparing Population Mobility in Australia and New Zealand'. In *Populations of New Zealand and Australia at the Millennium*, ed. Gordon A. Carmichael, with A. Dharmalingam, 169 – 193. Canberra and Wellington: Australian Population Association/Population Association of New Zealand, 2002.

Coates, Ken S., and P. G. McHugh. *Living Relationships: Kokiri Ngatahi: The Treaty of Waitangi in the New Millennium*. Wellington: Victoria University Press, 1998.

Dann, Christine. *Up from Under: Women and Liberation in New Zealand 1970 – 1985*. Wellington: Allen & Unwin/Port Nicholson Press, 1985.

Denoon, Donald, with Stewart Firth, Jocelyn Linnekin, Malama Meleisea, and Karen Nero, eds. *The Cambridge History of the Pacific Islanders*. Cambridge, New York and Melbourne: Cambridge University Press, 1997.

Durie, Mason H. *Te Mana Te Kawanatanga: The Politics of Maori Self-Determination*. Auckland: Oxford University Press, 1998.

Evison, Harry C., ed. *The Treaty of Waitangi and the Ngai Tahu*

*Claim*, Ka Roimata Whenua Series: No. 2. Christchurch: Ngai Tahu Maori Trust Board, 1988.

Greif, Stuart W., ed. *Immigration and National Identity in New Zealand: One People, Two Peoples, Many Peoples?* Palmerston North: Dunmore Press, 1995.

Havemann, Paul, ed. *Indigenous People' s Rights in Australia, Canada, and New Zealand.* Auckland: Oxford University Press, 1999.

Kawharu, I. H., ed. *Waitangi: Maori and Pakeha Perspectives of the Treaty of Waitangi.* Auckland: Oxford University Press, 1989.

King, Michael. *Being Pakeha Now: Reflections and Recollections o fa White Native.* Auckland: Penguin, 1999.

Macdonald, Charlotte, ed. *The Vote, the Pill and the Demon Drink: A History of Feminist Writing in New Zealand 1869 - 1993.* Wellington: Bridget Williams Books, 1993.

Mein Smith, Philippa. 'Midwifery Re-Innovation in New Zealand'. In *Innovations in Health and Medicine: Diffusion and Resistance in the Twentieth Century*, ed. Jennifer Stanton, 169 - 187. London & New York: Routledge, 2002.

Nolan, Melanie. 'Unstitching the New Zealand State: Its Role in Domesticity and Its Decline'. *International Review of Social History* 45 (2000): 252 - 276.

Parsonson, Ann. 'Ngai Tahu- the Whale That Awoke: From Claim to Settlement (1960 - 1998) '. In *Southern Capital Christchurch: Towards a City Biography 1850 - 2000*, ed. John Cookson and Graeme Dunstall, 248 - 76. Christchurch: Canterbury University Press, 2000.

Richards, Trevor. *Dancing on Our Bones: New Zealand, South Africa, Rugby and Racism.* Wellington: Bridget Williams Books, 1999.

Shepard, Deborah. *Reframing Women: A History of New Zealand Film.* Auckland: HarperCollins, 2000.

294

Tau, Te Maire. 'Ngai Tahu-from "Better Be Dead and Out of the Way" to "to Be Seen to Belong" '. In *Southern Capital Christchurch: Towards a City Biography 1850 - 2000*, ed. John Cookson and Graeme Dunstall, 222 - 247. Christchurch: Canterbury University Press, 2000.

Temm, Paul. *The Waitangi Tribunal: The Conscience of the Nation.* Auckland: Random Century, 1990.

Walker, Ranginui. *Ka Whahai Tonu Matou: Struggle without End.* Auckland: Penguin Books, 1990. Revised edn 2004.

# 结 语

Cain, P. J., and A. G. Hopkins. *British lmperialism, 1688 - 2000.* 2nd edn. Harlow: Longman, 2002.

Pickles, Katie. 'Kiwi Icons and the Re-Settlement of New Zealand as Colonial Space'. *New Zealand Geographer* 58, no. 2 (2002): 5 - 16.

# 索　引

（索引后的页码为原书页码，即本书边码）

331